한일 역사인식 문제의 메커니즘

기무라 간(木村 幹) 저

김세덕(金世德) 역

제이앤씨
Publishing Company

　우선 이 책이 쓰여진 과정부터 설명해 보고자 한다. 이 책의 일본 어판 『한일 역사인식 문제란 무엇인가─역사 교과서 · 「위안부」 · 포퓰리즘』(미네르바 서방)이 발매된 것은 2014년이다. 이 책은 본래 미네르바 서방에서 나온 『究(깊이 연구하다)』라고 하는 잡지에 2011년 4월부터 2014년 3월까지 연재된 「한일 역사인식 문제를 어떻게 볼 것인가」라는 필자의 연속 칼럼을 재편집해 만들어낸 것이며, 거기에는 당연히 어느 정도 당시의 상황이 반영되어 있다. 2010년 8월, 한일병합 100주년을 별 탈 없이 극복한 양국에 있어서, 이 시기는 위안부 문제를 시작으로 하는 역사인식 문제를 둘러싼 대립이 다시 심화되어 가던 시기에 해당되기 때문이다.

　시작은 2011년 8월에 있었던 한국 헌법재판소의 판결로, 동 재판소는 이 판결에 있어, 한국 정부는 위안부 문제의 해결을 위한 노력을 게을리 해 왔다고 해, 그 행동을 위헌으로 보고, 동 정부에 적극적인 활동을 요구했기 때문이다. 그 결과, 이제까지 역사인식에 관한 문제 제기에 소극적이었던 한국의 이명박 정권은 위안부 문제를 일본 정부에 적극적으로 제기하게 되었고, 이윽고 양자의 대립관계는 급속히 악화되게 되었다. 이 상황은 2013년 2월에 탄생된 박근혜 정권에서도 계승되어 일본어판이 출판된 2014년 10월의 시점에서는, 양국 간에 있어서 실로 3년

반에 걸쳐 정상회담마저 실시할 수 없는 상황이 계속되고 있었다.

그 후, 한일 양국은 일본어판이 발매된 그해 11월, 정상회담을 실현해, 2015년 12월에는 최대의 현안 사항인 위안부 문제에 관련되는 합의를 실현하는 등, 한때는 사태가 호전되는 것처럼 보였다. 그러나, 이와 같은 상황은 계속되지 않았다. 그 배경은 한일 관계의 개선에 등을 돌린 양국의 여론이었다. 한국 내에서는 2015년에 체결된 위안부 합의는 '당사자인 위안부의 의사에 반하는 행동이다'라 해 처음부터 비판의 소리가 컸고, 그 비판은 때가 지날수록 더 커져만 갔다. 다른 한편으로 일본에서는 합의를 환영하는 소리가 컸지만, 그와 동시에 진행된 위안부상(이른바 '소녀상')의 설치를 둘러싼 한국 측의 자세를 비난하는 소리가 컸고, 환영의 여론도 서서히 식어 갔다. 일본어판이 쓰여진 것도 이런 시기이며, 그래서 본서의 어조도 또 역사인식 문제에 대한 의견 부분도 다소 비관적으로 쓰여졌다.

그리고 이 '한국어판의 서론'을 쓰고 있는 지금, 한일 양국 간에는 다시 역사인식 문제에 관한 움직임이 격렬해지고 있다. 그 발단은 지난번과 마찬가지로 한국의 재판소의 판결이었다. 두말할 것도 없이 2018년 10월 30일에 나온 한국 대법원의 이른바 '징용공 문제'에 관련된 판결이었다. 원래 일본의 식민지 지배가 위법이다는 전제 아래, 징용공등에 관계된 기업에 대한 위자료 청구권을 인정한 이 판결은, 일본 측에서는 1965년에 체결된 청구권 협정의 골자를 뺀 것이라며 강한 반발을 불러 일으키고 있다. 같은 시기, 한일 양국의 사이에서는 같은 해 12월 20일에 '레이더 조사 문제'가 일어났고, 이것에 대해서 한국 측이 해상 자위대 초계기의 '저공 위협 비행 문제'를 꺼내 들면서 대립은 양국의 안전보장 관계자의 사이에까지 파급되기에 이르렀다. 그리고 그 결과, 이 '한국어판의 서론'이 쓰여진 2019년 3월의 시점에서 보면 양국은 서로 의사소통마저 마음대로 되지 않는 상태에 접어들고 있다.

일본어판이 출판된 2014년 10월부터 3년 이상이 지난 오늘, 한일 간의 역사인식 문제를 둘러싼 상황은 아무것도 변함없이 더욱 심각함을 드러내고 있다. 이런 상황에서 본서의 한국어판을 내는 것은 어느 때보다 더 의미가 있어 보인다. 서장에서 볼 수 있듯이, 본서는 한일 양국 간의 역사인식 문제가 어떤 메커니즘을 가지고, 어떻게 발전했는지를 논한 것이어서, 그 이해는 양국관계 그 자체뿐만 아니라, 복잡한 양국을 둘러싼 국제 정세를 생각하는 데 있어서도 중요하기 때문이다. 2019년의 1월에는, 본서의 영어 개정판인, The Burden of the Past: Problems of Historical Perception in Japan-Korea Relations가 Michigan Univerisity Press로부터 발매되었다는 사실에 미루어 볼 때, 우리는 한일 관계의 악화에 대한 국제적 관심이 고조되었다는 사실 또한 알 수 있다.

한국어판의 발행은 필자 한 명의 손에서는 도저히 불가능했다. 우선, J&C출판사의 윤석현 사장님께는 곤란한 출판 상황 속에서, 본서의 출판을 해 주신 것에 진심으로 감사하고 싶다. 필자와 같이 한국과 관련되는 연구를 실시하고 있는 연구자에게 있어, 연구 대상인 한국 본국에서 출판 기회를 얻는 일은 무엇보다 명예이다. 본서가 J&C출판사의 부담이 되지 않기를 바라고, 번역자인 오사카관광대학의 김세덕 선생께도 감사드린다. 김세덕 선생님은 필자가 고베대학 대학원에서 가르친 최초의 박사학위 취득자이고, 한국정치 연구자이다. 그리고 J&C출판사 편집부의 박인려 대리와 김세덕 선생과 함께 번역에 힘써 준 전성혜 씨를 비롯해 스텝분들에게도 감사드리며, 이 한국어판 서문을 덮겠다.

2019년 3월 1일

삼일운동 100주년일의 서울의 한 호텔에서

기무라 간

요 근래 한일 관계는 악화 일로를 걷고 있다. 큰 계기가 된 것은 2012년 8월 10일, 이명박 대통령의 독도 상륙과 그것에 이은 '천황 사죄'를 요구하는 발언이었다. 이전까지 비교적 일본에 대해 호의적으로 보였던 이명박 대통령의 돌출 행동은 일본 국내에 큰 파장과 실망을 안겨주었다.

물론 그 조짐은 있었다. 2011년 8월, 한국의 헌법재판소가 일본군위안부 문제가 해결되지 않은 이유는 한일기본조약에서 정한 규정에 따라 문제를 해결하고자 노력을 기울이지 않은 한국 정부의 부작위不作爲의 결과라며 위헌 판결을 내렸다. 결국 한국 정부는 위안부 문제에 대해 모종의 행동을 보일 수밖에 없었고 같은 해 12월에 이윽고 도쿄에서 개최된 한일정상회담에서는 이명박 대통령이 노다野田 총리에게 위안부 문제의 해결을 강력하게 요구하였다.

하지만 그때까지만 해도 아직은 심각하지 않다고 여겼다. 왜냐하면 많은 일본인들에게 일본군위안부 문제로 한국이 일정한 요구를 해 온 일은 이미 잘 알려진 사실로 그 사태는 큰 뉴스거리가 되지 않았기 때문이다. 더불어 이 정상회담 직후에 북한의 지도자인 김정일 서거 소식이 전해지면서 한일 양국의 여론은 한때 양국 간 현안에 대해 관심을 잃어버리기까지 했다. 한 마디로 말해 당시 한일 관계는 아직 개선의 여지가 있는 것으로 보였다.

　이러한 상황 속에서 2012년 8월, 이명박 대통령의 행동이 큰 충격을 안겨 준 이유 중 하나는 그것이 마치 일본을 의도적으로 도발하는 것이라고 해석되었기 때문이다. 특히 많은 일본인들은 소위 '천황 사죄 발언'이 튀어나오기까지의 조심성 없는 과정에 대해 '한국은 더 이상 한일 관계를 진지하게 생각하고 있지 않다'는 증거로 받아들였다. 이렇게 2012년 8월을 전후로 일본인의 한국에 대한 호감도는 크게 하락했다.

　그렇다고 하나 한일 관계에는 그 후에도 여전히 일말의 기대가 남아 있었다. 이명박 대통령이 독도에 상륙한 해인 2012년 말은 대통령 선거가 예정되어 있었고 일본인들은 좀 더 '우호적'인 인물이 대통령으로 당선되기를 기대했다. 일부 일본인들, 특히 정부관계자나 언론이 기대를 건 인물은 바로 여당인 새누리당에서 출마한 당시의 박근혜 후보였다. 그들이 박근혜 후보에 대해 호의적일 것이라 기대를 모은 배경에는 1965년의 한일국교정상화 당시 한국의 대통령이던 박정희 씨의 장녀라는 점이 깔려 있었다. 만주군사관학교를 거쳐 일본의 육군사관학교를 졸업한 박정희는 일본에선 '우호적' 인물로 알려져 있어, 그의 딸인 박근혜도 마찬가지로 분명 호의적일 것이라는 기대감을 가진 셈이다. 그와 함께 박근혜가 보수적 성향을 가진 인물이라는 점도 이 기대감에 박차를 가했다. 보수적 인물이라면 미국과 중국 간의 갈등이 첨예화하는 상황 속에서 미중 관계보다 한미 관계를 중시할 것이니 주일미군기지를 보유한 일본과의 협조를 모색할 것이라는 관측이 따랐던 것이다.

　그러나 이미 드러났듯이 결과적으로 이러한 일부 일본인들의 기대는 완전히 어긋났다. 박근혜 대통령은 당선된 직후부터 일본보다 중국을

우선시하는 자세를 숨기지 않았고, 같은 자유민주주의국가는 단결해야
한다는 '가치관 외교'를 내걸고 함께 중국에 대항하기를 바랐던 일본의
메시지를 차단했다. 박근혜 정권은 출범 직후 대일정책의 기본 방침으
로 '역사인식 문제 등에 단호하게 대처하겠다'고 천명하고 실제로 거듭
일본군위안부 문제 등에 대한 일본의 대응을 비난했다. 결국 한일 양국
은 정상회담조차 어려운 상황으로 내몰렸으며 이 글을 처음 작성한 시
기인 2014년 7월에도 상황은 별반 다르지 않았다.

이러한 가운데 명백한 점은 더 이상 역사인식 문제 등을 둘러싼 한일
양국의 상황이 대통령이나 총리가 어떤 인물인가와 같은 개인적 요소
만으로는 설명할 수 없는 상황에 이르렀다는 점이다. 더불어 이러한 사
태가 한일 양국 사이에 1년 동안 500만 명 이상이 왕래하는 시대에 벌
어지고 있다는 점을 지적해 두고 싶다. 바꾸어 말하면 삐걱대고 있는
현 한일 관계는 오로지 새로운 정치 지도자의 등장이나 단순한 양국
간의 교류 증가로 쉽게 해결될 성질의 것이 아니라는 말이다.

그리고 또한 이들 문제는 이제 한일 양국 간의 문제만은 아니게 되었
다. 예를 들면 2014년 8월에 이루어진 아사히 신문의 과거 종군위안부
보도에 대한 '검증' 기사는 일본 국내 미디어의 보도에 관한 큰 논의를
불러일으켰다. 같은 해 7월에는 유엔인권규약위원회가 발표한 권고 내
용 중 종군위안부 문제에 대한 일본 정부의 자세를 강하게 비판하는
내용이 실리는 등 국제 사회로부터의 관심도 더욱 커지고 있다.

그럼에도 불구하고 역사인식 문제를 둘러싼 한일 양국 간의 상황 악화
에 대해서는 지금까지 진지한 분석이 이루어진 적이 없다. 즉 한국의
'반일 교육'이나 일본사회의 '우경화'와 같은 요소의 중요성을 막연히 지

적할 뿐, 그것이 구체적으로 어떤 역할을 수행하고 있는지도 분석된 적이 없다. 그리고 그 어정쩡한 태도는 조금만 생각해 봐도 금세 알 수 있다. 예를 들어 한국의 반일교육은 해방 이후 일관되게 실시되어 왔다. 그렇기에 한국 국내의 반일감정의 '변화'를 그저 쉽게 교육 내용의 '변화'로 설명하기는 어렵다. 일본의 우경화도 마찬가지다. 한국에서는 일본에서 역사인식 문제에 관한 논쟁이 벌어질 때마다 그 원인은 일본이 우경화된 결과라고 설명해 왔다. 하지만 여기서 곰곰이 생각해 보자. 예를 들어 일본군위안부 문제가 표면화된 1990년대 중반, 미야자와 정권에서 호소카와 정권, 하타 정권 그리고 무라야마 정권으로 이어지는 이 시기는 세계대전 이후 일본 정치에서 가장 진보적인 정권이 탄생한 시절이었다. 어떠한 잣대를 대든 1960년대의 사토 정권이나 1980년대의 나카소네 정권보다 미야자와 정권과 무라야마 정권의 정책이 '우경화'했기 때문에 그 결과 일본군위안부 문제가 발생했다고는 말할 수 없을 터이다.

한일 양국 간의 역사인식 문제를 이해하기 위해서는 이를 치밀하게 분석하여 오늘날과 같은 상황에 이른 원인을 명확히 밝혀야 할 것이다. 문제의 원인을 모르면 해법이나 대처법도 당연히 발견할 수 없는 만큼 원인을 규명하기 위해서는 확실한 순서를 밟아 객관적으로 분석해야 할 필요가 있다.

이 책은 이러한 관점에 바탕을 두고 있다. 그럼 지금부터 본문으로 들어가 보자.

한국어판 서문 · 3
들어가며 · 7

서 장 역사인식 문제를 둘러싼 기묘한 상황 · 17	
한일강제병합 재검토 국제회의	19
중요성과 특수성	21
분석자의 입장에서	24
역사인식 문제와 '과거'의 탐구	25
연구에 가해지는 불필요한 압력	27
한반도 연구를 둘러싼 악순환	29

제1장 역사인식 문제를 고찰하기 위한 이론적인 틀 · 33	
1. 역사인식 문제의 역사적 전개와 그 원인	35
- 데이터를 통해 알 수 있는 점	35
- 1990년대의 역설	37
- 기존 설명의 한계(1): 한국의 민주화	38
- 일본 원인론에 대한 검토	41
: 두 번째로 데이터를 통해 알 수 있는 점	
- 제멋대로 확산되는 말말말	44
2. 가치기준으로서의 역사인식	46
- 역사인식 문제가 전개되어온 역사	46
- 이론적 분석의 틀	50
3. '역사'와 '역사인식'	53
- 세 가지 발전 단계	53

- 예: 일기의 경우   55
- '역사인식'의 중요성   56

제2장 역사인식 문제의 세 가지 요인 · 61

1. 세대교체   63
   - 지금까지의 논의   63
   - 제1기: '전후 처리'의 시대   64
   - 샌프란시스코강화조약과 한일기본조약   67
   - 제2기: 침묵의 시대   69
   - "나는 조개가 되고 싶다"   73
   - 제3기: 전후 세대의 등장과 역사의 재발견   74
2. 국제 관계의 변화   77
   - 일본군위안부 문제에서 보이는 것   77
   - 서울올림픽 · '기생관광' 비판 · 역사인식 문제   78
   - 한국을 둘러싼 국제 정세의 변화   81
   - 한일 간의 인적 이동   85
3. 경제대책과 냉전의 종언   88
   - 한국의 경제발전과 발전 전략   88
   - 글로벌화를 가속화하는 경제정책   89
   - 냉전과 내전으로부터의 출발   93

제3장 한일교과서 문제 · 97

1. 교과서 문제의 기원   99
   - 교과서 문제의 중요성   99
   - 교과서 문제와 이에나가 재판   101
2. 한중 양국의 반응   103
   - 보도 직후 한국의 반응   103

- 중국 측 반응의 중요성   105
- 오인된 '현실'   108
- 한국에서 일어난 인식의 변화   111
3. 유동적인 한일 양국의 정치 속에서   112
- 한국의 매스컴이 일본의 '우경화'를 환영한다?   112
- 1980년대 초기   115
- 유동적인 일본정치   118
- 사회당과 북한의 밀월   120
- 전두환 정권의 경계   122
- 사회당의 그림자   123

제4장　전환기로서의 80년대 · 127

1. 종언으로 치닫는 냉전   129
- 데탕트 속의 한국   129
- '일본을 모르는 세대'의 등장   133
2. 한일 관계의 변화   136
- '신 지일파'의 등장   136
- 전후 일본의 충격   138
- 허문도의 경우   140
- 극일(克日)운동   142
- 일본의 변화   145
- 수직적 관계에서 수평적 관계로   147
3. 『신편 일본사(新編日本史)』   149
- 『신편 일본사』: 80년대의 일본 내셔널리즘   149
- 내셔널리즘을 봉쇄한 보수정치인   152
- 『신편 일본사』의 말로   153
4. 엘리트정치의 종언   155
- 통치 엘리트에 의한 역사인식 문제 통제의 붕괴 155
- 다시 역사인식 문제의 '동시대적 의미'로 돌아가 158

제5장　일본군위안부 문제 · 161

1. 55년 체제 말기의 일본 정치　163
  - 한국 측의 이해　163
  - 일본 측의 사정　164
  - 사회당의 변용　167
  - '예행 연습'으로서의 가이후 방한　171
2. 제1차 가토 담화　173
  - 일본군위안부 문제의 본격적인 대두　173
  - 미야자와 방한을 향해　177
  - 제1차 가토 담화　179
3. 미야자와 방한　183
  - 진상 규명 없는 '반성'　183
  - 통상 갈등의 격화　185
  - '반성' 또 '반성'　187
  - 무너진 전제　189
4 '성의 없는 사죄'라는 담론의 탄생　190
  - 역사인식 문제의 구조 변화　190
  - 노태우 정권과 민주자유당　191
  - 한국 국내 정치로서의 일본군위안부 문제　193
  - 92년 한국 대선과 김종필　197
5. 일본 정부의 대응　200
  - 추상적 사죄와 구체적 사죄　200
  - 일본 정부에 던져진 난제　202
6. 제2차 가토 담화　204
  - 한국 정부의 전략과 일본군위안부 문제의　204
    기본 구조
  - 막다른 골목의 미야자와 정권　208
7. 고노 담화　211
  - 역사인식의 분기점　211

- 정치적 해결에 대한 모색 212
- '막바지 담화' 215
8. 무라야마 담화에서 아시아여성기금으로 219
- 호소카와 정권하의 따뜻한 봄날 219
- 무라야마 정권기 역사인식 문제의 메커니즘 221
- 약한 정권에 의한 '담화' 224
- 한일병합의 합법/위법 문제 226
- 역사인식을 둘러싼 노력의 '붕괴' 229
- '아시아여성기금'의 좌절 231

제6장 '잃어버린 20년' 속의 역사인식 문제 · 235

1. 변화하는 일본 사회 237
- 일본군위안부 문제의 전개에서 알 수 있는 점 237
- 새로운 역사교과서를 만드는 모임 241
- 교과서 기술의 변화 244
- 늦어진 '냉전의 종언' 247
- 엘리트 비판의 등장 249
2. 내셔널리즘과 포퓰리즘의 시대 250
- 글로벌화의 국내적 영향 250
- 경제적 침체와 사라진 엘리트의 위신 251
- '포퓰리스트'의 등장 254
- 내셔널리스트가 된 포퓰리스트 256
3. 포스트 포퓰리즘 시대의 역사인식 문제 257
- 포퓰리즘에서 내셔널리즘으로 257
- 너무 빠른 레임덕 현상의 출현 258
- 정치 상황의 불안정화와 역사인식 문제의 격화 261
4. 악화되는 한일 관계 263
- 혐한류: 한국을 과잉 의식하는 일본인의 등장 263

- 일본 내셔널리즘의 변화와 '중미 신냉전'   265
- 정권 교체가 남긴 것   267
- '기대'의 소멸   269

종장   **한일 역사인식 문제, 어떻게 할 것인가** · 271

한일역사공동연구의 교훈   273

'한일공통역사교과서'는 만들 수 없다   274

일본은 자국의 중요성을 설명하라   276

맺음말을 대신하여 · 281

참고문헌 · 287

연표 · 292

찾아보기 · 296

역사인식 문제를
둘러싼
기묘한 상황

한일강제병합 재검토 국제회의

말머리부터 옛날 이야기를 꺼내 미안한 마음이지만 그래도 잠시 읽어주길 바란다.

지금으로부터 십수 년 전, 그러니까 2001년 11월에 필자는 미국 매사추세츠 주의 한 호텔에 머물고 있었다. 미국 각지에서 그 유명한 9·11 테러가 발생한 지 불과 2개월 후의 일이었다. 필자가 일본을 떠나기 며칠 전에도 뉴욕에서 가까운 로드아일랜드 섬에 항공기가 추락해 불안한 마음으로 집을 출발했던 기억이 있다.

불안한 마음을 안고 미국으로 건너온 데는 이유가 있었다. 이 호텔에서는 '제3회 한국강제병합 재검토 국제회의'가 개최되고 있었고 필자는 일본 측 코디네이터의 '대리 견습생'으로 이 회의에 참가해야 했다. 표제를 보더라도 알 수 있듯이 이 회의는 1910년에 이루어진 한일병합을 '재검토'하는 회의로, 가장 큰 포인트는 이 병합이 합법이었는지 아닌지를 논의하는 것이었다. 회의에는 한일 양국뿐만 아니라 개최지 미국이나 유럽 각국으로부터 많은 연구자들이 참가해 이 까다로운 문제에 대해 논의를 했다.

한일, 그리고 동아시아의 역사인식 문제를 둘러싼 대부분의 국제회의가 그렇듯 이 회의 또한 혼란으로 가득 차 있었다. 필자가 여기에서 말하고자 하는 바는 이 회의에서 어떠한 연구자가 어떠한 견해를 내놓고, 어떠한 논쟁을 하는지에 대한 것이 아니다. 회의 자체에 대한 상세한 내용은 필자의 졸고('제3회 한국강제병합 재검토 국제회의: '합법·위법'을 넘어' 『일본 식민지 연구』 14호, 2002년 6월)에 서술한 바 있으니 이를 참고해주길 바란다.

여하튼 이 혼란스러운 회의는 당연히 교착상태에 빠질 수밖에 없었고 회의장에는 험악한 분위기가 감돌았다. 어쩔 수 없이 회의는 일시 휴지상태에 들어갔다. 어째서 한일 양국은 과거사 문제만 나왔다 하면 반세기 이상이 지난 지금까지 이리도 성과 없는 논의를 되풀이하는 걸까. 다소 자포자기하는 말투로 이렇게 중얼거린 필자에게 이 회의의 코디네이터 일을 하던 한 미국인 연구자가 이런 말을 들려주었다.

"당신은 과거사 문제가 그렇게 쉽게 해결되리라 봅니까? 미국 남부에는 150년 이상이 지난 지금까지도 남북전쟁 당시의 응어리가 깊숙이 남아 있습니다."

그렇다. 우리는 때로 한일 양국 혹은 동아시아 국가들 사이의 역사인식 문제를 둘러싼 상황을 대단히 특수한 것으로 생각한다. 게다가 늘 입버릇처럼 역사인식 문제를 둘러싼 독일과 프랑스의 노력과, 그 노력의 결과로 이루어진 화해가 세계의 모든 나라가 마땅히 좇아야 할 '당연한 사례'인 듯 소개한다. 그리고 그 연장선상에서 사람들은 이와는 다른 동아시아의 상황을 매우 특수하고 이상한 것이라고 한탄한다.

그러나 사실 세계 각지에는 다양한 과거를 둘러싼 갈등이 존재하며 많은 사람들이 역사에 대한 응어리를 끌어안은 채로 살아가고 있다. 앞서 미국인 연구자가 언급한 남북전쟁에 얽힌 미 남부지역의 상황 또한 그중 하나이다. 남북전쟁의 발단이 된 섬터 요새Fort Sumter 공격 사건이 일어난 사우스캐롤라이나 주 의회의사당에는 실로 2000년까지 남군기가 펄럭이고 있었다. 남부 연합의 '수도'였던 버지니아 주 리치몬드에는 '또 하나의 백악관'이 박물관으로 남아 있어 오늘날까지도 전쟁에서 남측이 가졌던 정통성을 강조하고 있다.

미국에는 역사인식을 둘러싼 더 큰 대립도 존재한다. 말할 나위도 없이 인종을 둘러싼 대립이다. 아프리카계 사람들이 다수파인 유럽계 사람들에 대하여 갖고 있는 반감은 익히 알려져 있는데 그보다도 큰 역사인식 차이를 보이는 것이 바로 미대륙의 원주민인 아메리칸 인디언의 과거를 둘러싼 상황이다. 미국 서부에는 개척과 관련된 다양한 유적이 있어, 그곳에서는 유럽계 사람들이 어떻게 토지를 개척했었는지를 강한 향수와 함께 들려주곤 한다. 그러나 거기서 그리 멀지 않은 '인디언 거류지'에서는 이와 똑같은 역사에 대해 배우면서도 조상들이 폭력과 기만에 의해 토지를 빼앗겼음을 분노에 가득 차 전하고 있다. 여기에는 여전히 역사인식에 대한 깊은 골과 복잡한 감정이 존재하는 것이 분명하다.

중요성과 특수성

물론 필자는 여기에서 '그렇기에 우리를 둘러싼 역사인식 문제도 전 세계적으로 흔히 있는 과거사 문제 중 하나이며 이는 특별할 것도 없는 문제다' 따위의 말을 하려는 게 아니다. 2012년 8월 이명박 대통령의 독도(다케시마) 이후 상황에서 나타나 있듯이, 한일, 그리고 동아시아 각국 사이에는 여전히 역사인식을 둘러싼 심각한 갈등이 존재한다. 그리고 이 역사인식을 둘러싼 문제는 분명히 이 지역의 원활한 국제 관계 구축에 큰 걸림돌로 작용하고 있다.

나아가 이 문제가 그저 유독 동아시아 주민에게만 중요한 것은 아니다. 가령 이 역사인식 문제의 당사자인 중국, 일본, 한국은 모두 G20 정상회의의 멤버이며, 전세계 GDP 순위에서 2위, 3위, 그리고 15위 안

팎을 차지하는 경제적 '거인'들이다. 그러한 세계의 '거인'들이 역사인식 문제로 인해 원활한 관계를 구축할 수 없다면 이는 세계경제에도 큰 손실이라 하지 않을 수 없다.

그렇지만 중요함이 곧 특수함을 의미하지는 않는다. 아니, 실로 이 문제가 중요하기에 이를 해결하기 위해서라도 우리들이 직면한 문제, 즉 타 지역과의 다름에 과도하게 집착하지 말고 이 문제가 왜 이토록 악화되었는가 하는 물음과 진지하게 마주할 필요가 있다. 이를 위해서는 이 문제가 악화된 이유를 논리적으로 규명해 나갈 필요가 있다.

이를 풀어서 설명하자면 다음과 같다. 세계 각국에는 다양한 과거가 존재한다. 과거에 대한 사람들의 인식법도 각양각색이며, 그 차이는 때때로 사람들 사이에서 동일한 과거에 대한 다른 인식을 초래하기도 한다. 그리고 그 서로 다른 인식이 사람들에 의해 큰 중요성을 갖고 발로했을 때 여기에 역사인식 문제가 발생한다.

이는 동시에 모든 과거가 다른 사람들에게 다른 인식을 초래하는 것도 아니고 동시에 모든 다른 인식이 역사인식 문제로 발전하는 것도 아니라는 뜻이다. 어째서 한일 간의 특정 과거만이 사람들로 하여금 심각한 역사인식 차이를 가져오게 하는 것일까. 그리고 그 뒤에 도사리고 있는 원인은 무엇일까. 우리들이 처음으로 마주해야 하는 문제는 바로 여기에 있다.

이 과거로부터의 서로 다른 역사인식, 나아가 서로 다른 역사인식으로부터 역사인식 문제로의 발전 과정이 일반적으로 생각하는 만큼 간단하지는 않다는 점이 성가신 문제이기는 하다. 가령 역사인식 문제가 심화되는 이유는 본디 '비참한 과거'가 존재하기 때문이라고 말하는 사람이 있다. 많은 역사인식 문제의 배후에는 '비참한 과거'가 존재하는 것 또한 사실이다. 그러나 그렇다고 해서 모든 '비참한 과거'가 역사인식 문제를 초래함을 의미하지는 않는다. 세계사에는 미처 말로 다 형언하기 어려운 '비참한 과거'가 존재한다. 하지만 그 가운데 오늘날 우리가 빈번하게 떠올리는 것은 지극히 한정된 사례뿐이다. 또한 그것이 가령 각 사건의 희생자 수 따위로 설명될 수 있다고는 생각지 않는다. 세계에서 일어난 대부분의 '비참한 과거'는 망각의 저편에 있어 누구도 마주하고자 하지 않는다.

한편 과거가 얼마나 비참했었는지보다, 그 후 사람들의 행동, 예를 들면 가해자의 진지한 사죄가 있었는지 유무가 중요하다고 말하는 사람도 있으리라. 제2차 세계대전 이후의 독일과 폴란드의 관계처럼 정치적 리더의 사죄가 역사인식 문제 본연에 커다란 영향을 준 사례는 분명히 존재한다. 하지만 이것이 곧 사죄를 통해 모든 역사인식 문제가 해결 가능하다거나 역으로 사죄 없이는 역사인식 문제도 해결될 수 없음을 뜻하지는 않는다. 세계 각지의 과거를 둘러싼 여러 가지 사례 중에는 당사자의 사죄가 이루어졌음에도 불구하고 여전히 갈등이 존재하는 곳도 있는 반면, 반대로 사죄 등은 전혀 없었으나 오늘날에 이르러서는 거의 논의되지 않게 된 문제도 존재한다.

그러나 이런 말을 하면 마치 필자가 일본이 초래한 '비참한 과거'의 심각성이나 일본 정부의 '충분한 사죄'의 부재에 대한 중요성을 부정하는 것처럼 느끼는 사람도 있을 것이다. 일본과 동아시아 국가 사이에는 동아시아 사람들의 입장에서 받아들이기 어려운 '불행한 과거'가 존재함은 사실이고 또 이들이 일본 정부의 사죄가 충분치 못하다고 생각하는 바도 잘 알고 있다. 나아가 그에 대해서 한 개인으로서 여러 복잡한 감정도 느끼고 있다.

분석자의 입장에서

그러나 필자는 지금 이 문장을 한 연구자의 입장에서 쓰고 있다. 역사인식 문제에 있어서 필자의 역할은 직면한 역사인식 문제에 대하여 정확한 분석을 제공하는 것이며 동시에 이를 통해 역사인식 문제의 해결이나 완화를 위한 아이디어를 제공하는 것이라 믿고 있다. 나아가 무엇보다 중요한 것은 어떤 목적으로, 어떠한 방향으로 나아가든 메커니즘에 대한 정확한 분석이 결여된 상태에서 이루어진 대응은 효율적인 결과를 가져올 수 없다. 비유적인 표현을 쓴다면 병의 원인이 무엇인지, 어떤 병에 걸린 지도 모른 채 환자를 대하는 것이나 다름없다.

물론 그것이 우리가 '인간적으로' 눈앞에 존재하는 과거에 어떠한 감정도 가질 필요가 없다는 의미는 아니다. 특정 과거에 대하여 특정한 감정을 갖는 것은 당연한 일이고 때로는 역사인식 문제 그 자체를 해결하는 '엔진'으로써 필요하리라. 그렇다고 해서 분석을 할 때에도 감정적으로 임해야 한다는 의미는 아니다. 아니, 만약 특정한 감정이 역사인식 문제에 대한 정확한 메커니즘의 이해를 그르치게 한다면 이는 오히려 이 문제에 대한 적절한 대응을 저해할 것이다. 의사로서의 입장과 환자 가족으로서의 입장이 엄연히 구별되듯이 역사인식 문제에 대해서도 분석자로서의 입장과 당사자로서의 입장은 엄연히 분리되어야 함이 당연하다고 생각한다.

역사인식 문제와 '과거'의 탐구

어쨌든 중요한 점은 한일 간의 역사인식 문제를 고찰할 때 그것이 지금에 이른 인과 관계를 밝히는 것이다. 하지만 지금에 이르기까지의 한일 양국의 논쟁은 여전히 시종일관 극히 조잡한 수준에 머물고 있다. 많은 논쟁들은 한일 양국 중 한쪽 혹은 쌍방의 '그릇된 행동'에서 분쟁의 원인을 찾는 극히 소박한 형태를 띠고 있다. 하지만 앞서 서술했듯 이 '그릇된 행동'의 존재는 늘 국제 관계에 장기간에 걸쳐 큰 영향을 초래하지는 않았으며 또 애당초 무엇이 '그릇된 행동'이며 그것이 어느 정도 '그릇된 것인지'에 대한 판단은 각 문맥에 따라 달라진다. 그럼에도 불구하고 이 점에 대해서는 지금까지 오랜 세월 등한시되어 왔다.

이는 기묘한 현상이 아닐 수 없다. 일본뿐만 아니라 동아시아 각국에서는 일본의 과거를 둘러싼 역사인식 문제가 중요시되고 있으며, 사실 많은 이들이 각자의 입장에서 이 문제를 연구하고 있다. 항간에는 이 문제에 관한 갖가지 의견이 매일같이 분분하다.

그리고 만약 우리들이 눈 앞에 존재하는 역사인식 문제가 중요한 문제라고 인식해 이를 해결하길 원한다면, 우리들은 즉시 이 문제가 왜 이렇게 뒤틀려 버렸는지에 대해 논의를 시작해야 한다. 원인을 이해하지 못한 채로 해법을 찾기란 불가능하기 때문이다.

허나 현실에서는 역사인식 문제에 관한 논의는 태반이 역사인식 문제 자체보다 거기서 논의되고 있는 과거의 사실 자체에 집중되어 있다. 주의해야 할 점은 역사인식 문제에서 논의되고 있는 과거를 논의하는 것과 이 문제가 왜 뒤틀려 버렸는지를 이해하는 것은 다르다는 점이다.

알기 쉽게 설명하기 위해 다시 조금 전과 마찬가지로 비유를 통해 이야기하겠다. 어느 마을에서 한 아이가 고열에 시달리고 있었다. 어머니는 아이가 이렇게 앓아 누운 이유는 어젯밤에 이불을 덮지 않고 잤기 때문이라고 주장하면서 아이 옆에서 잠을 잔 남편에게 책임을 추궁한다. 이에 대해 남편은 아이에게 확실히 이불을 잘 덮어주었다며 부부 사이에 말다툼이 이어진다. 앓아 누운 아이의 형제들로부터 '증언'이 수집되고 침실의 당시 상태가 꼼꼼히 '검증'된다. 소모적인 논쟁이 이어지는 가운데 정작 중요한 아이는 병원에도 가지 못한 채 방치되고 있다.

이 어리석은 부부는 몇 가지 잘못을 저지르고 있다. 하나는 그들이 인과 관계의 규명과 그중 한 가능성에 지나지 않는 과거의 어떤 현상에 대한 검증을 어디서부터인지는 몰라도 잘못 이해하고 있다는 점이다. 즉 담요를 덮지 않은 것은 아이가 열이 난 원인 중 하나이었을지도 모른다. 하지만 그 점은 설령 어젯밤, 아이가 담요를 덮지 않았다는 사실 (그리고 그 책임이 아버지에게 있다는 점)이 실증된다손 치더라도 그로써 이 '담요원인가설'이 증명되었음을 뜻하지는 않는다. 만약 그들이 이 가설에 따라 아이가 병에 걸린 원인을 진정으로 고찰하고 싶다면, 담요를 덮지 않았다는 사실이 어떻게 아이가 열이 나는 현상으로 이어졌는지를 보다 면밀하게 검증해야만 한다.

물론 애당초 아이가 고열에 시달리는 긴급 사태에, 이처럼 가설 검증에 열을 올리고 있다는 점에서 이 부부는 극히 어리석다. 그들이 문제의 핵심인 어떻게 고열에 시달리고 있는 아이를 도울 것인가라는 점을 잊어 버렸기 때문이다. 인과 관계는 증명되었으나 아이의 병은 악화되었다. 그런 얼토당토않은 상황이다. 당연히 그들은 여기서 아이와 증상 자체에 눈을 돌려야 한다. 그리고 이것이야말로 그들이 범한 두 번째

실수이자 가장 큰 실수이다. 상황이 심각하고 절박하게 돌아가고 있다면 맨 처음 자신이 우선 '현재' 무엇을 해야 하는지를 생각하고, 우선순위를 매겨 신속하게 대응해야 한다. 그리고 이를 위해 중요한 것은 원인인 과거에 대해 논쟁하기에 앞서 '현재'의 상황을 냉정하게 관찰하는 일이다. '현재'시점에서 '문제'가 일어나고 있는 이상 '현재'를 파악하지 못한 채로는 적절한 대응도 가능할 턱이 없다.

문제는 그럼에도 불구하고 다양한 문제에 직면해 우리들은 때로 이런 어리석은 부부처럼 대응하기 십상이라는 점이다. 이 부부가 아이를 방치한 채 '담요원인가설'을 둘러싸고 논쟁을 되풀이하고 있는 이유는 어쩌면 한 가지밖에 없을 것이다. 그것은 그들이 어느새 인과 관계를 둘러싼 논쟁을 책임 소재를 둘러싼 논쟁으로 바꾸어 버리고 있기 때문이다. 이 부부는 아이의 병을 고치기 위해서가 아니라 이 중대한 사태를 야기한 책임에서 벗어나고자 논쟁을 벌이고 있으며 그렇기에 정작 중요한 아이 쪽은 돌아 보지도 않고 있다.

연구에 가해지는 불필요한 압력

실제로 동아시아에서 역사인식 문제에 관한 논의는 때때로 실로 이 어리석은 부부의 행동과 닮아 있다. 일본과 연관된 과거의 개별 사건에 대해서는 활발하게 논의되고 있는 한편, 그것이 정작 역사인식 문제를 둘러싼 오늘날의 상황과 어떤 관계가 있는지에 대해서는 거의 검토되고 있지 않기 때문이다. 바꿔 말하면 애당초 현재를 사는 우리들에게 역사인식 문제가 얼마나 중요하며, 그것을 둘러싸고 지금 무슨 일이 벌어지고 있는지에 대해서는 연구가 거의 전무한 상황이다. 또 과거와 연관된 논의도 태반이 역사인식 문제에서 이미 제기된 특정 이해를 전제해 놓고 그것들이 옳은지 여부를 둘러싼 논의에 그치고 있다. 한 발 더 나아가 개별 문제가 '현재'의 역사인식 문세와 어떤 관계가 있는지에 대해서는 거의 논의되지 않고 있다. 앞서 언급한 비유에 대입하자면 우리들은 '담요원인가설'의 검정만을 끝없이 지속하고 있는 것이다. 차이를 꼽으라면, 논의의 대상인 '담요'가 여러 개 있을지 모른다는 정도이다.

물론 사태가 이러한 전개를 보이고 있는 이유는 몇 가지가 있다. 가장 큰 원인 중 하나는 역사인식 문제 중 대부분이 관계 각국의 내셔널리즘과 밀접하게 결부되어 있으며, 그 결과 역사인식 문제를 둘러싼 논의가 마치 그것이 국가의 위신을 건 것인 양 이루어지고 있기 때문이다. 그런 까닭에 활발한 논의는 현 사태를 분석해 그것을 해결하는 방향으로 이끄는 것이라기보다 오히려 그 자체가 역사인식 문제를 악화시키는 구성 요소가 되고 있다.

그리고 실은 이러한 상황은 단순히 어리석고 비생산적일 뿐만 아니라 때로 역사인식 문제를 둘러싼 상황에 대한 냉정한 이해를 구축할 때 방해물이 되고 있기도 하다. 특히 한반도 관련 연구자에게 가해지는 이 문제에 말미암은 압력은 심각한 수준이다. 알기 쉽게 말하면 한반도 관련 연구자는 역사인식 문제를 둘러싼 다양한 상황 속에서 기존 논의의 '후미에(성화상)'를 들이미는 상황에 빈번하게 직면한다.

예를 들어 이러한 물음은 전형적으로 어느 특정 문제에 대해 "너는 일본과 한국 (또는 중국) 어느 쪽을 지지하는가"라고 추궁하는 형태로 나타난다. 대부분의 경우, 이 물음은 "자신의 견해를 지지하는가 아닌가"와 대부분 동의어이며, 더욱이 질문을 던진 인물의 정체성과 강하게 결부된 형태로 이루어진다. 그리고 연구자가 그들의 기대에서 벗어난 대답을 한 경우, 그 반응은 때때로 매도라는 형태로 나타난다. 이 때문에 우리들은 때로 '일본제국주의의 신봉자'라 불리며 또 어떤 때는 '한국에서 온 스파이'라는 낙인이 찍히기도 한다. 사실 인터넷 게시판 등을 보면, 매일같이 특정 한반도 연구자에 대한 비방을 볼 수 있다. 실제 저자도 비방으로밖에 볼 수 없는 메일이나 우편물을 드물지 않게 받고 있다. 가족이 협박 비슷한 행위를 당한 연구자도 적지 않을 것이다.

그러나 정말 성가신 것은 이러한 질문을 한 이들은 — 유감스럽게도 게 중에는 연구자를 자처하는 사람들도 끼어 있다 — 태반이 자신이 전제로 세운 벡터 이외의 대답을 인정하려 하지 않는다는 점이다. 뒤에서 자세하게 논의하겠지만 오늘날의 역사인식 문제에 관한 문제는 대부분 "일본과 한국 중 어느 쪽이 옳은가"라는 단순한 물음으로 완전히 환원되지 않는다. 더더구나 한반도 연구자 중 태반은 애당초 역사인식 문제와는 무관한 연구에 종사하고 있다. 그 결과, 연구자들은 대부분 자신에게 성실하면 성실할수록 앞의 질문에 대해 '모른다' 혹은 '둘 모두 옳다고 생각지 않는다'는 대답을 내놓는다. 그러나 이러한 대답은 때로는 크나큰 모멸적인 언어에 대한 저항에 부딪힌다. 즉 그들은 "이 문제에서 도망치고 있다"며 거센 비난에 노출된다.

한반도 연구를 둘러싼 악순환

하지만 이에 대해 아래와 같이 반론하는 사람이 있을 것이다. 일본과 한반도 나라들 사이에 여러 문제가 있다는 것은 주지의 사실이다. 따라서 일본에서 한반도 연구에 뜻을 두고 있는 사람이라면 그러한 부담을 짊어질 각오를 하는 것이야말로 당연하다고.

그러나 필자는 이러한 의견에 동의하지 않는다. 우선 당연히 한반도에 대한 연구가 반드시 역사인식 문제와 관련되어 있지는 않다. 그러나 한반도가 그곳에 존재하고 우리들이 그곳에 거주하는 사람들과 관계를 완전히 끊지 못하는 이상, 이 지역에 대한 정보를 수집해 분석하는 일은 우리들이 풍요로운 삶을 영위하는데 필수불가결하다. 그리고 그 분석에서는 다양한 문제에 대한 다양한 사고가 있는 게 당연하다. 백 보양보해서 이야기해도 역사인식 문제에 관한 논의가 한반도와 관련한 모든 논의 중 가장 중요하다고 할 수는 없을 것이다. 어쨌든 다양한 시각의 다양한 사고가 공존할 때야말로 우리들은 한반도와 그곳에 거주하는 사람들에 대한 우리들의 사고를 넓힐 수 있다.

그럼에도 불구하고 역사인식 문제에서 연구자에게 '후미에'를 강요하는 듯한 상황은 수많은 우수한 연구자들을 한반도 관련 연구에서 퇴출시키는 결과를 초래하고 있다. 연구자들은 각기 서로 다른 목적과 지적 관심을 품고 연구를 수행하고 있다. 때로 연구 대상이나 지역은 그 목적과 지적 관심을 충족시키기 위한 수단에 불과하다. 따라서 만약 어느 특정 대상을 선정해 연구하는 행위가 연구자에게 쓸데없는 부담을 가중시킨다면, 그 대상을 선택하지 않는 편이 연구자에게는 합리적이다. 이와 마찬가지로 한반도 연구에 대한 이데올로기적 논쟁과 관련한 부담이 크면 클수록 이러한 이데올로기적 논쟁에 관심이 없는 연구자는 한반도가 대상인 연구를 회피하게 된다.

중요한 점은 이러한 이데올로기적 논쟁을 기피하는 연구자의 퇴출이 결국 한반도 연구에서 이데올로기적 논쟁을 선호하는 연구자들의 비율을 증대시킨다는 것이다. 그리고 이데올로기적 논쟁을 선호하는 연구자의 증가는 한반도 연구 자체의 이데올로기성을 더한층 높이는 결과를 초래한다.

그리고 당연히 그것은 한반도 관련 연구 전체보다는, 역사인식 문제에 관한 분야에서 한층 더 극단적인 형태로 나타난다. 이로써 한반도를 둘러싼 논의는 더욱더 이데올로기화되는 악순환을 그리게 된다.

역사인식 문제를
고찰하기 위한
이론적인 틀

1. 역사인식 문제의 역사적 전개와 그 원인

데이터를 통해 알 수 있는 점

여기까지 오늘날 우리의 역사인식 문제 대응에 결함이 있으며, 또한 이는 문제가 해결되는 데 아무 도움이 되지 않는다는 점을 지적했다. 그리고 만약 역사인식 문제가 중요하다고 생각하여 이 문제에 진지하게 대처하고자 한다면, 먼저 애초에 왜 이렇게까지 복잡하게 얽혀버렸는지 그 인과 관계에 대해 냉정하게 탐구할 필요가 있다는 점을 반복해서 강조하였다.

그럼 우리는 역사인식 문제에 대해 어떻게 생각하고 분석하면 좋을까. 예를 들어 〈표1-1〉을 살펴보자. 이 표는 제2차 세계대전의 종식, 즉

〈표1-1〉 『조선일보』에 게재된 역사인식 문제에 관한 기사수의 추이

	일본	역사 인식	역사 문제	배상	친일파 (단독)	독도	강제 연행	위안부
1945−49	1,236	0	0	47	31	0	0	0
1950−54	936	0	0	13	2	22	0	0
1955−59	3,250	0	0	24	3	9	0	0
1960−64	4,534	0	0	22	2	31	2	0
1965−69	3,535	0	0	7	3	26	3	0
1970−74	5,620	0	0	8	0	6	2	0
1975−79	4,643	0	0	5	1	44	0	0
1980−84	5,133	1	0	4	0	13	2	0
1985−89	4,748	0	0	4	2	12	11	0
1990−94	17,539	45	39	344	79	56	150	3
1995−99	28,121	113	47	357	119	550	186	459
2000−04	34,943	135	56	286	174	386	44	349
2005−09	35,867	101	141	215	217	1,341	27	366

출전: 조선일보 「조선일보아카이브」(http://srchdbl.chosun.com/pdf/i_archive/)로부터 필자 작성

일본의 한반도와 대만에 대한 식민지 지배의 종언으로부터 2009년까지 사이에 한국의 주요 일간지 중 하나인 조선일보가 역사인식 문제에 관한 사건 및 현상을 보도한 기사 수를 나타낸 단순 비교 데이터이다. 좀 더 구체적으로 설명하자면, 조선일보의 제목 또는 본문에 '일본'이라는 단어와, 표에서 나와 있는 각 단어를 동시에 포함하는 기사의 수를 보여준다. 단, '친일파'에 대해서만은 단어 자체가 '일본'의 의미를 포함하고 있으므로 단독 기사 수를 표시하였다.

신문기사의 추이는 한정적이기는 하나 여론의 움직임을 나타낸다고 볼 수 있으므로, 우리는 이 표를 통하여 1945년부터 오늘날까지 한국에서 보도된 역사인식 문제의 추이를 어느 정도 이해할 수 있을 것이다.

그러면 이 표를 보고 우리는 무엇을 알 수 있을까. 첫째, 일단 이 신문에 실린 역사인식 문제에 관한 기사 수가 1990년대에 들어서서 급속하게 늘어났다는 점이다. 그런데 사실 한국에서는 경제성장과 더불어 신문 페이지수도 점점 늘어나는 경향이 보이며, 또한 데이터베이스에 대한 기사 수록도 완전하다고는 할 수 없다. 그러므로 이 데이터가 곧바로 한국 사회의 상황을 정확하게 반영하고 있다고는 보기 어렵다. 그렇더라도 1980년대 이전과 1990년대 이후의 차이는 확연하므로 여기서 우리는 이 지점이 역사인식 문제와 관련된 중요한 분기점이었다고 생각해 볼 수는 있을 것이다.

둘째로 우리에게 익숙한 역사인식에 관한 대표적 사건·현상이나 역사인식 문제에 대한 많은 표현들이 1980년대까지, 적어도 이 신문에서는 거의 등장하지 않았다는 점이다. 그 전형적인 예가 일본군위안부라는 표현이다. 지금은 그야말로 한일 양국 간 역사인식 문제의 핵심 이슈 중 하나이며, 일제 지배의 악한 일면을 드러내는 상징적인 사례로 거론되는 일본군위안부 문제에 대해 한국 여론은 사실상 1980년대 이전까지 거의 다루지 않았다. 또한 1980년대 이전에는 오늘날 우리가 사용하고 있는 '역사인식 문제'나 '역사 문제'라는 말이 사용된 경우도 극히 드물다. 데이터에는 나와 있지 않으나 교과서 문제도 마찬가지이다. 동아시아에서 비로소 역사교과서 문제가 본격적으로 거론되기 시작한 것은 1982년부터이다.

또한 지면 관계상 여기서는 조선일보에 대한 데이터만 제시하고 있으나, 역사인식 문제에 관한 변화는 한일 양국에서 어떤 미디어의 데이터를 가져오더라도 거의 비슷한 결과를 보여준다는 점을 말해두고자 한다.

1990년대의 역설

어쨌든, 적어도 이들 미디어의 데이터베이스에서는 역사인식 문제에 관한 여론의 관심이 1990년 즈음을 기점으로 양적으로도 질적으로도 크게 변화했다는 점은 중요할 것이다. 그러면 우리들은 이 점에 대해 어떻게 생각하면 좋을까.

여기서 먼저 짚고 넘어가야 할 것은, 이러한 역사인식 문제와 관련된 여론의 관심 변화에 대해, 역사인식 문제에서 주로 논의되는 '과거'의 사실 자체만 가지고는 설명하기 힘들다는 점이다. 당연히 '과거'는 '과거'인 이상 일단 확정된 과거는 그 자체가 바뀌는 일은 절대 없기 때문이다. 그럼에도 불구하고 이 '과거'에 대한 우리들의 관심이 변화했다고 한다면, 이는 '과거'와는 달리 '과거'를 해석하는 우리들의 이해와 생각이 변화했기 때문일 것이다. 그리고 이 점은 역사인식 문제의 전개를 이해하기 위해서는 '과거' 그 자체 이상으로, 문제가 논의되는 '현재'에 대해 잘 알고 있어야 한다는 것을 의미한다. 다소 비약적인 표현을 빌리자면, 역사인식 문제란 '과거'에 관한 문제인 것 이상으로 '현재'를 사는 우리들과 직접적으로 관계하고 있는 문제라 할 수 있을 것이다.

그리고 앞서 살펴본 역사인식 문제에 관한 변화는 한때 일본의 미디어에서 활발하게 다룬 역사인식 문제에 대한 한 견해와 정반대의 결과를 보여주고 있다. 일본에서는 어느 시점까지 역사인식 문제가 시간의 경과에 따라 점차 진정되어 갈 것이라는 낙관적인 견해가 빈번하게 등장하였다. 당시 회자된 이유는 두 가지가 있었는데, 그중 하나는 시간의 경과이며 또 하나는 교류의 증가이다. 즉 시간이 흘러감에 따라 식민지 지배를 모르는 '젊은 세대'가 사회의 주류가 되고 그들이 서로 활발한 교류를 갖게 되면 역사인식 문제는 '화해'로 향할 것이라는 주장이었다. 어느 단계까지는 일본에서 오히려 이와 같은 견해가 주류였다고 할 수 있다.

이 견해에 따르면, 한일 양국에서 '전후 제2세대'라고 불러야 할 제2차 베이비붐 세대가 성년이 되고, 글로벌화가 진행됨에 따라 양국 간의 교류가 비약적으로 증대되었던 1990년대야말로 역사인식 문제가 '화해'로 향했어야 할 시기였다.

기존 설명의 한계(1): 한국의 민주화

그러나 현실은 전혀 반대의 결과를 낳았다. 한일 양국 간 역사인식 문제는 1990년대에 들어서면서 더욱 격렬해졌고, 현재 해결의 조짐이 보이기는커녕 오히려 악화되고 있다. 언뜻 보기엔 논리적이었는데, 왜 이 낙관적 예측이 빗나가고 만 것일까.

물론 지금까지도 이러한 현상에 대한 설명이 없었던 것은 아니다. 필자가 알고 있는 한, 일반적으로 이 현상을 설명할 때는 크게 두 가지의 패턴이 존재한다. 하나는 한국의 상황을 통해 이를 설명하고자 하는 것이며 또 하나는 일본의 상황을 통해 해석하려 하는 패턴이다.

한국의 상황을 통해 풀이하는 전형적인 패턴은 이 현상에 대한 설명을 한국의 민주화에서 구하고자 하고 있다. 주지하듯이 한국에서는 1987년 민주화 운동이 일어났고 오늘날 '제6공화국'이라 불리는 새로운 정치체제가 출범하였다. 정치적 민주화는 언론의 공간에서도 자유의 확대를 가져왔고 그 결과 그때까지 금기시되어왔던 다양한 논의가 가능해졌다.

이 입장에서는 역사인식 문제를 둘러싼 논의가 활발해진 것도 언론의 공간이 자유로워진 결과라고 설명한다. 즉 역사인식 문제 논의의 수요는 한국의 식민지 시대나 해방 후 같은 예전부터 잠재적으로 존재해 왔으나 일본과의 관계를 중시했던 권위주의 정권에 의해 억압되어 왔다는 것이다. 그렇기 때문에 민주화 운동 후, 그리고 90년대 들어서서 한국에서도 '과거'에 관한 논의가 자유로워지면서 역사인식 문제를 둘러싼 논의가 활발해졌다고 설명한다.

그러나 위 설명에서 간과하고 있는 점이 있다. 확실히 민주화 이전, 전두환 정권 시대의 한국 언론은 확실히 큰 제약을 받았지만, 그렇다고 해서 이 시기에 오늘날의 역사인식 문제에 관련된 일본에 대한 논의까지 큰 제약을 받은 것은 아니다. 1965년 한일조약체결의 당사자인 대통령 자신을 포함하여, 정권의 중추적 인물 중 다수가 일제 식민지 지배에 협력자였던 '어두운' 과거를 가진 박정희 정권과는 달리, 80년대 한국 사회에 군림하던 전두환 정권은 정권 출범 당초부터 일본에 '제2의 배상'으로 60억 달러의 차관을 요구하는 등 한일 사이의 과거 문제를 적극적으로 제기하였다. 쿠데타를 통해 정권을 잡았기에 광주민주화운동이라는 무거운 짐을 짊어진 전두환 정부가 이러한 노력을 통해 자신의 정통성을 보완하려 했다는 견해도 있다.

좀 더 자세히 설명하자면, 기실 이후 한일 간 역사인식 문제에서 초점이 되는 부분 중 대부분은 민주화 이후가 아니라 전두환 정권 시절에 제기된 것들이다. 그리고 이렇게 만들기까지 전두환 정권 스스로가 큰 역할을 담당하기도 했다.

그 전형적인 예는 말할 것도 없이 1982년의 교과서 파동이다. 일본의 한 교과서에서 "대륙에 대한 '침략'이라고 쓴 기술이 검정에서 '진출'이라고 수정되었다"는, 일본 매스컴에서는 오보로 유명한 이 보도에서 시작된 문제에 대해, 일본 측에 적극적으로 이의를 제기한 것은 바로 전두환 정부였다. 앞서 언급한 '60억 달러 차관 요구'도 중요하다. 왜냐하면 이 논의는 1965년에 한일 조약을 맺었음에도, 일본에 추가 '보상' 의무가 있다는 주장의 출발점 중 하나가 되기 때문이다.

바꿔 말하자면 다음과 같다. 한국에서는 1979년 박정희대통령암살사건을 계기로, 사회전체적으로 대규모 세대교체가 진행되었고 일제식민지 시절에 손을 더럽힌 전적이 없는 세대가 정권을 장악하였다. 그러므로 쿠데타로 성립된 정통성 기반이 약했던 정권은 내셔널리즘을 동원하여 정권의 정통성 강화를 도모하였고, 이를 위해 역사인식 문제를 적극적으로 제기한 것이다. 1990년대 이후에 일어난 역사인식 문제를 둘러싼 논의의 활성화는 어떤 면에서 보자면 이렇게 여전히 권위주의 정권하에 있었던 한국에서, 일제를 둘러싼 논의의 패러다임이 전환되면서 만들어진 산물이었던 것이다.

물론 위의 사실들을 제시함으로써, 민주화를 통해 한국의 언론공간이 활성화되고 그 부차적인 효과로서 역사인식 문제에 관한 논의가 적극적으로 제기되었다는 앞서 언급한 인과 관계의 가능성 자체가 부정되는 것은 아니다. 그러나 여기서는 전사前史가 있었다는 점이 중요하다. 즉 먼저 전두환 정권이 취약한 정통성을 보완하기 위해 '과거'에 관한 새로운 문제 제기를 하였고, 이것이 그 후 민주화에 의해 자유화된 언론공간에서 크게 주목을 받음으로써, 역사인식 문제에 관한 폭발적인 논의의 증가를 가져왔다는 2단계 과정이 일어난 것이다.

일본 원인론에 대한 검토: 두 번째로 데이터를 통해 알 수 있는 점

다음으로는 일본의 상황으로부터 한일 관계의 악화를 설명한 논의에 대해서도 살펴보자. 말할 필요도 없이 여기서 가장 빈번하게 지적되는 것은, 일본에서 시작된 내셔널리즘의 대두, 혹은 우경화라 불리는 현상이다. 즉 역사인식 문제의 활성화는 이러한 일본 측의 변화로 인해 생겨난 당연한 결과라는 관점이다. 특히 한국에서는 이러한 관점이 현재로서는 거의 상식이라고 할 수 있겠다. 예를 들면, 필자도 몸담았던 제2기 한일역사공동연구에서 한국 측 한 연구자는, 해당 보고서에서 필자의 논문에 답하는 형태로, 다음과 같이 단언하였다.

"일본이 과거의 침략 전쟁, 식민 지배를 긍정적으로 보고, 더 나아가

이를 미화하려는 역사인식 때문에 역사 분쟁, '교과서 파동'이 일어났던 것이다"라고.

그러면 정말 위의 관점이 주장하는 것처럼 오늘닐 우리가 직면한 '역사를 둘러싼 분쟁'은 일본 사회의 '우경화'로 인해 일어났을까. 여기서는 위에서 한국 측 연구자도 언급한 바 있는 교과서 문제에 주목하고자 한다. 이미 서술한 바와 같이 오늘날 한일 간 역사인식 문제의 중심 중 한 부분을 점하고 있는 교과서 문제는 일본군위안부 문제와 나란히 1980년대에 들어서서 비로소 본격적으로 주목을 받게 된 오늘날의 역사인식 문제를 상징하는 이슈이다.

만일 앞선 관점이 주장하는 바와 같이 역사인식 문제 특히 교과서 문제가 '일본이 과거의 침략 전쟁, 식민 지배를 긍정적으로' 바라봄으로써 생겨난 것이라면, 당연히 교과서 문제를 둘러싼 논의의 상황은 교과서 기술을 둘러싼 변화와 연동해서 움직여야 한다. 그러나 실제로는 어땠을까. 다시금 여기서 이를 구체적인 데이터를 통해 살펴보도록 하자. 예를 들면 〈표1-2〉는 1970년대 후반 이후의 한 고등학교 일본사 교과서에서 일어난 한일 근대사에 관한 기술 변화를 정리한 것이다.

이 데이터를 잠시만 살펴보아도 알 수 있는 점은, 적어도 이 교과서에서는 한일 근대사, 바꿔 말하면 양국의 역사인식에 과한 기술이 1980년대 이후 들어서 오히려 급속도로 늘어나고 있다는 점이다. 물론 주지하듯이 일본의 교과서는 검정 제도를 채택하고 있으므로 각 학년 각 과목에는 복수의 교과서가 존재하기 때문에 이 교과서만을 가지고 일본의 교과서 경향 전체를 설명할 수 있다는 것은 아니다. 그러나 식민지 지배를 비롯한 한일 관계에 관한 기술이 증가하고 있다는 점에 대해

〈표1-2〉 도쿄서적(고교일본사)교과서에 게재된 기술의 증감
(○는 굵은 글자의 기술, △는 그외의 기술)

	1978	1983	1990	1993	1996	2000	2004
제1차 일한협약	○	△	△	△	△	○	○
제2차 일한협약		△	○	○	○	△	○
제2차 일한협약			△		△		
해야밀사사건		△	△	△	△	△	○
한국통감부	△	○	○	○	○	○	○
안중근							○
일한병합조약	○	○	○	○	○	○	○
조선총독부		○	○	○	○	○	○
토지조사사업		△	△	△	△	△	○
3·1독립운동	△	△	○	○	△	○	○
만세운동		○	○	△	△	○	○
황민화			△	△	△	△	○
창씨개명			△	△	△	△	○
의병운동(분쟁)			△	△	△	○	○
관동 대지진						○	
종군위안부(위안부)						△	○
강제연행							○
자료(일한의정서)본문	△						
사진 이토 히로부미, 한국 황태자	△						
사진 3·1독립운동							△
사진 궁성 요배							△
사진 의병						△	△

출전: 정나미·기무라 간 「『역사인식 문제』와 제1차 일한역사공동연구 관한 고찰(1)」『국제협력론집』 16 권 1·2호, 2008, 72페이지

서는 이 시기 발행된 어떠한 수준의 일본사 교과서를 보더라도 마찬가지이다. 즉 적어도 1970년대부터 2005년에 이르기까지 어떤 출판사가 발행한 어떤 교과서 시리즈를 보더라도 오늘날의 역사인식에 관한 기술은 일관되게 증가하고 있다.

알기 쉽게 이야기하자면 이 시기의 일본 역사교과서는 우경화하기는 커녕 오히려 일본의 한반도 침략과 그 지배 실태를 보다 자세하게 설명하는 쪽으로 변화하였다. 이 점은 즉 1980년대 이후 한일 역사교과서 문제의 심화를 설명하고자 할 때, '이 시기의' 일본 교과서 '우경화'를 원인으로 보기는 거의 불가능하다는 점을 나타낸다.

제멋대로 확산되는 말말말

그럼에도 불구하고 한국에서뿐 아니라 일본에서도 교과서 문제의 심화를 일본의 '우경화'로 인한 당연한 결과라고 생각하는 관점이 엄연히 존재한다. 그러면 본디 이러한 관점은 어떻게 생겨난 것일까. 다음에서 이 점에 관해 구체적으로 살펴보도록 하자.

한일 간, 혹은 동북아시아에서 역사인식 문제를 비롯한 교과서 문제가 오늘날 관찰되는 형태로 본격적으로 제기된 것은 1982년이 처음이었다. 이 해에 이루어진 교과서 검정에서 짓쿄實敎출판사 교과서 내용 중 '화북 침략'이 '화북 진출'로 교정되었다고 일본의 매스컴이 대대적으로 보도한 것이 그 계기였다. 이윽고 이 보도로 인해 중국과 한국의 매스컴과 정부가 일본 정부에 항의를 하기에 이르러 이 해에 교과서 파동이 발발한 것이다.

그러나 지금은 널리 알려진 것처럼 이 보도는 엄밀히 말하면 '오보'였다. 제2기 한일역사공동연구보고서에서 시게무라 도시미쓰重村智計가 집필한 내용에 의하면 그 경위는 다음과 같다.

일본에서는 새로운 교과서 내용이 결정되면, 각 학년, 각 과목의 새로운 교과서가 일제히 공개된다. 당시 일본 매스컴에서는 기사클럽의 기자들이 이 교과서를 각각 나눠서 담당하고, 서로 분석 결과를 보고하는 형태로 종합하는 작업을 했다. 이 과정에서 짓교출판사 교과서 담당 기자가 검정 과정에서 문부성의 압력이 있었으며 "침략이 진출로 바꿔 기술되었다"는 이야기를 들은 것이다. 이 기자는 이를 "이번 검정에서 기술이 바뀌었다"고 해석하여 그 내용을 그대로 다른 기자들에게 전달하였다. 이렇게 "1982년의 검정에서 침략이 진출로 강제적으로 바꿔 기술되었다"는 설이 탄생된 것이다. 그리고 해당 기자 본인의 소속처를 포함한 각 매스컴은 이 설을 실제 검정 전후 교과서 내용에서 확인하지는 않았다.

그러나 사실은 다음과 같았다. 일본 문부성은 과거 검정에서 각 출판사에 대해, 교과서에서 '침략'이라는 용어를 사용하지 않도록 요청한 일이 때때로 있었고, 이를 일부 사람들은 문부과학성의 압력이라고 받아들였었다. 실제로는 이는 강제력이 없는 '수정의견'이며 이 요청에 따라 '침략'이라는 용어의 사용을 철회한 교과서가 있는 반면, 해당 표현을 계속해서 쓰고 있는 교과서도 있었다. 어찌되었던 간에 이렇게 해서 이 이야기가 취재 과정에서 어느새인지 '1982년 검정에서' '강제적으로 바꿔서 기술하게 했다'라는 형태로 바뀌어있었다는 것이 시게무라의 설명이다.

물론 일본 매스컴은 그 후 이것이 오보였다는 점을 인정하고 정정 보도하였다. 그러나 이 정정 보도는 일반에, 특히 한국에서는 널리 알려지지 않았고, 어느새 "1982년 검정에서 침략이 진출로 강제적으로 바꿔 기술되었다"는 설이 제멋대로 확산된다. "우경화되어가는 일본 정부는 출판사에 교과서를 개악하는 방향으로 압력을 넣고 있으며, 그 결과 일본 교과서는 점차 한국의 역사인식과 괴리되어가고 있다." 당초 언론보도의 문맥과는 달리 많은 사람들이 이렇게 믿고 경계하게 되었다. 이렇게 우리들이 잘 알고 있는 교과서 파동에 대한 이해가 성립된 것이다.

그러나 여기서 필자는 이러한 설은 근거가 없는 것이므로 진지하게 고려할만한 것이 아니라고 말하고자 한 것은 아니다. 중요한 것은 어떻게 한일 양국의 많은 사람들이 이러한 설을 믿게 되었는지다. 그리고 오늘날 되돌아 봤을 때 그 이유는 자명하다. 박정희 대통령이 암살된 1979년은 에즈라 보겔Ezra F. Vogel의 『넘버원 재팬Japan as Number One』이 출판된 해이다. 이 무렵부터 세계는 경제대국화된 일본에 주목하게 되었다.

이에 부합하는 형태로 한국에서는 국력을 증대시켜가는 일본에 대한 경계론이 부상하고 있었다. 교과서 문제가 시작된 같은 해 11월, 일본 국내에 헌법 개정론자로 알려져 있던 나카소네 야스히로中曾根康弘 씨가 총리직에 취임하였다. 이러한 상황이었기에 일본 국내에서도 사회의 '우경화'에 주목하는 목소리가 일어났다. 한국에서 회자되는 '일본우경화론'은 이러한 일본을 둘러싼 상황과, 일본 사회의 논의를 그대로 반영한 현상이다. 그렇기에 여기에는 더욱 일정한 설득력이 있었고, 장기간 동안 신뢰를 받게 된 것이다.

2. 가치기준으로서의 역사인식

역사인식 문제가 전개되어온 역사

그러면 역사인식 문제가 어떻게 전개되어왔는지 큰 틀에서 살펴보도록 하자. 앞서 소개한 〈표1-1〉은 역사인식 문제에 관한 조선일보 기사

수의 변천을 그대로 나타낸 것이다. 그러나 앞서도 다루었던 것처럼, 하루하루 발행되는 신문의 기사 수 자체가 변화하는 이상, 신문의 기사 수 변화가 이 신문에서 각 역사인식 관련 사항에 대한 관심의 변화를 그대로 반영하고 있다고 보기는 어렵다. 우리들이 사태의 전개를 정확하게 이해하기 위해서는 보다 정확한 데이터가 필요하다는 점은 말할 필요도 없을 것이다.

그러므로 여기서는 좀 더 정확성을 높이기 위해 다음과 같은 처리를 해보고자 한다. 첫째로, 먼저 모수母數로 할 기사 수를 기사 본문이 아닌 기사 제목에 역사인식 문제에 관한 단어를 포함하는 기사로 한정한다. 이유는 사용한 데이터 베이스의 기사전문 수집 형태에 연차별로 차이가 있어, 이를 정리하기 위해서이다. 이와 같이 기사 수를 제목에 문제시 되는 어구 포함으로 제한한 결과, 숫자가 줄어들어, 분석하기에 적절치 않은 경우는 제외하고 새롭게 몇 가지 새로운 어구를 포함시켰다. 두 번째로 위 작업을 통해 얻어진 각 기사 수를 각 시기에 역시 기사 제목에 '일본'이라는 어구를 포함한 기사 수로 나눈 값을 구했다. 후자의 수를 이 신문의 일본에 대한 관심의 정도를 표현하는 모수로 설정하고, 이에 대한 각각의 어구에 대한 기사 비율을 나타낸 것이다. 즉, 여기서 구한 값은 이 신문에서 각 역사인식 문제에 관한 어구가 같은 신문의 일본 관계 기사 전체에서는 어느 정도의 비율을 차지하고 있는지를 나타낸다.

그 결과는 〈표1-3〉과 같다. 다시금 자명한 것은 앞서도 이야기하였듯이 90년대 이후에 역사인식을 둘러싼 논의가 활발해졌다는 점이다. 그러나 동시에 교과서 문제를 비롯한 몇 가지 문제에 대해서는 이미

〈표1-3〉『조선일보』에 게재된 일본관계 기사 전체에 대한 역사인식 문제 주요사항 관계 기사 비율의 변화

	일본+교과서	위안부	정신대	야스쿠니	신사+참배	독도(다케시마)	독립운동	친일파	일본+배상
1945-49	0	0	0.16	0	0	0	0	2.5	3.8
1950-54	0	0	0	0	0	2.72	0	0.12	1.6
1955-59	0.06	0	0	0	0	0.28	0	0	0.77
1960-64	0	0	0	0	0	0.7	0	0.04	0.49
1965-69	0.05	0	0	0	0	0.77	0.05	0.02	0.14
1970-47	0.03	0	0	0.11	0.01	0.09	0	0	0.11
1975-79	0.04	0.02	0	0.02	0.04	0.98	0	0.02	0.11
1980-84	2.76	0	0.44	0.02	0.23	0.3	0.04	0	0.09
1985-89	1.27	0	0.09	0.04	0.25	0.25	0.07	0.04	0.09
1990-94	0.68	9.86	17.68	0.34	1.81	0.22	0	0.56	0.79
1995-99	0.66	12.01	1.69	0.49	1.38	1.07	0.17	0.49	0.26
2000-04	1.14	6.6	1.04	2.44	4.68	0.83	0.05	0.57	0.15
2005-09	1.12	5.94	0.51	4.4	2.05	4.26	0.14	1.35	0.32

출전: 조선일보 「조선일보아카이브」(http://srchdbl.chosun.com/pdf/i_archive/)로부터 필자 작성

그 징후가 한국의 민주화 이전인 80년대에 관찰되고 있다는 점도 명확하다. 그러나 경우에 따라서는, 예를 들어 친일파 문제와 식민지 지배에 대한 배상 문제와 같은 것들은 이러한 일반적 경향에서 벗어나 90년대 이후보다 오히려 해방 직후에 집중적으로 논의된 사항도 있다. 게다가 영토 문제의 경우만은 이 신문에서 항상 일정 이상의 수준으로 논의되어 왔다는 점도 알 수 있다. 이 점은 다수의 역사인식 문제와 영토 문제가 다른 특질을 가지고 있음을 나타낸다.

이상을 염두에 두고 이 표를 다시 한번 살펴보자. 그러면 한일 간의 역사인식을 둘러싼 세 단계가 보일 것이다.(이점에 대해 보다 자세한 정보가 필요한 분은 필자의 졸저『근대 한국의 내셔널리즘』 등을 참조하길 바란다)

1단계는 제2차 세계대전의 일본 패전, 그러니까 한반도가 일본의 식민지 지배에서 해방된 직후이다. 이 시기에는 오늘날 전형적인 역사인식 문제로서 여겨지는 교과서 문제, 일본군위안부 문제, 야스쿠니 신사 참배 문제에 대해서는 거의 논의되지 않았다. 당시 사람들 사이에서 열심히 회자되던 문제는 식민지 지배에 대한 배상문제와 일제시대 일본측 한국인 협력자를 의미하는 '친일파'를 둘러싼 문제에 대해서였다. 바꿔 말하면 이 시기에는 식민지 지배나 전쟁을 둘러싼 문제보다도 식민지 지배 그 자체에 대해 일본 정부와 한국인이 어떻게 관여하였으며 그 책임을 어떻게 물어야 하는지가 주로 논의되었다고 할 수 있다.

그러나 이러한 상황은 1965년 한일기본조약 체결, 즉 일본과 한국이 국교정상화를 이루는 시기를 경계로 변화한다. 1960년대 후반 및 70년대의 특징은 거의 모든 역사인식 문제와 관련된 사항이 그다지 논의되지 않았다는 점이다. 이 표만 보아서는 명확하지 않겠으나, 이러한 현상은 한일 간 역사인식 문제와 관련된 사항뿐 아니라 일본 국내의 전쟁범죄 문제, 한국 국내의 친일파 문제 등 양국 국내의 '과거'에 관한 사항도 마찬가지였다.

그리고 이미 언급한 것처럼 이러한 상황은 1980년대 무렵 다시금 변화한다. 그리고 결과적으로 90년대 이후가 되면 지극히 높은 수준의 역사인식 문제 논의가 시작되는 것이다. 그리고 적어도 이 데이터에서 보는 한 그러한 상황은 2009년에 이르기까지 크게 바뀌지 않고 있다. 좀 더 이야기하자면 그 후 2012년 이명박 대통령이 독도(일본명 다케시마)에 상륙한 뒤 한일 관계가 악화되었음은 잘 알려져 있다.

이론적 분석의 틀

그러면 이러한 역사인식 문제를 둘러싼 상황 변화를 우리들은 어떻게 이해해야 할까.

여기서 특이한 점을 하나 발견하게 될 것이다. 물론 한일 양국 간에는 지금까지 역사인식 문제에 대해 다양한 논의가 전개되어 왔고, 거기서 많은 문제가 지적된 바 있다. 그러나 저자의 얄팍한 식견으로는 지금까지의 논의에서 대체 무엇 때문에 문제가 이 성노까지 얽히고 실켜서 지금에 이르렀는지에 대해 설명하는, 제대로 된 '분석의 틀'이 제시된 적은 한 번도 없다. 즉 이 말은 지금까지의 역사인식 문제 연구는 문제를 발생시켰다고 여겨지는 원인과 그 결과의 관계에 대해 "나쁜 짓을 했으니 관계가 나빠졌다"라고 하는 식의 '직감적인 통찰'에 의거해 왔다는 의미이다.

물론 그렇다고 해서 직감적인 통찰에 근거한 분석은 의미가 없다거나 그 통찰의 결과가 오류라는 의미는 아니다. 그러나 동시에 제2차 세계대전 이후 한일 양국 더 나아가서 동아시아 세계 전반에 막대한 영향을 미치고 있는 대형 문제에 대해, 우리들이 지금까지 극히 조악한 분석밖에는 해오지 않았다는 것도 사실이며, 또한 이 점이 이 문제에 대한 우리들의 이해를 크게 저해해 왔다는 점도 부정할 수 없을 것이다. 한 발 양보해서 이야기하더라도, 직감적인 통찰 결과의 확실성은 어떠한 방법으로든 검증 작업을 거쳐야 할 것이며, 그러한 작업 없이 역사인식 문제의 정확한 이해나 해결방법을 모색하기란 힘들 것이다.

그러므로 여기서부터는 역사인식 문제를 분석하기 위한, 있을 법한 이론적 틀에 대해 생각해 보고자 한다. 한일 간의 역사인식 문제도 국제 분쟁의 하나인 이상, 당연히 이는 국제 분쟁에 관한 기본적인 이론의 틀에 의해 설명이 가능해야 한다. 예를 들면 여기서는 케네스 E. 볼딩의 고전적인 저작 『분쟁의 일반이론Conflict and Defence: a general theory』에서 시사점을 얻어, 이 문제에 대해 생각해 보고자 한다.

이 고전적 저작을 읽고 깨닫는 점은, 첫째 한 사항이 분쟁으로 발전하기 위해서는 적어도 다음 세 가지 조건이 필요하다는 것이다. 그 중 첫 번째 조건은 해당 사항에서 의미를 끄집어내 줄 복수의 액터Actor가 존재해야 한다. 바꿔 말하자면 아무리 큰 잠재적 의미를 가지고 있는 사항이라 하더라도 그 존재와 의미가 복수의 액터에 의해 실제로 발견되어지지 않는다면 이 사항은 존재하지 않는 것과 같다. 따라서 어떠한 사항과 그 의미부여가 이루어지는 과정이 중요하다. 물론 이 사항에서 의미를 찾아내 줄 액터가 단수인 경우에는 분쟁이 일어나기 힘들 것이므로, 그 '발견'은 복수의 액터에 의해 이루어져야만 한다.

두 번째로 이 사항에 대해 복수의 액터가 서로 다른 인식을 가질 필요가 있다. 한 사항에 대해 그 의미를 찾아낸 액터가 복수 존재하더라도 만일 이 액터들이 해당 사항에 대해 같은 인식 — 예를 들면 한 섬이 어느 나라의 영토에 속하는지 또는 한 역사적 문제가 어떻게 해석되어야 하는지 등의 문제에서 공통된 인식을 가지고 있다면 역시 분쟁은 일어나지 않을 것이다. 왜냐하면 이 경우 복수의 액터는 공통 인식을 기반으로, 이 사항에 대해 일치된 행동을 취할 수 있게 되기 때문이다. 하나의 사항에 대해 일치된 행동을 취할 수 있는 이상, 거기서 분쟁이 일어날 여지는 없다.

세 번째로 이들 복수의 액터가 실제 행동 개시에 나설 수 있도록 충분한 이익을 발견했어야 한다. 바꿔 말하면 가령 복수의 액터가 한 사항에 대해 일정한 의미부여를 하였고, 또한 그 의미부여가 서로 다르다 하더라도, 그 의미부여에 따른 행동이 실행으로 옮겨지기까지는 의미부여가 일정 이상의 중요성을 가져야 할 필요가 발생한다. 왜냐하면 앞서 언급한 두 조건을 만족하는 상황에서, 한 액터가 이 사항에 대해 자신의 이익을 실현하기 위해 주저 없이 행동을 개시했을 때, 이것이 바로 같은 사항에 대해 다른 인식을 가지는 액터와의 충돌을 유발해야 하기 때문이다. 당연하게도 이 충돌은 그때까지 두 액터 사이에 존재하던 관계를 해칠 것이고, 이로 말미암아 행동을 일으킨 액터는 일정한 불이익을 감수해야 할 것이다. 따라서 이 액터가 행동을 일으키기 위해서는 자신의 행동에 따라 발생할 수 있는 불이익을 넘어서는, 즉 상대적으로 큰 이익을 얻을 수 있다는 기대를 줄곧 가지고 있을 수 있어야 한다.

정리하자면, 이 세 가지 조건을 복수의 액터가 동시에 충족하는 경우에만, 복수의 액터가 자신들의 행동으로 인한 충돌로 발생할 불이익을 감수하고라도, 어떠한 문제사항에 대해 일정한 행동을 일으키는 상황이 일어나게 되는 것이다.

여기서 이 이론적 틀은 우리들에게 두 가지 시사점을 제시한다. 하나는 말할 필요도 없이 현재 역사인식 문제 발생의 과정에서 각 사항에 관한 이들 조건이 어떠한 상황 속에서, 어떠한 원인에 의해 충족되었는지를 살펴봄으로써 이러한 문제사항들이 왜 우리의 눈앞에 여전히 존재하고 있는지를 어느 정도 이해할 수 있다는 점이다.

그리고 두 번째는 역으로, 한일 간의 '과거'에 관한 문제 중에는 사실 많은 사항들이 이 세 가지 조건을 충족하지 못해 망각의 저편에 있다는 점이다. 실제로 오늘날 한일 간 역사인식과 관련하여 논의되는 문제는 대부분 일본군위안부, 총력전체제 당시 노동자와 군인에 대한 강제동원, 그리고 교과서 문제와 영토 문제 등 극히 적은 수에 국한되어 있다. 그러한 의미에서 한일 간 역사인식 문제가 결코 식민지 지배와 그 후의 한일 역사 전반에 관한 문제라고 할 수는 없으며, 그 배후에 잊혀진 무수한 '과거'가 있다고 하겠다.

3. '역사'와 '역사인식'

세 가지 발전 단계

다시 한 번, 여기까지 제시한 이론적 틀을 정리해보자. 한 사항이 분쟁으로 발전하기 위해서는 최저한 다음 세 가지 조건이 필요하다. 먼저 이 사항이 복수의 액터에 의해 '발견'되고, 두 번째로 이들 복수의 액터가 이 사항에 대해 서로 충돌하는 '인식'을 가지고 있으며, 세 번째로 이들 액터가 그 충돌에 의해 입을 수 있는 불이익을 넘어서는 '중요성'을 찾아냈어야 한다.

그러면 우리들은 이 도식에서 이 후 논의될 한일 간 역사인식 문제의 분석에 대해 어떠한 시사점을 얻을 수 있을까. 적어도 역사인식 문제를 고찰하는 데 있어 우리들에게는 다음 세 가지 관찰 포인트가 존재한다는 점은 확실히 알 수 있다.

이 포인트를 다음 세 가지 조건에 각각 대응하는 형태로 정리하면, 다음과 같다. 먼저 첫 번째 조건으로부터 이야기 할 수 있는 것은 한 사항이 그 존재로 인해, 바로 역사인식 문제의 이슈가 되는 것은 아니라는 점이다. 특정 '과거'에 관한 문제가 역사인식 문제로까지 발전하기 위해서는 한일 양국의 정부와 사회에서 이 문제 사항이 '발견'되고, 일정한 '의미부여'가 이루어질 필요가 있다. 따라서 우리들은 어떠한 특정 사항이 어떻게 '발견'되고, 어떤 과정을 통해 '의미 부여'가 되는지를 구체적으로 관찰할 필요가 있을 것이다.

두 번째 조건에서 이야기할 수 있는 것은 '발견'된 문제 사항에 대해 한일 양국의 정부와 사회가 어떠한 '인식'을 가지게 되었는지가 관찰되어야만 한다는 점이다. 당연하게도 일단 '발견'되고, '의미가 부여'된 사항도 그 사회의 커다란 '인식'이 형성되기까지에는 일정한 과정이 존재한다. 또한 한 사회에서 한 문제 사항에 대해 이미 형성된 '인식'이 변화하여, 재구성되는 일도 드물지 않다. 여기서는 어떠한 변화가 어떠한 원인에 의해 일어났는지를 관찰하는 것이 중요하다.

제3의 조건에서 자명한 것은, 이렇게 하여 형성된 '인식'이 얼마나 큰 '중요성'을 가지고 한일 양국의 정부와 사회에 받아들여져 가는지를 관찰해야 한다는 점이다. 그리고 이 '중요성'을 고려하는 데는 해당 문제 사항의 '절대적 중요성' 이상으로 분쟁에 의해 발생할 수 있는 불이익과 대조되는 '상대적 중요성'에 주목해야 한다. 예를 들면 어떤 역사적 사항에 대해 한일 양국 중 어느 쪽이 큰 '중요성'을 찾아냈다 하더라도, 이 문제를 상대 측에게 제기함으로써 잃어버릴 수 있는 이익이 문제 제기에 의해 얻어질 이익보다 확실히 클 것으로 생각된다면, 이 문제를 제기하기는 힘들 것이다. 따라서 각 사항의 '절대적 중요성'의 변화와 동시에, 각 시대에서 문제 제기에 의해 예상될 불이익이 어느 정도로 견적이 나올 지 분석해 볼 필요가 있겠다.

이는 한 문제 사항이 역사인식 문제로 발전하기까지는 세 가지 발전 단계가 존재함을 의미한다. 즉 문제 사항이 발견되고 그 의미부여가 이루어지는 단계, 한일 양국 혹은 그 이외의 사람들이 상이한 인식을 형성하는 단계, 그리고 이로써 잃어버릴 많은 이익을 능가할 더 큰 중요성을 획득해 가는 단계이다.

그리고 이 발전 양상은 한일 양국에서 각 시기의 사회 상황에 의해 좌우된다. 즉 한일 관계를 가로막고 있는 역사인식 문제란 단순히 일본과 한국 사이에 걸쳐 있는 '과거'에 관한 문제만은 아니라는 점이 중요하다. 이는 '과거' 이상으로, 그 '과거'를 바라보는 각각의 시대를 살았던 사람들의 문제이며, 거기에는 각 시대의 상황이 복잡하게 반영되어 있다. 즉 역사인식 문제란 전쟁과 식민지 지배라는 제2차 세계대전 이전, 즉 '전전戰前'의 문제인 이상으로, 그 '과거'와 대치해온 제2차 세계대전 이후, 그러니까 식민지 지배 종식 후인 '전후戰後'의 문제인 것이다.

예: 일기의 경우

이 점은 역사인식 문제를 고찰하는 데에 있어 매우 중요한, 그리고 기본적인 문제를 다시금 상기시켜 준다. 이는 본디 '역사'란 무엇인가라는 지극히 고전적인 문제이다.

말할 필요도 없겠으나, 여기서 이야기하는 '역사'란 '과거' 그 자체가 아니다. 우리가 일기를 쓸 때를 생각하면 이해하기 쉽다. 일기를 쓸 때 우리들은 "오늘은 몇 시 몇 분 몇 초에 잠에서 깨어나, 오른손으로 눈을 가볍게 문지른 후, 눈꺼풀을 열고, 왼손으로 이불을 젖힌 후 자리에서 일어나…"와 같이 하루 중 자신의 행동을 상세하게 나열할 수도 있을 것이다. 그러나 아무리 노력해도 우리가 하루에 취한 모든 움직임과 행동을 낱낱이 적기란 불가능하며, 애초에 일기에 자신의 행동만 적을 리도 없다. 거기에는 자신이 직접 경험하지 않았더라도 타인으로부터 전해들은 사실이나 미디어를 통해 보고 들은 일들이 기재되어 있을 지도 모른다. 아기가 태어난 지 얼마 안된 사람이라면, 자신의 일은 제쳐두고 아기에 대해서만 기록하는 사람도 있을 것이다.

중요한 것은 '일기에는 무엇이 쓰여져야 하나'라는 기준이 존재하지 않는다는 점이다. 그래서 우리들은 일기에 아무거나 쓸 수 있다. 이는 우리들이 자신의 일기를 쓸 때 무한한 소재가 있음을 의미한다. 바꿔 말하면 일기에는 한 인물에게 어느 날 생긴 일들이 쓰여지는 것이 아니다. 거기에는 한 인물이 그날 무엇을 써야 할지 판단해서 취사 선택된 결과가 쓰여져 있는 것이다.

그러면 우리들은 어떤 기준에 근거하여 일기에 써야 할 내용인지를 판단하고 있는 걸까. 당연하게도 거기에는 사전에 일정한 가치 판단이 존재하기 마련이다. 즉 의식적이든 아니든 간에 우리들은 자신이 보유하고 있는 가치기준에 따라 특정 사실만을 선별하여 일기에 기록하고 있다.

▌'역사인식'의 중요성

이 가치기준이 없으면 우리는 일기를 쓰기조차 할 수 없다는 점을 강조하고자 한다. 그리고 어느 날 생긴 일들이 '과거'이며, 그 일들을 기록한 일기가 '역사'의 한 종류라고 한다면, 우리들은 여기서 '역사'란 무엇인가를 알 수 있다. 그러니까 우리들이 기록한 '역사'란 항상 무한한 재료를 가지는 '과거' 속에서 특정 사실을 솎아내서 우리들 자신이 만들어 낸 것일 뿐이다.

되풀이 되는 이야기이지만, 그렇기 때문에야말로 '역사'를 기재하기 위해서는 일정한 가치기준이 필요하다. 즉 여기에는 '역사'에서 무엇이 중요하며, 어떠한 사실이 기록되어야 하는지에 대한 인식이 미리 존재해야만 한다. 그리고 말할 필요도 없이 이 가치기준이 바로 '역사인식'이다. 즉 '역사'와 '역사인식' 사이의 관계는 '역사'가 있어야 '역사인식'이 존재하는 것이 아니라, '역사인식'이 있어야 비로소 '역사'가 성립되는 것이다. '역사'가 사람들에 의해 선별된 '과거'의 사실로부터 구성된 것인 이상, 여기에는 반드시 선별 작업을 한 사람들의 가치관이 반영된다. 그러므로 '역사'란 항상 주관적인 것이고, 또한 주관의 산물인 것이다.

그리고 이는 어떤 '역사'도 가치중립적인 존재일 수는 없다는 점을 의미한다. 그렇기 때문에야말로 서로 다른 '역사인식'을 가진 사람들에 의해 쓰여진 '역사'는 항상 다른 것이 될 운명이 정해져 있다. '과거'에 무한한 사실이 존재하는 이상, 그 속에서 어느 특정 경향성을 가진 사실만을 다룸으로써 우리들은 상당한 수준까지 자신이 만들고자 하는, 혹은 이야기 하고 싶은 '역사'를 '과거'의 사실과 모순되지 않게 만들어 낼 수가 있기 때문이다.

그 전형적인 예로 다름아닌 우리들 자신의 개인사를 들 수 있을 것이다. 우리들은 그날 그날의 정신상태에 근거하여 때로는 '긍정적인 자신의 역사'를 만들어 의욕을 고취시키기도 하고, '부정적인 자신의 역사'를 만들어 그날 하루를 자신의 껍질 속에 가두기도 한다. 그리고 우리들이 스스로 깨닫고 있듯이, 이는 우리들이 스스로 자신의 기억이라는 데이터 베이스에서 특정 경향성을 가진 과거의 경험을 골라내어 만들어낸 것에 지나지 않는다. 대부분의 경우, 양자는 모두 우리들의 실제 경험에 근거한 것이며, 여기에 사실에 대한 허위는 존재하지 않는다. 그럼에도 불구하고 같은 기억에서 만들어진 우리들의 역사는 때로는 전혀 다른 메시지를 보낸다.

정말 골치 아픈 문제는 여기서부터이다. 이렇게 '역사'란 어디까지나 우리들이 자신의 가치관에 근거하여 특정 역사적 사실을 선별하고 만들어낸 자의적인 존재에 지나지 않는다. 그럼에도 불구하고 우리들은 때로는 자신이 만들어낸 '역사'를 움직일 수 없는 보편적이고 중립적인 존재라고 착각하기도 한다. 그 이유는 단순하다. 오늘날 세계 각지에 존재하는 다양한 '역사'는, 웬만큼 조잡하게 쓰여지지 않은 한, 대부분이 '과거'에 실제로 일어난 일로 구성되어 있다. 거기에 쓰여진 각각의 사실은 확실히 그 시점에 존재한 일들이며, 문헌이나 고고학 조사 등에 의해 상당 수준까지 확인할 수 있다.

그러나 '역사'에 쓰여진 각 사실의 '확실성'이 그 '역사'의 중립성을 나타내는 것이 아니며, 때로는 그 사실에 관련된 주관을 뒷받침하는 역할조차 수행하지 못한다. 전형적인 예를 들자면, 일본에 의한 한일병합의 합법성을 둘러싼 논의를 들 수 있다. 대부분의 한국 역사서에는 일본에 의한 한국 지배가 부당하고, 불법적인 일이었다는 대전제가 깔려있는데, 위법성의 근거 중 하나로 1905년 대한제국이 외교권을 포기한 조약, 즉 제2차 한일협약 문서에 당시 한국의 황제, 고종의 서명이 없다는 점을 들고 있다.

말할 필요도 없이 해당 문서에 고종의 서명이 없음은 주지의 사실이며, 이는 협약 문서에서 직접 확인할 수 있다. 그러나 좋고 나쁨을 차치하고 보면, 이 점만으로 바로 제2차 한일협약이 무효가 되지는 않으며, 하물며 곧바로 일본에 의한 한일병합이 위법이라고 할 수는 없다. 이 조약을 비롯한 20세기 초 국제조약의 유효성에 대해서는 다양한 논의가 있을 수 있기 때문이다.

이 사례에 전형적으로 나타나 있는 것처럼 각 사실의 확실성이 이로 인해 구성된 '역사'가 옳다고 보장해 주지는 않는다. 더욱이 서로 다른 '역사인식'에 근거하여 서로 다른 사실을 원용하여 쓰여진, 그리고 서로 다른 스토리를 가지는 '역사'가 오류라는 의미도 아니다. 그럼에도 불구하고 우리들은 때때로 한 '역사'에 원용되는, 각각의 역사적 사실의 '확실성'을 '역사' 그 자체의 '확실성'으로 착각하는 경향이 있다. 우리들이 끌어안고 있는 '역사' 관련 논의의 문제점 중 하나가 여기에 존재한다고 해도 과언이 아니다.

역사인식 문제의
세 가지 요인

1. 세대교체

지금까지의 논의

그러면 여기서 일단 지금까지의 논의를 정리해보자. 지금까지 논의해 내용은 어림잡아 세 가지라고 할 수 있다. 하나는 한일 간의 역사인식 문제가 어떻게 변화해 왔는지이다. 여기서는 80년대부터 90년대 무렵에 걸쳐 이 문제를 둘러싼 분쟁이 격해져 온 점, 그리고 그 점이야말로 한일 역사인식 문제는 단순한 과거의 반영이 아니라는 점을 나타내고 있음을 반복해서 지적해 왔다. 두 번째는 이러한 변화가 예전부터 있어왔던 이 해의 틀, 특히 한국의 민주화와 일본의 '우경화'라는 틀로는 충분히 설명 되지 않는다는 점이다. 바꿔 말하면 그렇기 때문에야말로 우리들은 이 문제를 마주하는 데 있어, 그 방법을 다시 한번 물어볼 필요가 있다. 그리고 세 번째로 필자 나름대로 이 문제를 다루기 위한 이론적 방법을 제시하였다. 여기서 제시한 것은 이 문제를 고찰하는 데 있어 각 시대를 살아가는 사람들에게 역사인식 문제와 관련된 사항이 어느 정도의 중요 성을 가지고 존재하는지를 간과해서는 안 된다는 점, 그리고 그 발전 단계에서는 문제 사항의 발견, 사회적 인식의 형성, 마지막으로 일정 이상의 중요성 획득과 그에 수반되는 사람들의 행동 개시, 이 세 가지 단계가 있다는 점이었다. 그리고 이러한 역사인식 문제란 본디 역사란 무엇인가라는 근본적인 물음으로부터 나온 것임을 지적했다.

그렇다면 이렇게 이해되는 역사인식 문제의 역사적 변화에는 어떤 요소들이 영향을 미치고 있을까. 여기서부터는 이 점에 대해 구체적으로 살펴보도록 하겠다.

제1기: '전후 처리'의 시대

지금까지 논의해 온 것처럼 한일 양국 간 역사인식 문제의 전개 양상은 크게 세 가지 시기로 구분된다. 제1기는 1945년부터 1950년대, 혹은 1960년대 전반 무렵까지이며, 제2기는 그 이후부터 1980년대 전반까지, 제3기는 1980년대 후반부터 1990년대를 거쳐 현재까지 아우르는 시기이다.

각 시기에 대해 살펴보면 다음과 같다. 제1기의 특징은 이 시기의 역사인식 논의가 오늘날과는 크게 달랐다는 점이다. 당시 활발하게 논의되던 내용은 한국에서는 일본의 식민지 지배에 대한 배상과 일본에서 말하는 '이승만 라인'(한국에서는 '평화선'이라고 한다)을 둘러싼 문제, 그리고 '친일파'로 통칭되는 식민지 시대에 일본 통치에 협력한 한국인들과 그 처벌에 관한 문제이며, 반면 일본에서는 '도쿄재판' 즉 극동국제군사재판 등 제2차 세계대전과 그 이전의 '전쟁책임'에 수반한 문제가 논의되었다.

어떠한 의미에서 이는 당연했다. 왜냐하면 당시는 실로 제2차 세계대전과 식민지 지배가 종료된 직후여서 그 책임을 누가 어떻게 져야 하는가가 실시간으로 논의되고 있었기 때문이다. 바꿔 말하면 오늘날에는 역사인식 문제의 일부로서 이해되고 있는 이들 문제가 이 시기에는 '과거'의 문제가 아닌, 그들이 살고 있던 '지금'에 직접 관계된 문제였던 것이다.

예를 들면 일본과 한국이 국교를 정상화하는 과정에서 '이승만 라인'을 둘러싼 논의가 등장하였듯이, 독도를 포함한 양국 간에 국경을 어디에 그을 것인가에 관한 결정은 ─ 결과적으로 한일 양국이 이를 어영부영 처리하는 쪽을 선택했다고는 해도 ─ 일단 논의하지 않을 수 없는 문제였으며, 식민지 지배에 대한 배상 여하도 또한 논의의 대상이 되어야만 하는 운명이었다. 일본 국내에서는 어떠한 사람들이 제2차 세계대전의 전쟁 책임을 져야 하는지, 또한 그들을 어떻게 처벌해야 할지가 패전 후 일본이 어떤 국가로 다시 태어나는가와 연관되는 중대한 사항임이 분명했다.

그 예로 전쟁 직후 일본의 상황을 떠올려 보자. 바로 몇 년 전까지 총리와 주요각료로서 내각에 군림하고, 혹은 육해군의 지휘관으로서 절대적인 권한을 휘두르던 사람들이 A급 전범으로서 연합국 재판을 받는 모습은 당시 일본인들의 관심을 끌지 않을 수 없었다. BC급 전범을 둘러싼 문제는 관계자들에게 보다 절실했다. 이 재판의 향방은 그들의 친족들에게는 말 그대로 자신들의 운명과 직접 관계된 문제였기 때문이다. 또한 전장에서 수많은 체험을 한 사람들은 이러한 연합국 재판이 조금만 빗나갔어도 자신도 또한 같은 법정에 서야 했었을 거라는 이해가 있었다. 야스쿠니 신사를 둘러싼 문제도 마찬가지였다. 당시 사람들에게는 야스쿠니가 그야말로 자신들의 친족과 친구들이 잠들어 있는 장소이며, 또한 전우와 '재회'하자고 맹세한 장소였다. 그러므로 이에 대한 논의는 '과거'에 대한 것이 아니라 '지금'에 관한 진지하고도 절박한 문제였다.

한국인에게도 사태는 마찬가지였다. 한국인들에게 일본의 배상을 둘러싼 문제는 제2차 세계대전 당시의 총동원 체제와 해방 후 혼란 속에서 자국의 살림을 다시 일으키기 위한 최소한의 경제적 기반을 어떻게 구축할 것인가 하는 문제와 깊이 관련되어 있었다. 이 문제는 당시 한반도 남쪽을 둘러싼 특수한 상황과 맞물려, 보다 심각한 양상을 띠고 있었다. 왜냐하면 일본의 패전과 제국의 해체에 의해 한반도에는 세 종류의 사람들이 그야말로 입은 옷 달랑 한 장만 걸친 채 대량 유입되고 있었기 때문이다.

세 종류의 사람들 중 첫째는 전시에 군인·군속이나 노동자로 한반도에서 동원된 사람들인데, 이들은 일본 패전 직후에 대량으로 한반도에 귀환했다. 둘째는 소련 점령하에 있었던 한반도 북부에서 유입된 사람들이다. 월남자라고 불린 이들 중 대부분은 소련 토지개혁 등으로 재산을 몰수당한 사람들이었으며, 이 때문에 강한 반공 의식을 가지고 있었다. 셋째는 구 만주에서 귀국한 사람들이다. 당시는 한반도에서 만주로 넘어가 새로 뿌리를 내리는 사람들이 많았다. 그러나 그들 중 대부분은 일본의 패전과 만주국의 괴멸에 따라 생활 기반을 잃고 한반도로 다시 돌아오게 되었다. 생활 기반을 잃은 이 사람들에게 일본의 배상은 생활을 다시 일으키기 위한 필수 조건으로 인식되었으며, 당연히 이에 대한 강한 기대가 싹텄다.

'친일파'라 불린 식민지 시대 일본 지배에 협력한 한국인들에 대한 처우를 둘러싼 문제는 해방 후 한국을 어떤 국가로 만들 것인가에 대한 문제임과 동시에, 많은 한국인들이 처벌 범위 여하에 따라서는 언젠가 자신에게도 불똥이 튈지 모른다고 생각할 만한 문제이기도 했다. 왜냐하면 식민지 지배하의 한국에서는 많은 사람들이 살기 위해 식민지 권력과 모종의 관계를 가질 필요가 있었기 때문이다. 그렇기 때문에 이 문제에 관해서는 많은 사람들이 마음속 깊이 은밀한 상처를 가지고 있었다. 해방 직후에 귀국한 어느 망명 정치가의 말을 빌리자면 '국내에 있었던 사람은 모두 친일파'라는 말을 들어도 별 도리가 없는 상황이, 거기에 있었다. '평화선' 즉 '이승만 라인'의 사수는 일본 어선에 비해 빈약한 장비를 가지고 바다에 나서는 한국의 어민들에게는 생활과 직결된 문제이기도 했다.

어쨌든 이렇게 오늘날에는 '과거'에 관한 문제로 보이는 문제 중 대부분이 이 시대에는 여전히 절실한 '지금'에 관한 문제였다. 그렇기 때문에 일본의 경우는 극동국제군사재판을 거쳐 샌프란시스코강화조약으로 주권이 회복된 1950년대, 그리고 한국에서는 한일국교정상화가 이루어지는 1965년 무렵을 경계로 이러한 문제를 둘러싼 논의가 줄어든 것은 당연한 결과였다. 왜냐하면 이들 조약에 의해 앞서 언급한 많은 문제들이 일단 '해결'되었기에 일단은 '과거'가 되었기 때문이다.

샌프란시스코강화조약과 한일기본조약

이렇게 일본에서는 1950년대 후반부터 그리고 한국에서는 그로부터 약 10년 후인 1960년대 후반부터 역사인식 문제를 둘러싼 논의가 빠른 속도로 진정 국면에 들어간다. 한일 간에 10년의 시간차가 벌어진 원인은 양국에서 한일 국교정상화 문제가 가지는 중요성의 차이에 있었을 것이다. 여기서는 이하 이 점에 대하여 짧게 다뤄보도록 하겠다.

일본의 경우 패전 후 대외 관계상 최대의 문제는 어떻게 자국의 주권을 회복할까였으며, 거기서 가장 중요시되는 것은 말할 것도 없이 구적국인 연합국과의 관계회복이었다. 그렇기 때문에 일본의 역사인식 문제에 관한 논의 전환에서 큰 계기가 된 것이 1951년 샌프란시스코강화조약의 체결이었다.

그러나 정확히 이야기하자면 샌프란시스코강화조약의 체결은 일본의 전후 처리에서 완벽한 종결을 의미하지는 않았다. 소련을 중심으로 한 동쪽 국가들은 서방 국가들과 날로 심각해지던 대립 상황을 배경으로 이 조약에 조인을 하지 않았다. 중국의 경우도, 영미 양국 사이에서 중화인민공화국 정부와 중화민국 정부가 대립각을 세우고 있는 가운데, 어느 쪽이 정통 정권으로서 초대되어야 하는지 의견이 분분하여 양 '중국' 정부에 대한 강화회의 초청 자체가 불발되었다. 대영제국의 일부로서 연합국의 주요 일각을 구성한 인도조차도 그 내용이 불만족스럽다며 강화회의에서 탈퇴하였다.

바꿔 말하면 샌프란시스코강화조약 이후에도 일본은 여전히 전후 처리를 둘러싼 많은 외교적 현안을 끌어안고 있었다. 그리고 이렇게 많은 외교직 현안을 끌어안고 있었던 일본에게 한국괴의 국교정상화의 중요성은 결코 타국과의 관계와 비교하여 그 중요성이 컸다고는 할 수는 없었다. 소련 및 중국과의 협상이 '반쪽 강화'를 연합국 전체와의 관계를 정상화시킬 '전면 강화'로 바꾸기 위한 필수 조건이었다고 한다면,

〈표2-1〉『아사히신문』에서 보는 역사인식 문제에 관한 기사의 변천
(각 기간 중에 각 단어를 표제에 포함한 기사 수를 표시함)

	위안부	강제연행	전쟁책임	전쟁범죄	전범	다케시마	도쿄재판	야스쿠니	역사인식	역사문제
1945−49	0	0	32	260	348	1	406	35	0	0
1950−54	0	0	1	182	683	63	5	35	0	0
1955−59	0	0	1	1	328	8	0	42	0	0
1960−64	0	1	1	0	0	55	1	24	0	0
1965−69	0	0	2	19	58	73	2	83	0	0
1970−47	0	5	17	11	32	8	1	138	1	0
1975−79	1	15	10	3	68	71	6	93	0	0
1980−84	1	8	17	0	57	15	17	216	3	0
1985−89	6	14	80	2	97	17	6	402	2	1
1990−94	600	275	20	23	75	15	11	151	17	1
1995−99	822	222	55	26	141	108	11	132	102	6
2000−04	126	169	27	19	152	79	6	723	43	18
2005−09	225	142	31	14	120	500	47	906	92	3

출전: 아사히신문 「聞蔵Ⅱ 비주얼」(http://database.asahi.co/library2/)로부터 필자 작성

한국과의 관계는 '연합국도 아닌 신흥 독립국'과의 '새로운 관계 구축'에 지나지 않았기 때문이다.

이러한 일본의 상황을 당시 아사히신문의 기사 수에서 확인하면, 〈표2-1〉와 같다. 그러나 한국의 입장은 달랐다. 한국에게 일본은 식민지 지배의 당사자이며, 이 관계 정리가 식민지 지배 문제를 그들이 살고 있는 '현재'의 문제에서 '과거'의 문제로 바꾸는데 반드시 필요했기 때문이다. 샌프란시스코강화회의에 '연합국의 일원이라 인정되지 않는다'는 이유로 한국 정부가 초대조차 되지 않은 것은 한국인들 사이에 큰 불만을 야기하였고, 식민지 지배를 둘러싼 논의를 진정시키기는커녕 오히려 더 크게 활성화시켰다.

그러므로 한국에서 제1기가 끝나기 위해서는 1965년 한일기본조약과 이에 의한 국교정상화를 기다려야만 한다. 어쨌든 거의 15년의 시간차가 있기는 했지만, 이렇게 하여 한일 역사인식 문제를 둘러싼 제1기가 막을 내린다.

제2기: 침묵의 시대

제2차 세계대전과 식민지 지배의 종언 후, 한때 활발히 논의되었던 전쟁과 식민지 지배에 관한 논의는 일본의 경우 1951년 샌프란시스코강화 조약 체결 이후, 그리고 한국에서는 1965년 한일기본조약 체결 이후 빠르게 진정 국면을 맞는다. 실제로 한일 양국 어떤 매스컴의 데이터를 보더라도 이 시기 1980년대 전반 무렵까지의 이른바 '과거'에 관한 논의는 모두 저조한 수준에서 추이하고 있다.

그러면 왜 이러한 '역사인식 문제 논쟁의 정체기'가 생겨난 것일까.

일한기본조약 정식조인(1965년6월22일) 악수하는 한국의 이 동원 외무부장(왼쪽)과 사토 에이사쿠 수상(시사통신 포토)

그 원인으로는 몇 가지를 생각해 볼 수 있다. 먼저 하나는 앞서 이야기하였듯이 일련의 조약과 군사재판, 나아가서는 법 제도를 정비한 결과 '당면한 문제'가 '해결'되었기 때문이다. 제2차 세계대전 직후에 활발히 논의된 식민지 지배에 대한 배상, 전쟁 책임, 나아가서는 이승만 라인에 전형적으로 나타난 한일 양국 간의 국경을 둘러싼 문제 중 대다수가 샌프란시스코강화 조약과 한일기본조약 혹은 극동국제군사재판과 친일파 재판 등에 의해, 그러니까 독도문제 등 노골적으로 '보류된' 예외 사례를 제외한 대부분이 적어도 일단은 법률 면에서 해결을 보게 되었다. 이 시기 이후 한일 간의 '과거'를 둘러싼 논의는 오히려 이들 조약과 재판의 해석, 그리고 그 결과를 받아들일지 말지를 중심으로 전개되게 된다.

두 번째로 당시 국제 상황을 고려하면 한일 양국은 이들 조약과 재판의 결과를 받아들이는 것 외에 선택의 여지가 거의 없었다. 제2차 세계대전에서 어쩔 수 없이 무조건 항복을 하게 된 일본으로서는 자국의 체제적 선택과 전쟁 책임자 처벌에서 연합국의 의향을 거부할 권리가 처음부터 아예 존재하지 않았다고 해도 좋을 것이다. 정도의 차는 있겠으나, 한국도 마찬가지였다. 한일기본조약 체결을 전후로 대규모 반일 데모가 전개된 점에서 알 수 있듯이 한국의 여론은 일본과의 국교정상화에 대한 강한 불만을 가지고 있었다. 그러나 한국의 경우를 보자면, 경제적으로 절박한 상황에 처해있었으며, 냉전 체제하에서 북한과의 긴장은 계속되고 있었고, 또한 베트남전쟁이라는 상황 때문에 미국이 자국의 동맹국인 한국과 일본 사이의 관계 정상화를 강하게 희망하고 있었으므로, 한국이 이 조약을 거부하기는 굉장히 곤란한 상황이었다.

세 번째로 양국의 이 시기 독특한 정치 사회적 상황이 있었다. 50년대부터 60년대까지의 시기는 한일 양국에서 모두 태평양전쟁 이전의 지배층 중 일부가 다시 사회의 중추부에 등장한 시기에 해당한다. 일본에서는 50년대 들어서면서 하토야마 이치로鳩山一郎를 비롯한 정치인들, 다시 말해 연합국으로부터 공직 추방을 받았던 정치인들이 줄지어 복권에 성공, 다시금 정계의 주류를 차지하기에 이르렀다. 1954년 성립된 제1차 하토야마 내각에서는 극동국제군사재판에서 A급 전범의 한 사람으로 유죄판결을 받은 시게미쓰 마모루重光葵가 외무성 장관의 자리를 차지하였으며, 마찬가지로 A급 전범 지정을 받았던 기시 노부스케岸信介가 여당인 일본민주당의 간사장 직을 맡았다. 그리고 주지하듯이 1957년에는 이 기시 노부스케가 총리 자리를 차지한다. 1962년에는 역시 A급 전범으로 유죄판결을 받은 가야 오키노리賀屋興宣가 일본유족후생연맹회장에 취임하여 이 연맹을 '일본유족회'로 개칭하기에 이른다.

이와 같은 상황은 정도의 차는 있을지언정, 한국에서도 있었다. 일본의 식민지 지배 당시 적극적인 역할을 담당했던 한국의 이른바 '친일파'가 대한민국 성립 직후 미온적인 처분만을 받고, 이승만 정권기에 들어서면서 대부분 복권되었다는 점은 이미 알려져 있다. 사실 50년대 '건국의 아버지'라 불리는 이승만 대통령 시절, 국무총리를 비롯한 정부의 요직에 취임한 사람들 중 대부분은 오늘날의 관점에서 보자면 '친일파'였다고 비판을 받아도 어쩔 수 없는 경력을 가진 사람들이었다. 물론 식민지 지배와의 관계를 볼 때, 보다 결정적인 것은 1961년 박정희 등이 일으킨 군사 쿠데타였을 것이다. 만주국 육군군관학교를 거쳐 일본 육군사관학교를 졸업하고 일본의 통제하에 있었던 만주국군에서 사관을 지낸 박정희가 쿠데타를 거쳐 대통령에 취임한 점은 이 시기 한국의 식민지 지배 '과거'를 둘러싼 상황이 얼마나 복잡하고 처참한 상황이었는지를 여실히 드러내고 있다.

그러나 여기서 주의해야 할 점도 있다. 한일 양국에서 이들이 다시금 대두한 것은 정치적 권력을 남용하여 여론을 탄압한 결과라는 등으로 단순히 이야기할 수는 없는 상황이었다. 하토야마 이치로의 총리 취임은 요시다 내각의 관료적인 분위기를 일소해주길 기대하던 '하토야마 열풍'으로 인한 결과였으며, 기시 노부스케가 총리에 취임한 직후 실시된 해산총선거를 통해 전후 첫 절대안정다수를 획득한 점에서도 나타나 있듯이 적어도 당시 일본에서는 예전에는 '공직추방조公職追放組'였던 정치인들이 일정 이상의 호감을 가지고 정계에 받아들여졌다. 오히려 힘들었던 것은 한국의 박정희 정권이었다. 박정희 대통령은 정권장악 이후 치러진 대통령 선거와 국회의원 선거에서 때때로 고전을 면치 못하였고 최종적으로는 72년 스스로 '위로부터의 쿠데타'를 일으켜, 이 상황을 강제적으로 종료시키게 된다. 그렇다고는 하나 이러한 상황은 반드시 그가 '친일파'의 계보에 있었던 결과였다고는 하기는 힘들다. 당시 사람들이 박정희에 대해 주로 공격한 점은 쿠데타를 일으켜 민주주의를 멈추게 했다는 점, 그리고 나아가 해방 후 그에게 '공산주의자로서의 과거'가 존재한다는 점이었으며, 오늘날과 같은 그를 '친일파'로서 규탄하는 목소리는 크지 않았기 때문이다.

"나는 조개가 되고 싶다"

그렇다면 왜 제2차 세계대전 이전 그들의 '과거' 행적은 오늘날 생각하는 만큼 큰 문제가 되지 않았던 것일까. 이는 당시 한일 양국사회에서 정계 이외 분야의 주요한 면면을 보면 쉽게 이해할 수 있다. 예를 들어 양국의 매스컴에서 군림하던 인물들의 이름을 살펴보자. 당시 일본의 유력일간지 아사히신문과 요미우리신문의 사주는 각각 무라야마 나가타村山長擧와 쇼리키 마쓰타로正力松太郎였는데, 둘 다 공직추방조치를 받은 전적이 있는 인물들이다. 한국도 마찬가지였다. 양대 신문인 조선일보와 동아일보의 경우에도 해방 직후 사주였던 방응모方應謨, 김성수金性洙에게 식민지 통치에 협력했던 과거가 존재한다. 또한 정권당과 대립해야 할 야당에도 같은 문제가 있었다. 일본의 최대 야당이었던 사회당에는 우파의 우두머리이며, 1961년 당수에 취임한 가와카미 죠타로河上丈太郎를 비롯하여 많은 수의 공직추방 경험자가 소속되어 있었다. 한국도 마찬가지로 야당의 간부와 대통령 후보 중 꽤 많은 사람들이 어떤 형태로든 식민지 당국에 협력한 과거를 가지고 있었다.

확실한 것은 이 60년대부터 70년대에 이르는 시기에 한일 양국의 사회에서 주요 위치를 차지하던 사람들 중 대부분이 전쟁 당시 가혹한 총력전 체제를 경험하였고 그 상황 속에서 당시 체제와 일정한 관계를 맺을 수밖에 없었다는 점이다. 그리고 이는 일반인들에게도 똑같이 적용된다. 바꿔 말하면 1945년부터 겨우 사반세기도 채 지나지 않은 당시 상황 속에서 총력전 체제란 과거는 많은 사람들이 서로 책임을 추궁하기에는 너무나도 생생한 '현실'이었던 것이다.

이러한 당시의 상황을 전형적으로 나타내고 있는 현상은, 초창기 일본 방송계를 대표하는 드라마로 널리 알려진 '나는 조개가 되고 싶다'의 대히트에 있었는지도 모르겠다. 드라마의 주인공은 제2차 세계대전 말기 그가 군인이었던 시절에 상관의 명령에 따라 연합군 조종사를 살해한 용의자로, BC급 전범으로 체포되어 사형선고를 받는다. 일본군의 잔혹한 체질, 그리고 그 상황을 이해하려고 하지 않는 연합국의 처분에 대한 우울한 생각을 적나라하게 그린 이 작품에서, 사형집행을 위해 계단을 오르는 주인공은 마지막으로 "어쩔 수 없이 다시 태어나야 한다면, 나는 조개가 되고 싶다"라는 유명한 대사를 읊는다. 여기에는 불합리한 현실임에도 불구하고 자신의 생각을 억누르고, 현실을 받아들일 수밖에 없는 상황에 놓인 당시 사람들의 고뇌가 응축되어 있다.

중요한 것은 60년대부터 70년대 한일 양국 사회에서 중심이 된 인물들이 총력전 체제에서 가장 큰 상처를 짊어진 세대에 속한다는 점이다. 바꿔 말하면 그들이야말로 병사, 노동자, 혹은 그 밖의 형태로 전장, 광산, 공장에 동원되었으며, 가장 국수주의적인 교육을 받은 사람들임에 틀림없다. 그들의 심리적인 상처는 너무나 크고, 그렇기 때문에 더욱더 이러한 문제들을 적극적으로 제기할 수 없었다.

제3기: 전후 세대의 등장과 역사의 재발견

60년대부터 70년대에 걸쳐 '과거'를 둘러싼 논의가 적극적으로 제기되지 않은 이유는 아마도 또 하나 있었을 것이다. 이는 당시 사회의 구성원 중 대다수가 총력전 체제나 식민지 지배 말기를 실제로 살았던 인물들이므로, 그 자세한 내용을 굳이 확인하고 이야기할 필요가 없었기 때문임에 틀림없다. 다른 표현을 빌리자면, 이 당시 한일 양국 사회에서 주류파를 구성하던 사람들은, 그 입장은 다양했을지 몰라도 실제로 오늘날 문제가 되고 있는 '과거'를 살았던 인물들이었다. 그러므로 그들의 사이에는 '무엇을 이야기해야 하는지' 이상으로 '할 필요 없는 이야기가 무엇인지'에 관한 서로 간의 양해가 존재했다.

그러나 이러한 상황은 제2차 세계대전과 식민지 지배가 종결되어 35년 이상이 지난 1980년대가 되자 변하기 시작한다. 사회 전반에 '전후 세대'가 등장했기 때문이다. 여기서 말하는 '전후 세대'란 총력전 체제나 식민지 지배를 경험하지 못한 사람들을 말하며, 그들이 사회에서 존재감을 더해감에 따라 '과거'를 둘러싼 논의는 전혀 성격을 달리하게 된다.

이러한 당시 상황을 전형적으로 나타낸 것이 80년대 무렵을 경계로 한일 양국에서 일제히 '역사의 재발견'이라고도 할 수 있는 전쟁 당시에 관한 연구와 규탄 운동이 개시된 점이다. 말할 필요도 없이 그 대표적인 사례는 일본군위안부를 둘러싼 움직임이다. 70년대, 일본의 일부 연구자와 운동가들에 의해 제기된 이 문제는 당초 한국에서는 거의 관심을 갖지 않았다고 이야기할 수 있을 정도였다. 한 예로 이 연구 분야에서 한국의 개척자적인 역할을 담당한 윤정옥尹貞玉 교수는 영문학이 전공인 사람이었으며, 이는 일본군위안부를 둘러싼 문제가 일본 측의 문제제기에도 불구하고, 이 시점에는 한국 역사학계에서 거의 완전히 무시되고 있었다는 점을 나타낸다. 사실, 한국의 주요 학술 데이터베이스에 의하면 '일본군위안부', '정신대'에 관한 학술논문은 70년대 이전에는 거의 전무라 할 수 있고, 또한 80년대에도 몇 편밖에 나오지 않았다. 또한 그 한정된 논문조차도 대부분 역사학이 아닌 기독교계 여성문제 관련 잡지에 게재되었다.

그러나 이 상황은 80년대 말이 되자 극적으로 변하기 시작한다. 일본군위안부 문제에 대해 한국에서 열린 첫 심포지엄은 88년에 열렸는데, 여기서 앞서 언급한 윤정옥 교수는 그때까지의 연구성과를 발표한다. 그녀는 90년에는 한국의 진보계열 신문인 '한겨레신문'에 그 유명한 「'정신대' 원혼서린 발자취 취재기」의 연재를 개시하였다. 연재는 당시 한국 사회에서 크게 주목을 받았고 이 문제는 이윽고 91년 말에는 한일 간에 가장 중요한 '역사인식 문제'로 부상하게 된다.

한편 본 절에서 중요한 것은 이 일본군위안부 문제의 전개 과정이 당초에 "감추어진 역사의 진실을 발굴한다"는 형태로 이루어졌다는 점이다. 즉 이 시기가 되자, 일제 식민지 시대 상황을 둘러싼 연구와 운동은 그 실태를 사람들이 모른다는 전제로 이루어지게 된다. 일본군위안부 운동의 초점 중 하나가 "일본군위안부였던 사람을 찾자"는 데에 있었다는 사실은 이 점을 여실히 드러내고 있다. 즉 80년대 말의 한국에서는 이미 일본통치기를 둘러싼 '과거'의 기억이 희미해져 가고 있었다는 것이 된다. 그리고 이 점은 일본군위안부 문제에 전형적으로 나타나 있다. 왜냐하면 그때까지 한국에서는 '일본군위안부였던 것'이 부끄러워해야 할 과거로 간주되고 있었으며, 그렇기 때문에 많은 전 일본군위안부들이 자신의 과거를 감추고 살 수밖에 없었기 때문이다. 그러므로 "누가 일본군위안부였었나"는 해방 후 역사 속에서 한때 절반은 의도적으로 잊혀져 가고 있었다고 할 수 있다.

2. 국제 관계의 변화

일본군위안부 문제에서 보이는 것

'전쟁 이전 세대'에게 식민지 지배는 자신들이 직접 경험한 '다시는 떠올리고 싶지 않은 현실'이었으며, 그러므로 그들은 그 자세한 내용에 대해 적극적으로 말하려 들지 않았다. 또한 거기에는 설령 그들이 스스로 용기를 쥐어짜내서, 과거의 경험에 대해 목소리를 내려고 해도, 이를 곤란케 하는 상황이 존재했다. 목소리를 내려는 행동이 자기 자신을 포함한 많은 사람들에게 상처를 줄 가능성이 있는 행위였기 때문인데, 그러므로 이러한 행동에는 때때로 압력이 가해지기도 했다.

그러므로 '전쟁 이전 세대'가 사회의 일선에서 물러나자, 사회에서는 대규모 과거에 대한 망각이 뒤따랐다. 일본군위안부 문제를 둘러싼 상황은 실로 이러한 세대교체에 의해 유발된 새로운 상황을 전형적으로 나타낸다. 망각 후에는 사실의 발견이 있으며, 발견된 사실은 그것이 망각의 저편에 있었기 때문에야말로 젊은 세대에게 더욱 충격을 줄 수 있었기 때문이다. 그리고 주지하듯이 일본군위안부 문제는 90년대에 들어서자 한일 양국 간의 최대 현안 사항으로까지 부상한다.

그리고 일본군위안부 문제의 전개는 우리들에게 한일 양국 간을 가로막고 있는 역사인식 문제를 고찰하기 위한 또 하나의 열쇠를 제시해 준다. 이미 언급했듯이 일본군위안부 문제에 관한 심포지엄이 한국에서 최초로 열린 것은 88년이었다. 그러나 그것이 왜 88년이었어야만 했는가에도 이유가 있었다. 이는 한국에서 88년이 서울올림픽이 개최된 해였기 때문이다.

서울올림픽 · '기생관광' 비판 · 역사인식 문제

　한편 여기서 문제는 서울올림픽과 일본군위안부 문제의 관계이다. 먼저 이해해야 할 것은 당시 한국에게 이 올림픽이 얼마나 중요한 이벤트였는지인데, 또한 그렇기 때문에 올림픽은 커다란 부담이기도 했다. 88년의 국제사회는 아직 냉전이 계속되고 있던 상황으로, 한국의 정치적 · 경제적 영향력은 오늘날과 비교할 수 없을 정도로 작았다. 이러한 당시 한국에서 국제사회의 이목을 끄는 올림픽을 개최한다는 것은 말 그대로 '국운'을 건 일이었다. 이와 더불어 큰 문제가 있었는데, 서울올림픽에 앞서 열린 두 개의 올림픽에서 동서 냉전으로 인해 심각한 보이콧 소동이 일어났었다는 점이다. 1980년 모스크바 올림픽은 소련의 아프가니스탄 침공에 항의하는 미국을 비롯한 서방 국가들의 보이콧으로 반쪽짜리 대회로 끝났으며, 이에 대한 보복으로 소련을 비롯한 동쪽 국가들 또한 4년 후에 열린 미국 로스앤젤레스 대회를 보이콧하였다. 즉 80년대 들어서서 서울올림픽 이전에 열린 두 번의 올림픽은 압도적인 국력을 보유한 미국과 소련이라는 양대 초강대국에서 열렸음에도 불구하고 두 번 다 세계의 선수들을 한 자리에 모으는 데는 실패하고 말았던 것이다. 당시 올림픽은 그 존재의의조차 의문시되는 상황을 맞았다고 해도 과언이 아니었다.

　이러한 상황 속에서 열리는 올림픽을, 동서 냉전의 최전선에 위치한 아시아의 작은 분단국가인 한국이 주최하는 것은 무모한 도전이 아닌가 하는 생각조차 들었다. 실제로 특히 동쪽 국가들에는 서울올림픽을 보이콧할 이유가 무수히 존재했다. 그 첫 번째는 물론 올림픽 직전까지 한국에서 두 번의 군사 쿠데타와 광주민주화운동이 일어났으며 이러한 과정을 거쳐 전두환 정권이 권력을 장악했다는 점이다. 전두환 정권하의 인권과 민주화를 둘러싼 상황을 생각하면, 동쪽 국가들이 올림픽을 인질로 삼아 한국 그리고 그 배후에 있는 미국을 동요시키려 한다 하더라도 당연하게 여겨졌을 수 있다. 게다가 여전히 심각한 북한과의 대립 상황에 놓여있었던 당시 한국은 스포츠 강국이었던 소련과 중국 그리고 동독과 국교조차 맺지 않은 상황이었다. 83년에는 소련이 대한항공 여객기를 격추하는 사건이 벌어졌었으며, 이어서 미얀마에서는 북한이 전두환 대통령을 암살하려고 시도한 '아웅산 폭탄 테러 사건'이 터졌고, 올림픽 바로 한 해 전인 87년에는 북한이 대한항공 여객기 폭파사건을 일으키기도 했다. 이러한 상황 속에서 한국에서 올림픽이 정상적으로 개최될지는, 좋게 봐줘도 매우 힘들어 보였다.

그렇기 때문에 한국의 전두환 정부는 서울올림픽 개최에 총력을 기울여, 한국이라는 나라를 세계에 적극적으로 알리기 위해 힘썼다. 그리고 그 알리기 위한 방법 중 하나가 관광객 유치였다. 보다 많은 관광객을 유치함으로써 한국 사회의 매력과 안전성을 널리 알리고, 올림픽을 성공으로 이끈다는 것이다. 그리고 당시 한국에서는 이웃나라이며 80년대 거품경제로 들썩이던 일본이 주요 타겟이 되었고, 당연하게도 일본이라는 시장에 대해 활발한 선전활동을 전개했다. 때는 아쓰미 지로渥美二郎가 리메이크한 '돌아와요 부산항에'가 대히트하면서, 원곡 가수인 조용필이 NHK 홍백가합전에 초대받은 시대였다. 결과적으로 이 시기 한국을 방문하는 일본인 관광객 수는 드라마틱하게 증가하였다. 서울올림픽 직전에는 제2차 세계대전 이후 처음으로 '보통 일본인'이 대거 한국을 방문하게 된 시기였던 것이다.

그러나 언뜻 긍정적으로 보이는 이 현상에는 어두운 그림자가 존재했다. 이는 당시 한국을 방문한 일본인 관광객의 대부분이 남성이었으며, 그중 상당수의 관광 목적이 '매춘'에 있었기 때문이다. 이 '기생'관광이라고 불린 관광의 형태는 당시 한국인, 특히 대상 여성들로 하여금 일본인에 대한 반감을 갖게 하기에 충분했다. 예전에 군사력을 앞세워 자신들을 지배했던 사람들이 이번에는 경제력을 무기 삼아 한국에 여성들을 '사러' 온 것이다. 그녀들은 이렇게 일본인에 대해 반감을 새로이 갖게 되었고, 또한 그러한 일본인들을 두 팔 벌려 환영하는 그 시대의 정권에 반발했다.

결과적으로 대대적인 운동의 '연결고리'가 생겨났다. '기생관광'에 대한 반발은 일본에 대한 반발이 되었고, 이는 과거 일본에 의한 식민지 지배를 비판하는 것으로 이어졌다. 일본인은 예전이나 지금이나 똑같이 '더러운' 존재였기 때문이다. 그리고 결과적으로 발굴된 것이 일본군 위안부 문제였다. 그러므로 이 운동이 당초 역사학자들보다 여성운동가들에 의해 다루어진 것은 어떤 의미에서 당연한 현상이었다. 그리고 이 운동은 앞서 말한 바와 같이 그 시대의 정권을 비판하는 요소를 지니고 있었으므로, 당시 한국의 큰 흐름이었던 민주화 운동과도 연결되게 된다. 이렇게 하여 일본군위안부 운동은 한국의 여성들에 의해 식민지 지배 비판 운동과 여성의 권리향상 운동 그리고 민주화 운동이라는 삼중의 상징적 지위를 얻게 되었다.

한국을 둘러싼 국제 정세의 변화

여기서 중요한 것은 일본군위안부 문제의 전개에서 보이듯이 역사인식 문제의 본질은 항상 그때 그때의 한일 관계와 한국의 국내 상황에 따라 크게 영향을 받는다는 점이다. 그러므로 여기서는 먼저 국제 관계의 변화가 역사인식 문제에 어떠한 영향을 주는지를 다른 관점에서 다시 정리해 보도록 하겠다.

지적해야 할 점은 한국을 둘러싼 국제상황이 80년대를 전후로 크게 변화했다는 점이다. 예를 들면 〈그래프2-1〉은 한국의 대외무역에서 차지하는 주요 3개국, 즉 일본, 중국, 미국의 점유율 변화를 나타낸 것이다. 한일 관계 면에서 이 그래프를 살펴볼 때, 맨 먼저 읽을 수 있는 것은 일본의 점유율은 거의 일직선으로 줄어들고 있다는 점이다. 미국과는 달리 군사력에 의해 존재감을 나타내지 못하는 일본에게, 경제력은 국력

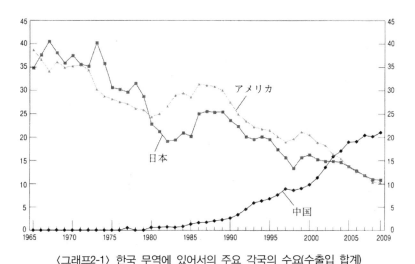

〈그래프2-1〉 한국 무역에 있어서의 주요 각국의 수요(수출입 합계)

출전 : KOSIS 국가통계포털(http://kosis,kr)로부터 필자 작성

의 최대 원천이었다고 해도 좋을 것이다. 그리고 무역은 투자와 함께 한 나라의 경제적 존재감을 나타내는 중요한 지표이므로, 무역 분야의 시장 점유율이 급격히 저하되었다는 것은 이 시기 한국에서 일본의 영향력이 저하되었음을 여실히 나타내는 증거이다. 덧붙이자면 똑같은 점유율 감소가 직접투자액에서도 나타나고 있다. 즉 이 시기 한국경제에서 보이는 일본의 중요성 감소는 광범위하게 관찰되는 현상이었다.

그러면 한국에서 왜 일본의 경제적 점유율이 감소한 것일까. 이에 대해서는 통상적으로는 다음 두 가지 원인을 든다. 하나는 일본경제 자체가 침체기에 들어갔다는 점, 또 하나는 이를 대체할 중국의 부상이다. 즉 이는 쇠퇴의 길로 접어든 일본이 약진하는 중국에게 점유율을 빼앗겼다는 비교적 단순한 이해이다.

그러나 위의 그래프를 좀 더 자세히 보면, 이 설명의 지나친 단순성이 확연하게 드러난다. 무역 면에서 일본의 시장 점유율이 급격히 감소한 것은 70년대 후반부터 이미 시작된 현상이다. 일본 경제가 이후 거품경제의 절정기를 향한다는 점을 고려하면, 이 시기 일본의 점유율 감소를 일본 경제의 침체만으로 설명하기는 매우 힘들다. 중국은 70년대 후반에 한국과의 직접 무역이 제로에 가까웠다. 앞서도 이야기하였듯이 냉전시대의 한중 관계는 국교조차 맺지 않은 상태였으므로 공식적으로는 직접 무역이 불가능하였다.

일본의 점유율 감소를 일본 경제의 침체와 중국의 부상만으로는 설명하기 힘들다는 점은 또 하나 미국의 숫자 변화를 보면 알 수 있다. 미국의 그래프를 보면 일본과 거의 평행으로 추이하고 있으며, 이는 경제적인 점유율의 감소에 대해 일본 측의 요인만으로 설명하기 어렵다는 점을 나타낸다. 80년대 이후 중국의 점유율은 드라마틱하게 성장하였는데, 그 정도를 보자면, 2009년까지 미일 양국이 합쳐 50% 가까운 점유율을 잃었는데, 중국은 절반도 되지 않는 20%를 조금 넘는 비율을 흡수한 것에 지나지 않는다.

그럼 이 현상은 대체 어떻게 이해해야 하는 걸까. 여기서 유의해야 할 점은 크게 두 가지이다. 즉 특정 문제를 둘러싼 개별 사정과, 이를 둘러싼 보다 큰 상황이다. 이는 한일 간에 관찰되는 특수한 현상과 한일 이외의 예에서도 보이는 일반적인 현상을 말한다. 여기서는 먼저 후자의 일반적인 현상부터 살펴보도록 하자.

먼저 확인해야 할 것은 한국과 일본 이외의 각국 상황이다. 결론부터 이야기하자면 한일 간에서 보이는 현상은 많은 나라들에서도 찾아볼 수 있다. 무역 및 투자 면에서 관찰되는 일본의 점유율 감소는 중국과 동남아시아에서도 보이는 현상이다. 그리고 좀 더 이야기하자면, 이를 '한 개발도상국에서 예전에는 압도적인 존재감을 나타내던 구 종주국을 비롯한 선진국의 경제적 존재감이 현저히 줄어드는 현상'이라고 생각하고 볼 때, 우리는 유사한 예를 전 세계에서 발견하게 될 것이다. 한국에서 보이는 미국의 영향력 감소는 이미 언급한 바 있으나, 마찬가지로 이러한 미국의 경제적 존재감의 축소는 역시 중국과 동남아시아에서 동일하게 관측된다. 유럽에서도 유사한 현상이 보인다. 또한 경제적 통합의 현저한 진전을 이룬 EU에서도 역내 무역 점유율은 통화 통합으로 대표되는 제도적 정비가 있었음에도, 최근 10년간 오히려 감소되는 경향을 보이고 있다.

이러한 현상은 두 가지 요인으로 설명할 수 있다. 첫째는 세계경제

전체에 대한 '옛' 선진국 전체의 점유율 감소이다. 선진국과 개발도상국 사이에는 그 정의定義를 보고 알 수 있듯이 필연적으로 임금 격차가 존재한다. 저임금 노동으로 생산된 개발도상국의 상품은 당연히 고인금 노동으로 만들어진 선진국의 상품보다 가격을 낮게 책정할 수 있으므로, 품질만 동일하다면, 보다 큰 경쟁력을 가질 수 있다. 이러한 저임금 노동을 앞세운 개발도상국의 경제 발전은 한국을 비롯한 이른바 아시아 NIEs의 경제발전에 자극을 주는 형태로, 많은 개발도상국이 수출주도형 경제발전 전략을 취하게 되는 80년대 이후, 현저하게 관찰된다. 그리고 오늘날에는 개발도상국 전체의 성장률이 선진국 전체를 상회하는 것이 당연한 상황이 지속되고 있다. 세계경제에서 차지하는 선진국의 비중이 줄어들고 있는 이상, 선진국 중 하나인 일본이 한국을 비롯한 각국의 시장에서 점유율 감소를 보이는 것은 어느 정도 필연적인 결과일 것이다.

그리고 이러한 상황은 평행적으로 진행되는 두 번째 현상과 맞물려, 보다 큰 영향을 가지게 된다. 이 현상이란 세계경제의 글로벌화를 말한다. 글로벌화란, 짧게 이야기하자면, 우리들의 생활에서 국제적인 선택지가 증가함을 의미한다. 예를 들면 일반인들도 알기 쉬운 예로, 해외여행의 선택지가 늘어난 점을 들 수 있다. 지금으로부터 사오십년 전, 아직 해외여행이 한정된 사람들을 위한 사치였던 무렵, 많은 일본인이 방문하던 최초의 외국이란 한국과 대만 등의 이웃나라, 그리고 괌, 하와이와 같은 비교적 일본에 가까운 여행지의 리조트였다. 물론 여기서 좀 더 여유가 있는 사람들은 거금을 내고 미국 서해안과 서유럽을 여행했는지도 모르겠다. 그러나 대개의 경우 거기까지가 한계였다. 바꿔 말하자면 비즈니스나 연구 등의 특별한 목적이 있는 경우를 제외하면, 당시 일본인들에게 그 이외의 나라를 방문하는 것은 극히 힘든 일이었다. 중동이나 아프리카, 나아가 라틴 아메리카 국가들은 사람들에게 여전히 막연한 상상의 대상으로 밖에 존재하지 않았다. 텔레비전에서는 이들 '본 적 없는 나라'에 대한 이야기가 재미있고 생소하게 소개되었고 수상한 '탐험대'의 모험 다큐멘터리가 이야깃거리로 회자되던 시대였다.

그러나 현재 해외여행이란 예전과는 꽤나 다른 형태로 변모했다. 여행사에 가면 다양한 종류의 투어를 줄줄이 소개해 주는데 목적지도 실로 다양성이 흘러 넘친다. 얼마 전에는 큰 돈을 모아도 가기 힘들었던 세계 각지의 여행명소가 이제는 가벼운 마음으로 들릴 수 있는 곳이 되었다. 여기서 중요한 것은, 이러한 선택지의 증가가 필연적으로 얼마 전까지 특수한 무게를 지녔다고 여겨지던 예전 선택지의 중요성을 감소시키는 결과를 가져온다는 점이다. 마찬가지로 해외여행의 예를 들자면, 지금으로부터 약 반세기 전, 1965년 잘파크JAL PAK라는 일본 항공의 해외 여행 패키지 투어가 처음으로 시작된 무렵에는 "하와이에 갔다 왔다"라는 말이 뿌듯함에서 나온 자랑의 말로 들렸다. 그러나 해외 여행이 일반화되고, 그 수단과 갈 곳이 다양해진 오늘날에는 똑같이 하와이에 갔다 왔다고 해도 그 말 그대로의 의미로밖에는 들리지 않는다.

한일 간의 인적 이동

그리고 말할 필요도 없이 한일 관계도 이러한 글로벌화의 한가운데에 있다. 한 예로 〈표2-2〉를 살펴보자. 이제는 일본 곳곳에서 한글 표기

가 눈에 띄게 된 점에서 알 수 있듯이 일본을 방문하는 한국인 관광객

은 증가하는 경향에 있다.

〈표2-2〉 한일 양국 간의 인적이동(1996~2010년)

	일본→한국 (A) 단위: 인	한국→일본 (B) 단위: 인	합계 단위: 인	세계→한국 (C) 단위: 인	한국→세계 (D) 단위: 인	한국 방문자 일본인 비율(A/C) 단위: %	한국 출국자 일본방문 비율(B/D) 단위: %
1996	1,526,559	1,111,316	2,637,845	3,683,779	4,649,251	41.4	23.9
1997	1,676,434	1,126,573	2,803,007	3,908,140	4,542,159	42.9	24.8
1998	1,954,416	822,358	2,776,774	4,250,216	3,066,926	46.0	26.8
1999	2,184,121	1,053,862	3,237,983	4,659,785	4,341,546	46.9	24.3
2000	2,472,054	1,100,939	3,572,993	5,321,792	5,508,242	46.5	20.0
2001	2,377,321	1,169,620	3,546,941	5,147,204	6,084,476	46.2	19.2
2002	2,320,820	1,266,116	3,586,936	5,347,468	7,123,407	43.4	17.8
2003	1,802,171	1,435,959	3,238,130	4,752,762	7,086,133	37.9	20.3
2004	2,443,070	1,588,472	4,031,542	5,818,138	8,825,585	42.0	18.0
2005	2,440,139	1,739,424	4,179,563	6,022,752	10,080,143	40.5	17.3
2006	2,338,921	2,117,325	4,456,246	6,155,047	11,609,878	38.0	18.2
2007	2,235,963	2,600,694	4,836,657	6,448,240	13,324,977	34.7	19.5
2008	2,378,102	2,382,397	4,760,499	6,890,841	11,996,094	34.5	19.9
2009	3,053,311	1,586,772	4,640,083	7,817,533	9,494,111	39.1	16.7
2010	3,023,009	2,439,816	5,462,825	8,797,658	12,488,364	34.4	19.5

출전: 한국문화관광연구원(http://www.tour.go.kr/stat/st_inbound_viw.asp)로부터 필자 작성. 2010년의 수치는 속보치

그러나 그렇다고 해서 한국인 또는 일본인에게 서로의 나라가 예전

보다 중요한 방문국이 되었다는 것은 아니다. 이는 〈표2-2〉에서 여행지

로서의 점유율을 집계해보면 알 수 있다. 환율 움직임에 따른 영향으로

부침이 있기는 하나, 한국인에게 해외 여행지로서 일본이 점하는 비율

은 감소하는 경향이다. 그리고 이 점은 최근의 월드컵 공동개최와 한류 열풍으로 그리고 리먼 사태에 동반된 드라마틱한 원화 가치 감소로 일본인 관광객의 절대적인 수가 증가한 점을 고려하면, 가히 놀랄만한 일이라 할 수 있다.

그리고 그 원인은 명백하다. 한일 양국 간의 교류가 늘어나고 있음에도 불구하고, 그 비율이 내려가고 있는 원인은 그 밖 지역과의 교류가 더욱 급속도로 증가하고 있기 때문이다. 사실 현재 한국에서는 일본이 예전같이 인기 있는 관광지라고 하기는 힘들다. 반대로 예전에는 일본인 관광객을 목표로, 한국의 각지에서 설치했었던 일본어 간판도 중국어로 교체되고 있다.

여기서 자명한 것은 교류의 양적 확대가 반드시 상호가 보다 밀접해짐을 의미하지는 않는다는 점이다. 글로벌화가 진행되고 있는 세계에서는 지금까지 교류가 적었던 지역과의 교류가, 교류가 많았던 지역과의 교류보다 빠른 속도로 확대된다. 삼천포로 빠지는 길인 줄 알면서도 덧붙이자면, 이러한 상황은 지역 통합에 대한 역풍으로 나타나기도 한다. 동아시아에서도 유럽에서도 전체에 대한 역내 무역과 투자의 점유율은 증가하기는커녕 감소하고 있다. 그 배경에는 역시나 글로벌화가 있다. 예전에는 지리적으로 가깝기 때문에 더욱 중요했던 근린 국가들과의 관계가, 이제는 먼 나라들과의 관계가 더욱 빠른 속도로 진전됨에 따라 상대적으로 소원해질 수도 있다. 그리고 한일 관계도 이러한 큰 흐름 속에 있다. 그 결과, 예전에는 밀접했던 한일 양국의 서로에 대한 존재감이 여부없이 상대적으로 소원해질 위기에 처해있다.

3. 경제대책과 냉전의 종언

한국의 경제발전과 발전 전략

그러나 이 점은 한국에서 점하는 일본의 중요성 저하가 세계경제에서 일어나고 있는 선진국의 지위저하나 글로벌화의 진전이라는 전세계 다른 지역에서도 나타나는 일반적인 현상만으로 설명된다는 의미는 아니다. 한일 관계에는 다른 지역의 국제 관계에서는 보이지 않는 중요한 특징이 존재하며, 이 또한 오늘날 한일 관계에 영향을 주고 있다. 다음에서는 이 점에 대해 살펴보자.

이 문제를 생각해 볼 때, 힌트가 되는 것은 오늘날 한일 관계 변화의 비대칭성이다. 지금까지 한국에서 일본의 존재감이 줄어든 현상을 경제와 인적 이동의 두 가지 측면에서 설명해왔다. 그러나 일본에서 한국이 차지하는 존재감은 적어도 동일하게 큰 폭으로 줄어들지는 않았다. 사실 일본 전체의 무역에서 차지하는 한일 무역의 점유율도, 또한 일본인 출장지로서의 한국의 위상도 증가는 하지 않았을지언정, 한국에서 일본이 차지하는 점유율만큼 감소하지는 않았다. 즉 한국에서 차지하는 일본의 중요성은 크게 감소한 한편, 일본에서 점하는 한국의 중요성은 그만큼 변화하지는 않았다. 문화 교류 등의 면에서 현저하게 나타나듯 오히려 한국의 존재감은 커진 부분이 존재할 정도이다. 텔레비전만 틀면 한류 드라마가 나오고, 얼마 전까지만 해도 눈에 띄지 않던 한글 간판이 거리에 홍수같이 넘쳐나고 있는 현상이 이를 명백하게 증명해주고 있다. 그래서 한국에서는 일본의 존재감이나 한일 관계의 중요성이 감소되었다는 사실을 이야기하면, 때로는 놀람을 금치 못한다.

이러한 한일 관계의 비대칭성을 설명하기 위한 첫 번째 요인은 한국의 경제성장이다. 일례로 한일 간의 무역 규모는 한국과 일본에서 각각 같은 숫자일 것이므로, 한국에서의 점유율이 감소하고, 일본 쪽에서의 점유율이 크게 변함이 없다고 한다면, 일본 전체 무역금액의 성장 속도보다 한국 전체 무역금액의 성장 속도가 크다는 것이 된다. 그리고 이러한 한국의 무역 확대를 가져온 한 요인이 한국의 경제성장이다. 60년대에는 극동의 작은 개발도상국에 지나지 않았던 한국이 이제 G20에 이름을 올린 세계의 '경제대국' 중 하나가 되었다. 이러한 눈부신 경제성장 속에서 한국은 종래에는 거의 관계가 없었던 나라들에까지 자국의 마켓을 확대하고 있다. 이런 상황 속에서 '오랜 단골'이었던 일본의 중요성은 여지없이 감소하고 있다.

글로벌화를 가속화하는 경제정책

지금까지 한국에서 차지하는 일본의 경제적 지위가 감소한 원인을 세 가지 지적하였다. 하나는 보편적인 현상으로서, 세계경제 전체에서 옛 선진국들의 지위가 저하되고 있으며, 그중 하나인 일본의 경제적 지위 역시 그 경향에 따라가고 있다는 것이다. 두 번째는 글로벌화이다. 글로벌화가 우리들의 생활에서 국제적 선택지를 확대시킨 이상, 글로벌화의 결과, 예전에는 한국경제에서 압도적인 비중을 차지하던 일본의 위상이 상대적으로 감소한 것은 필연적인 현상이었다. 이러한 현상들은 유사한 양국 관계, 즉 지리적으로 근접해 있거나 예전에는 선진국과 개발도상국의 관계에 있었던 두 나라 사이에서 보편적으로 보이는 현상이며, 그러한 의미에서 한일 관계의 변화는 어느 정도 타국과 같은 문맥에서 설명할 수 있다고 하겠다.

그러나 이 점은 한일 관계의 변화를 고려하건데, 그 특수성을 생각시 않아도 된다는 의미는 아니다. 이러한 특수성 중 하나로서 지적한 것이 제3의 요소인 한국의 경제발전이다. 1960년대 이전에는 극동의 작고 가난한 분단국가에 지나지 않았던 한국이 그로부터 급속한 경제성장을 이룩한 것은 널리 알려진 사실이다. 한국은 경제성장에 의해 그 영향력을 세계로 확대하여, 오늘날에는 세계 각지에서 다양한 거래처를 가지게 되었다. 결과적으로 역시 일본의 점유율은 줄어들지 않을 수 없었다.

그렇다고는 해도 이러한 이해는 어디까지나 한국을 둘러싼 상황에서 그 변화를 유추한 것에 지나지 않는다. 글로벌화 하나를 들더라도 이것이 세계적으로 진행되고 있다고 해서 바로 그 영향이 직접적으로 모든 나라에 미친다는 의미는 아니다. 조금 극단적인 예일 수는 있겠으나, 같은 한반도에서 북쪽을 차지하고 있는 북한은 글로벌화되고 있는 세계를 비웃듯이 폐쇄적인 경제체제를 유지하고 있다. 북한의 예는 각국이 정책 조정을 통해 이러한 현상들이 자국에 미치는 효과를 얼마나 변화시킬 수 있는지를 나타낸다.

그러면 한국은 이러한 상황에 어떻게 대처해 왔을까. 이 점을 고려할 때 우리들에게 중요한 시사점을 던져주고 있는 것이 위의 〈그래프2-2〉이다. 이 그래프는 한국과 일본, 미국과 중국, EU 더 나아가서는 세계 전체의 무역의존도 추이이다. 무역의존도란 즉 GDP 금액에 대한 무역 금액의 비율이므로, 이것이 늘어났다는 것은 GDP를 상회하는 속도로 무역이 확대되고 있다는 의미이다.

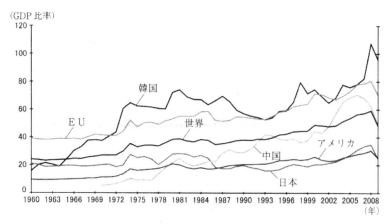

(GDP 比率)

〈그래프2-2〉무역 의존도의 추이(1960~2010년)

출전: 세계은행 데이터베이스(http://databank.worldbank.org/data/home.aspx)로부터 필자 작성

　그리고 확실한 것은 이 무역의존도 그래프에서 한일 양국은 전혀 다른 움직임을 보이고 있다는 점이다. 세계경제가 무역의존도를 더해가고 있음에도 불구하고, 일본의 그래프는 정체해 있으며, 오히려 그 숫자가 줄어들기도 한다. 이에 비해 한국의 그래프는 빠른 신장세를 보이고 있을 뿐 아니라, 마찬가지로 급속한 경제성장을 이루고 있는 중국과 비교해보더라도 매우 높은 수준으로 추이하고 있다.

　그러면 한국의 무역의존도는 어떻게 이런 추이를 보일 수 있는 것일까. 그 이유는 그래프를 좀 더 자세히 보면 알 수 있다. 한국의 무역의존도가 크게 향상된 것은 1973년과 80년, 그리고 97년에서 98년, 마지막으로 2008년의 세 시기이다. 말할 필요도 없이 각 시기에는 제1차 및 제2차 석유파동, 1997년 아시아외환위기, 그리고 우리들 기억에 아직 생생하게 남아있는 리먼 사태로 촉발된 금융위기가 발발했다. 그리고 각 시기에서 한국경제는 크게 궁지에 몰렸는데, 특히 아시아외한위기 당시에는 사실상 국가파산이라는 절벽 끝까지 내몰렸었다.

한국의 무역의존도가 이러한 위기 때마다 크게 상승한 것은 즉 그들이 이러한 위기를 극복하기 위해 보다 무역에 크게 의존하는 경제체제로 방향을 전환했다는 뜻일 것이다. 또한 일단 상승한 무역의존도는 위기가 지나간 후에도 예전 수준으로 돌아가지 않았으며, 일정 레벨에서 고공행진을 계속하고 있다. 이는 즉 한국경제가 위기를 맞을 때마다 경제의 성격을 보다 세계경제에 의존하는 방향으로 향하게 하는, 반복적인 구조개혁을 추진했으며, 가혹한 국제경쟁에서 살아남았다는 것을 의미한다. 이는 거품경제 붕괴 후 일본이 적극적인 구조개혁에 임하지 않았기에 결과적으로 낮은 무역의존도에 머무르고 있는 것과 좋은 대조를 이루고 있다.

물론 한일 양국이 다른 길을 걸어온 데에는 다양한 이유가 존재한다. 무엇보다 중요한 것은 환율을 둘러싼 상황이었을 것이다. 세계적인 경제위기가 닥쳤을 때 항상 원은 매도되고, 엔은 매수되는 경향이 있다. 원은 폭락이 우려되는 한편, 다른 주요통화에 비해 엔은 안정되어 있다는 평가를 받고 있다. 그렇기 때문에 한국에게 경제위기는 통화불안을 가져오는 존재임과 동시에, 원화가치 하락으로 주어지는 특혜가 수출 확대로 이어지는 호기이기도 하였다. 이에 비해 경제위기 때마다 엔고 현상이 진행되는 일본은 금융위기가 한정적인 범위에 그치는 한편, 수출산업이 크게 타격을 입는다. 이러한 상황에 따라 한국 정부는 위기 시마다 수출 진흥을 기축으로 한 글로벌화의 방향으로 방향을 전환한 반면, 일본은 대외경제정책보다는 내수 쪽으로 방향을 고정하게 되었다고 할 수 있다.

경제정책과 그 배경 분석은 이 정도만 해두자. 특히 이 책에서 중요한 것은 70년대 이후 한국이 후세에 글로벌화라고 불리게 되는 현상에 적극적으로 대처하고, 정면 승부하는 방향으로 계속적인 개혁을 추진해왔다는 점이다. 그 결과 한국에서는 선진국 영향의 감소, 글로벌화의 효과, 그리고 경제성장에 의한 거래상대 증가가 모두 다른 나라보다 더 큰 비중으로 나타난다.

냉전과 내전으로부터의 출발

그러나 이들도 또한 한국에서 일본의 존재감이 급격히 저하된 데에 대한 설명으로 충분치는 않다. 왜냐하면 한일 관계는 그 출발점이 이미 특수하기 때문이다. 예를 들면 이미 〈그래프2-1〉에서 보여주듯이 70년대 전반에는 한국 무역의 40% 가까이를 대일본무역이 차지하고 있었으며, 그 다음인 미국의 점유율까지 더하면 미일 양국만으로도 약 75%를 차지하고 있었다. 오늘날 생각해보면 본디 이러한 상태 자체가 굉장히 특수한 경우이므로, 당연히 한국이 왜 이러한 상황에 처했었는지를 설명할 필요가 있겠다.

결론적으로 이야기하면 그 배경에는 냉전이 있었다. 이점은 한국전쟁 진후 한국의 무역규모를 알면 바로 알 수 있다. 한국전쟁이 종결된 다음 해인 1954년 한국 수출규모는 약 2,425만 달러였으며, 이에 비해 수입은 10배 가까운 2억 4,332만 달러였다. 말할 필요도 없이 이러한 기이한 현상을 지탱해 준 것이 미국의 대량 원조였다. 즉 당시 한국은 미국에서 방대한 원조를 받아 해외 물자를 수입함으로써 나라 살림을 꾸려나가던 상태였다. 국가재정도 마찬가지였다. 50년대 한국 정부는 세입의 30%에서 40%를 미국 원조에 의존하고 있었다. 말 그대로 재정 및 경제를 모두 미국의 원조에 맡겨놓은 상태였다고 할 수 있다.

당연하게도 이렇게 미국에 크게 종속된 한국이 냉전하에서 소련이나 중국을 비롯한 사회주의권 국가들에게 접근하기란 불가능하였다. 궁핍한 상황 속에서도 물자를 어딘가로부터 수입해야 했는데, 그 역할을 한 것이 일본이었다. 미국이 원조하고, 일본이 수출하는 식으로 한국을 둘러싼 특수한 경세상황이 만들어졌다.

주지하듯이 이러한 상황은 이윽고 미국이 그 전략적 관심을 한반도에서 베트남으로 옮기고, 이에 따라 한국에 대한 원조가 급감하면서 변화하게 된다. 때는 이미 박정희 정부 시절이었는데, 외화 부족에 허덕이던 한국은 외화를 확보하기 위해 필연적으로 수출주도형 경제발전전략을 추진하게 된다. 그렇다고는 해도 대량으로 수출을 할 수 있는 일차 상품도 없었을 뿐더러 자력으로 공업화를 추진할 국력조차 없었던 당시 한국은, 택할 수 있는 방법이 매우 한정적이었다. 즉 외자를 받아들여 공장을 세우고, 저임금 노동력을 이용한 노동집약적인 산업으로 만들어낸 상품을 수출함으로써 외화를 벌어들이는 방법이다. 그러나 가난하고 정치적으로도 불안정한 극동의 분단국가에 지나지 않았던 당시 한국에 투자 관심을 보이는 나라는 많지 않았다. 그렇기 때문에 결국 한국은 여기서도 일본에 많은 부분을 의존하게 되었다. 주로 합작회사를 세우는 형태로 한국에 진출한 일본계 자본에 의해 건설된 공장에서는 일본에서 수입된 중간재와 생산재를 이용해서 만든 완제품들이 세계 각지로 수출되었다. 그래서 결과적으로는 60년대 이후 70년대 중반까지 한국의 대일본 의존도는 계속 상승하였다.

그러나 이 또한 냉전하의 특수한 상황이 가져온 결과였다. 그러므로 70년대 후반에 들어서서 베트남전쟁이 끝나고, 데탕트가 진행될 무렵에는 한국을 둘러싼 상황이 다시금 변화하게 된다. 통계상으로도 1974년 소련과의 무역금액이 최초로 등장하였고, 1980년에는 중국과의 무역금액도 공식적으로 집계되었다. 교류가 추진된 것이 경제분야뿐은 아니었다. 예를 들면 그중 하나로 스포츠 교류가 있다. 1988년 서울올림픽을 향한 사실상 리허설의 의미가 부여되어 있었던 1986년 아시안게임에는 북한의 강력한 반대에도 불구하고, 아직 한국과 국교를 맺지 않은 중국이 대규모 선수단을 파견했다. 드디어 서울올림픽이 개최되었을 때는 소련도 참가하여, 당시 스포츠 강국이었던 동독 선수단과 함께 실로 스포츠 대제전을 장식하였다.

　이러한 요소들이 복잡하게 얽혀 한국에서 차지하던 일본의 중요성을 저하시키고 한일 간의 '역사인식 문제'가 일어나기 쉬운 상황을 만들어 가게 된다. 이제 좀 더 구체적으로 사태가 어떻게 전개되었는지를 살펴보자. 여기서는 아래에서 80년대 전반부터 현재에 이르기까지 한일 간 역사인식 문제가 구체적으로 어떻게 전개되어 왔는지를 살펴봄으로써 이 문제를 좀 더 깊게 고찰해 보고자 한다.

한일교과서 문제

1. 교과서 문제의 기원

교과서 문제의 중요성

그러면 여기서는 보다 구체적으로 한일 관계를 가로막고 있는 문제와, 이에 대한 한일 양국 정부의 노력에 대해 살펴보자. 먼저 교과서 문제부터 다뤄보자.

교과서 문제를 다루는 데에는 이유가 있다. 첫째, 이 문제가 한일 양국의 역사인식 문제에서 가장 중요시되고 있는 것 중 하나이기 때문이다. 후에 논할 한일역사공동연구 — 민간 차원의 공동연구가 아닌 한일양국정부의 합의하에 양국 정부가 선발한 위원들에 의해 이루어지는 공동연구 — 가 교과서 문제를 염두에 두고 조직된 것을 보면 알 수 있듯이, 교과서 문제는 오늘날 양국 간에 존재하는 역사인식의 괴리를 상징하고 있다. 한일 양국은 새로운 일본의 역사교과서가 공개될 때마다, 그 기술을 둘러싸고 분쟁이 되풀이 되고 있어, 이제는 일종의 '연중행사'로 느껴지기까지 한다.

교과서 문제가 이렇게 주목을 받는 데에는 물론 이유가 있다. 이는 교과서 책정에 정부가 관여하는 프로세스를 가진 한일 양국에서는, 역사교과서의 변화가 어느 정도는 양국 정부 그리고 사회가 가지는 역사인식의 변화를 반영하는 것으로 볼 수 있기 때문이다. 즉 우리들은 교과서와 교과서 기술의 변화를 통하여 한일 양국에서 일어나는 역사인식의 이행과정을 알 수 있다. 이것이 교과서와 교과서 기술의 변화를 분석대상으로 하는 첫 번째 이유이다.

교과서 문제를 다루는 두 번째 이유는, 이 문제가 전형적인 '80년대 이후에 등장한 문제'이기 때문이다. 앞서 기술하였듯이 이 한일 간의 역사인식 문제가 오늘날과 같은 형태로 논의되기 시작한 것은 80년대에 들어서면서부터이다. 바꿔 말하면 80년대 이전에는 교과서 문제나 일본군위안부 문제, 강제동원 문제와 같은 오늘날 역사인식 문제의 대표적인 이슈들로 생각되는 문제가 거의 논의되지 않았었다. 그러나 상황은 80년대에 들어서면서 크게 변화한다. 그리고 오늘날 활발하게 논의되는 이슈 중에 최초로 논의되기 시작한 것이 바로 교과서 문제이다.

세 번째 이유는 이 문제가 '사태를 악화시킨 요인이 논의 대상의 상태를 봐서는 직접적으로 설명하기 힘든 사례'이기 때문이다. 이전에도 〈표1-2〉의 데이터를 들어 이야기한 것처럼, 교과서 문제가 활발하게 논의되기 시작한 80년대 이후부터 2005년 무렵까지는 오히려 일본의 한반도에 대한 식민지 지배나 그 전후의 교과서 내용이 급속도로 충실해진 시기에 해당한다. 즉 이 시기 일본의 역사교과서는 한국의 요구에 보다 근접한 형태로 변화하고 있었다. 그럼에도 불구하고 당시 일본의 역사교과서는 한국인들로부터 큰 비판을 받았다. 그러므로 우리들은 여기서 언뜻 모순되어 보이는 상황을 분석함으로써 한일 양국 사이에서 역사인식 문제에 관한 사태가 어떻게 진행되어 왔는지를 보다 확실히 알 수 있을 것이다.

마지막 이유는 이 문제에 대해 논의가 본격적으로 이루어지기 시작한 시기를 명확히 알 수 있기 때문이다. 한일 양국 사이에서 맨 처음 일본의 역사교과서를 둘러싼 본격적인 분쟁이 발생한 시기는 1982년이었으며, 이는 움직일 수 없는 사실이다. 그러므로 우리들은 이 시기에 집중해서 관찰할 때 어떤 일이 어떻게 일어났는지 명확히 분석할 수 있다.

그러면 도대체 왜 1982년이어야 했을까. 아래에서는 먼저 이를 실마리로 삼아 당시의 상황을 살펴보자.

교과서 문제와 이에나가 재판

1982년의 교과서 파동이 6월 26일 일본 매스컴의 '오보'로 시작되었다는 점은 이미 알려진 바 있다. 이 날 일본의 매스컴은 특정 이유에 근거한 사실 오인으로 인해 문부성(당시)이 당시 검정에서 짓쿄출판사 교과서에서 기술된 중국 대륙에 대한 '침략'이라는 표현을 '진출'로 바꿔 기술하게 했다고 보도하였다. 이로써 교과서 문제의 포문이 열리게 된 것이다.

이 1982년 6월 26일의 보도에 대해서는 이미 언급하였으므로 여기서 더 자세히 다루지는 않겠다. 그런데 앞서 다루지 않은 부분이 하나 있다. 애초에 왜 일본의 매스컴이 이 당시 교과서 검정에 주목하였으며, 심지어 일제히 '오보'를 했는가 하는 부분이다. 왜냐하면 '오보'에도 그 기사가 보도된 이유가 반드시 존재하기 마련이기 때문이다.

여기서 자명한 것은 이 '오보' 사건이 당시 일본 국내의 큰 주목을 받았던 이에나가 교과서 재판의 연장선상에 존재한다는 점이다. 주지하듯이 도쿄교육대학 이에나가 사부로家泳

제1차 교과서 소송재판후의 회견(1974년 7월 14일)(시사) 심경을 와카(和歌 일본 고유 형식의 시) 빌려 공표하는 이에나가 사부로 교수

三郎교수가 문부성에 의한 교과서 검정을 헌법위반이라고 소송을 시작한 것이 1965년이다. 그는 이후 삼차까지 이 소송을 이끌어 갔다. 이 중 1966년 검정에서 자신이 집필한 『신일본사』가 검정불합격 처리 받은 사실에 불복한 제2차 소송은 일련의 소송 중에서도 특히 중요하다. 왜냐 하면 이 판결은 일련의 교과서 재판 중에서도 처음으로 대법원이 판단을 내린 케이스이며, 제2심까지의 흐름을 생각할 때 여기서 이에나가가 승 소할 가능성이 컸기 때문이다.

한일 간 교과서 문제를 고려할 때, 이에나가 제2차 소송의 대법원 판 결이 나온 시점이 1982년 4월, 즉 '오보'사건이 발생하기 겨우 2개월 전 이었다는 점은 중요할 것이다. 당연하게도 이 전후 일본의 여론 및 매 스컴의 교과서 검정에 대한 관심은 전례가 없을 정도로 뜨거웠다. 결과 적으로 나온 판결은 82년 시점에서는 이미 교과서 집필의 기준이 되는 학습지도요령이 크게 바뀌 기술되었으며, 이에나가 씨의 소송으로 인 한 이득이 소멸되었으므로 원심을 파기하고 사건을 환송한다는 실질적 인 이에나가의 패소 판결이었다. 그리고 이에 의해 이에나가 재판과 일 본의 교과서 검정을 둘러싼 논의의 방향성은 크게 바뀌게 된다.

1982년 6월의 교과서 검정 결과 공표는 이러한 일본 국내의 역사교 과서 문제를 둘러싼 특수한 상황 속에서 이루어졌다. 그 배후에는 대법 원 판결에 자신감을 얻은 문부성이 그때까지보다 더욱 강력하게 제제 를 할 것이라는 예측이 있었다. 검정 불합격이 된 교과서를 일반용 서 적으로 판매한 이에나가 교수의 『검정불합격 일본사』가 베스트셀러가 된 사실에 나타나 있듯이, 당시 여론에서는 이에나가 교수에 대해 동정 하는 의견이 많아 일부 사람들은 문부성이 이로써 더욱 검정을 강력히

실시한다면, 이를 빌미 삼아 새로운 운동을 전개할 계기로 이용하려고
까지 생각했었다.

　이러한 연유로 한 언론인의 기본적인 사실 확인 태만에 의해 발생한
단순한 '오보'가 순식간에 대부분의 일본 매스컴이 공유하는 정보로까
지 발전하였다. 이 '오보'는 당시 여론과 매스컴의 '기대'에 의도치 않게
부응하게 되었기에, 이로 인해 사람들에게 널리 사실로서 믿어지게 되
었다고 할 수 있다.

2. 한중 양국의 반응

보도 직후 한국의 반응

그렇다고는 해도 당연하게도 이 점은 당시 일본에서 처음으로 교과
서 검정을 둘러싼 문제가 비로소 본격적으로 보도되었다는 의미는 아
니다. 1982년 단계에서는 이에나가 재판이 이미 시작한지 17년 가까이
경과해 있었으며, 일본의 매스컴은 전개 상황을 상세히 보도해 오고 있
었다. 그 뿐 아니라 일부 일본의 매스컴에 의해 이에나가 재판 이전
1950년대부터 이루어진 일본의 교과서 검정 제도에 대한 문제도 계속
보도되고 있었다. 후에 한일 간 교과서 문제에서 초점이 된 '강제동원'
문제와 재일한국인을 둘러싼 문제에 대해서도 적어도 1970년대 초까지
의 단계에서 교과서 기술과 관련 지어 논의가 이루어지고 있었다. 즉
1982년 단계에서는 일본에서 교과서 문제가 이미 '오래된 문제'에 속해
있었다고 할 수 있다.

당시의 신문 지면(『조선일보』 1982년 6월 27일 조간 10면)
실선으로 표시된 곳이 일본의 교과서문제를 다룬 부분

대조적으로 1982년 이전의 한국에서는 일본의 역사 교과서와 관련된 문제는 거의 주목을 받지 못했다. 아니 주목을 받지 못한 것은 1982년 교과서 파동이 시작된 초기에도 비슷했다. 예를 들면 일본의 매스컴이 이 문제를 대대적으로 보도한 6월 26일 및 그 다음날, 당시 한국의 주요 일간지인 조선일보와 동아일보가 이 문제에 대해 할애한 지면은 정말 미미한 분량이었다. 예를 들면 조선일보의 경우에 해당 기사는 아래 사진과 같이 신문 10면의 왼쪽 아래 구석에 작게 게재된 데에 지나지 않았다. 웬만큼 신문을 자세히 읽는 사람이 아니라면, 대부분 이 기사의 존재조차 알아채지 못했을 것이다.

한국에서 일본의 교과서

문제에 대한 관심이 미미한 상황은 이 후에도 어느 정도 계속되었다. 조선일보는 위의 보도가 있은 다음날부터 이 문제에 대해 다시 침묵하였다. 6월 29일, 이 교과서 문제에 대한 중국의 반응을 작은 박스 기사로 겨우 보도하기는 했으나, 다시 일정 기간 침묵하게 되었고 이 침묵은 7월 8일 같은 유력지인 동아일보와 함께 일본의 교과서 검정을 비난하는 사설을 게재할 때까지 계속되었다. 덧붙이자면 광주민주화운동으로부터 2년밖에 지나지 않은 당시, 한국의 매스컴은 당시 전두환 정권에 의해 통제되고 있었으므로 우리들은 이러한 한국 주요 매스컴의 반응에서 당시 한국 정부의 의도를 엿볼 수 있을지도 모르겠다. 그러나 이 사설이 보도된 후 한국 각지는 다시 세 번째 침묵에 들어간다. 결국 이 시점에서 한국 매스컴의 일본 교과서 문제에 대한 보도는 산발적이며 소규모였다고 할 수 있다. 즉 이들은 일본의 교과서 문제에 대해 이 시점에서는 큰 관심을 보이지 않았던 것이다.

그러나 이 상황은 일본에서 이 문제가 보도된 지 약 1개월이 경과한 7월 하순이 되자 갑자기 극적으로 변하게 된다. 즉 이 무렵을 경계로 한국의 매스컴은 이전과는 비교가 안 될 정도로 큰 규모에 잦은 빈도로 일본의 교과서 문제를 다루게 되었으며, 이에 자극을 받아 광범위한 대중 운동까지 전개되기에 이른다. 신문에는 일본의 교과서에서 이루어지고 있는 '역사 왜곡'에 대해 상세한 내용이 게재되었고, 한국인의 분노와 관심은 급속도로 불어나게 된다.

중국 측 반응의 중요성

그러면 도대체 왜 한국에서는 일본 역사교과서에 대한 반감이 일본의 매스컴에서 '오보'사건을 일으킨 6월 하순에는 전혀 확산되지 않다가, 한 달 가까이 지난 7월 하순이 되어서야 갑자기 확산된 것일까. 이를 설명할 열쇠, 즉 7월 하순에 대체 무슨 일이 있었던 것일까.

결론부터 이야기하자면 전환점이 된 것은 7월 20일에 중국의 인민일보가 '이 교훈은 반드시 명심해두어야 한다'는 제목으로 일본의 교과서 검정을 공식적으로 비판하는 '단평短評'을 발표한 일이었다. 그러나 생각해보면 이러한 중국 측의 반응은 어느 정도 당연한 것이기도 했다. 본디 당시의 교과서 문제에서 가장 주목을 받은 것은 중일전쟁에 관한 기술이 '침략'에서 '진출'로 바꿔 기술되었다는 보도를 둘러싼 내용으로, 이는 한일 관계가 아니라 중일 관계에서 더욱 문제시 될 성격이었기 때문이다. 그럼에도 불구하고 당시 중국 정부가 이 공식적인 반응을 발표하기까지 거의 한 달이나 걸린 이유는 분명하지 않다. 어쩌면 중국 정부는 그 사이에 일본 정부가 스스로 교과서 내용을 수정하도록 물밑에서 작업을 하며 그 성과를 기대했었는지도 모르겠다.

어쨌든 그때까지 뉴스 기사의 일부로서 간단하게 보도, 논평되던 것에 지나지 않았던 일본 교과서 검정에 대해 중국공산당의 기관지인 인민일보가 명확하고 냉엄한 비판을 한 사건은 중국 정부가 공식적으로 이 문제에 대해 일본 정부에 항의를 한 것으로 받아들여졌다. 그리고 이 이해가 잘못되지 않았음은 계속되는 중국 측의 행동으로 바로 증명되었다. 7월 23일에는 중국 국영 신화사통신도 중국교육학회 회장, 중일우호협회부회장, 중화학생연합회 주석 등의 담화를 전하는 형태로 "중일공동성명과 중일평화우호조약의 정신에 위반된다", "일본의 역사교과서 검정은 중국 인민에 대한 도전이다"라며 일본 정부에 의한 역사

교과서 검정 결과를 격렬하게 비난했다. 인민일보는 계속해서 7월 24일에도 "일본의 중국침략 역사를 날조하는 행위는 용서할 수 없다"는 제목의 '단평'을 게재했다. 이로써 이후 중국 정부는 이 교과서 검정 문제에 대해 일본 정부를 비판하는 '일대 캠페인'을 전개하게 된다.

당연하게도 이러한 중국 정부의 격렬한 반응은 일본 정부를 크게 동요케 하였다. 간과해서는 안될 사실은 이 사건이 일어난 시점이 1978년 중일 평화우호조약이 체결된 지 겨우 4년 후인 1982년이었다는 점이다. 당시 일본 국내에서도 '중일우호'에 대한 큰 기대가 있어 중일 관계는 꾸준히 진전되고 있다는 이해가 있었다. 80년에는 중화인민공화국의 중요인물인 화궈펑華國鋒 총리가 최초로 일본을 방문하였으며, 이 사건이 일어나기 직전인 82년 5월에도 화궈펑의 교체로 취임한 자오쯔양趙紫陽 총리가 역시 일본을 방문했다.

중요한 것은 이 시기 중일 관계가 하나의 분기점을 맞이하고 있었다는 점이다. 1972년 중일공동성명에 이르기까지의 과정에서 중화인민공화국 정부가 중화민국정부에 대항하는 형태로 전쟁 배상에 관한 일체의 권리를 포기하고, 또한 당시의 저우언라이周恩來 총리가 센카쿠 열도를 둘러싼 문제를 세심한 주의하에 회피한 점 등에 나타나 있듯이, 1978년 중일 평화우호조약 체결에 이르기까지 중국 정부는 오늘날 역사인식 문제와 관련된 사항에 대해 될 수 있는 한 많은 문제를 미뤄두거나, 혹은 양보함으로써 이 시점에서 동아시아 유일한 경제대국인 일본과의 관계를 개선하기 위해 노력하고 있었다. 말할 필요도 없이 그 배경에는 아직 계속되고 있던 냉전 체제가 있었으며, 또한 그 이상으로 심각해지고 있던 중소대립도 있었다. 이러한 상황에서 중국 정부가 일본의 역사교과서 내용에 강력한 항의를 한 것은 당시 일본 정부 관계자에게는 '예상 외'의 사건이었다.

바꿔 말하자면 이 시점까지 일본 정부와 일본 사회의 입장에서는 교과서 문제란 어디까지나 신헌법하에서 교과서 검정을 어떻게 할 것인지에 대한 순수한 국내문제에 지나지 않았다. 그러나 앞선 중국 정부의 항의에 의해 교과서 문제는 갑자기 국제문제로 발전하였다. 그러한 의미에서 교과서 검정에 관한 중국의 강력한 항의는 일본 역사교과서를 둘러싼 논의의 성격을 크게 변화시켰다고 할 수 있겠다.

▌오인된 '현실'

여기서 중요한 것은 이러한 중국 측의 교과서 문제 대응이 일본 정부와 일본 사회에서뿐 아니라 한국 정부와 사회에도 큰 영향을 주었다는 점이다. 그러나 당시 한중 관계가 오늘날과는 전혀 성격이 달랐다는 점에는 주의해야 할 것이다. 이미 언급하였듯이 제1차 역사교과서 문제가 발발한 82년은 아직 냉전이 한창이던 시기였고 중국은 아직 덩샤오핑鄧小平에 의한 개혁개발노선이 한창 진행되던 때였으며 한국의 전두환 정권은 겨우 2년 전에 사실상 군사쿠데타와 광주민주화사건을 겪었으니 권력을 장악한지 얼마 안된 상태였다. 냉전 상황에서 중국 공산당이 지배하는 중국과 전형적인 '반공' 권위주의체제 국가였던 전두환 정권하의 한국 사이에 국교가 존재할 리도 없었고 양자 사이에는 직접 무역조차 거의 이루어지지 않는 상태였다. 굳이 속된 표현을 쓰자면, '반일 성향의 한중 양국이 협력하여 역사 문제로 일본을 비판'하는 상황은 당시에는 상상조차 할 수 없었다.

그러나 그렇더라도 일본의 교과서 검정에 대한 중국의 항의는 한국에서 크게 보도되었고 그 결과 한국의 정부 및 사회는 일단 그대로 사라질 법해 보였던 이 문제에 다시금 주목하게 된다. 그러나 한국의 움직임이 이 시점에서는 아직 능동적이라고는 할 수 없었다. 물론 그 이유는 자명하다. 이 시점에서 초점은 여전히 중일전쟁에 관한 기술이지 한국에 대한 기술이 아니었기 때문이다. 7월 24일에도 한국 정부는 도쿄의 한국대사관에 일본의 교과서 검정을 거친 역사교과서에 대해 상세한 조사를 실시해 보고하도록 훈령을 내리는 정도에 그쳤다. 이 훈령에서 알 수 있는 것은 당시 한국 정부가 일본의 교과서 검정이나 그 제도에 대해 충분한 지식을 가지고 있지 않았으며 어떤 조치를 취해야 할지에 대한 만족스런 매뉴얼조차도 없었다는 점이다.

그럼에도 불구하고 사태는 한국에도 곧 영향을 미친다. 앞선 한국 정부의 훈령에 전형적으로 나타나있듯이 당시 중국의 항의를 계기로 한국에서도 일본의 역사교과서 기술에 대한 관심이 비약적으로 높아졌기 때문이다. 그리고 결과적으로 일본의 교과서 내용이 한국에서 공부하는 내용과 크게 다르다는, 어떤 의미에서 보자면 당연한 사실을 알 게 된다. 중요한 것은 이 과정에서 역사교과서 문제의 본질이 바뀌었다는 점이었다. 즉 당초 이 문제를 일본의 매스컴이 보도하였을 당시, 역사교과서 문제는 어디까지나 일본 국내 문제였으며, 이는 무엇보다도 교과서 검정 자체의 당위성을 묻는 것이었다. 그러나 중국의 항의로 인해 먼저 이 문제는 국내에서 국제문제로 발전하였다. 이 시점에서는 논의가 아직 교과서 검정과 그 결과인 기술 내용의 변화에 있는 것으로 보였다. 하지만 논의 과정에서 중국 그리고 뒤이은 한국의 논의는 당초 주목하던 검정 과정에서 벗어나 교과서 내용 자체로 초점이 옮겨가게 된다.

당연한 결과였다. 중국과 한국에게 교과서 검정이 신헌법하의 검열 금지와 어떤 연관이 있는지 등의 일본 국내법적인 논의는 애초에 관심 대상이 아니었다. 중요한 것은 법률의 규정 등이 아니라 경제대국이 된 일본이 이번에는 어디로 향하고 있는지, 특히 우려하던 점은 당시 일본 국내외에서 빈번히 주장되던 일본 내셔널리즘의 대두였음에 틀림없다. 즉 한중 양국은 당시의 교과서 기술을 "일본에서 내셔널리즘이 대두하고 있다는 증거"라고 간주하고, 그렇기 때문에 이에 대해 대대적인 비판을 전개한 것이다.

그러나 이러한 이해에는 중대한 하자가 존재한다. 왜냐하면 "일본의 교과서 내용은 중국과 한국의 교과서와는 매우 동떨어진 내용이다"라는 것이 꼭 "그 괴리가 더욱 커지고 있다"는 의미는 아니다. 앞서 구체적인 데이터를 들어서 설명하였듯이 당시 일본의 역사교과서는 오히려 그 이전과 비교해 식민지 지배나 일본의 대륙 진출에 대한 기술을 늘리고 있었으며, 일본의 교과서와 중국 및 한국의 교과서 내용의 괴리는 줄어들고 있었다. 즉 적어도 교과서 기술만 본다면 당시 일본의 내셔널리즘의 대두가 교과서 내용 변화에 나타나 있다고는 할 수 없다. 그럼에도 당시 사람들은 이러한 변화를 냉정하게 관찰하지 않고 "일본의 역사교과서 내용이 중국과 한국의 교과서와 다르다는 것은 지금 현재 일본 사회의 우경화가 진행되고 있다는 증거이다"라는 프레임에 현실을 끼워 맞추게 된다. 비유적인 표현을 허용한다면, '왜곡'된 것은 '과거'의 역사적 사실이 아니라 당시 사람들이 살았던 '현실'이었다고 하겠다. 그리고 여기서 '현실'을 왜곡하여 이해한 것은 중국인이나 한국인뿐 아니라 일본인들도 마찬가지였다는 점이 중요하다. 일본도 마찬가지로 사태가 이상하게 돌아가는 것을 알아채지 못하였고, 제동을 걸지도 못했다. 이렇게 사태는 당시의 '현실'과는 동떨어진 주관적인 이해하에서 폭주하기 시작한다.

한국에서 일어난 인식의 변화

일본에서는 내셔널리즘이 대두하기 시작했고 군국주의의 망령이 그 행보를 재촉하고 있다. 한국 사람들은 교과서 문제를 그 증거로 인식하게 되었고 그 이해가 일종의 '상식'으로 생각되기까지는 그리 오랜 시간이 필요치 않았다. 8월이 되자, 한국 매스컴들은 한일 양국 교과서 내용의 차이점을 대대적으로 보도하기 시작하였고, 한국의 '지식인'들은 이를 일본에서 군국주의가 대두하기 시작한 증거라고 그럴듯하게 설명하였다. 자명한 것은 당시 사람들이 자신들의 눈 앞에 존재하는 교과서의 변화에 대해 진지한 분석을 하려 하지 않았으며, 안이한 인상론印象論으로 흘러갔다는 점이다.

그러나 여기서 필자는 당시 한국의 지식인 및 매스컴을 비난하려고 하는 것은 아니다. 왜냐하면 당시 한국의 '지식인'들 사이에 이루어지던 논의는 본디 이에나가 재판을 제기하고 지지한 일본 국내 일부 사람들의 논리를 그대로 받아들인 것에 지나지 않았기 때문이다. 바꿔 말하면 당시의 한국 내 논의는 일본에서 직수입된 논리를 근거로 두고 있었으며, 이 논리하에서 한국의 여론은 일본 역사교과서에 대한 불만을 고조시켜갔다.

그리고 역사교과서 문제는 역사인식 문제의 새로운 시대를 열게 된다. 다음에서는 이 점에 대해 살펴보겠다.

3. 유동적인 한일 양국의 정치 속에서

한국의 매스컴이 일본의 '우경화'를 환영한다?

여기서 먼저 자료를 살펴보기로 하겠다. 먼저 다음 글을 읽어보자.

> 또한 원자력 발전소는 자원이 없는 일본에게 석유에너지에 대한 중요한 대체에너지 공급원이며, 그 위험성을 고려하더라도 기술관리가 가능하다는 것이 일본 정부의 입장이다.
>
> 그럼에도 불구하고 일본의 사회적 분위기는 반대 일색이다. 야스쿠니 참배와 자위대 합헌은 군국주의의 부활이며, 원전 건설은 일본 국민을 멸망으로 인도할 것이라는 사회적 분위기가 만들어지고 있다.
>
> 제3자의 눈으로 보면 야스쿠니 신사는 어느 나라에나 존재하는 '국립묘지'에 지나지 않으며, 여론의 80% 이상이 이미 자위대의 존재를 긍정적으로 평가하고 있는 이상, 헌법을 보다 현실적인 내용으로 개정하는 것이 당연하다.

자, 이 글이 어느 나라에서 언제 쓰여진 문장일까. 많은 사람들이 최근 일본의 보수계열 신문 혹은 잡지에 실린 글이라고 생각할 것이 틀림없지만, 사실 이 문장은 제1차 교과서 파동이 발발하기 겨우 1년여 전인 1981년 5월 9일 조선일보 조간 즉 지금으로부터 30년도 더 전에 한국의 주요

신문인 조선일보의 일면을 장
식한 기사이다. 제목은 "'반대
히스테리' 일본사회: 이번엔
우경화 알레르기'였다. 세계
각국의 지금을 소개하는 '40
억의 파노라마: 세계엔 이런
일'이라는 제목의 시리즈로,
이 글은 8회에 실린 글이다.
이 글 위에는 한 해 전에 일본
에서 열린 전몰자 추모식 사
진이 크게 게재되어 있고 다
음과 같은 사진 설명도 붙어
있었다. "매년 제2차 세계대
전 종전기념일에 열리는 전몰
자 추모식. 그러나 일본의 야
당과 매스컴은 최근 각료와
국회의원이 그들의 호국영령
을 모시고 있는 야스쿠니 신
사에 참배하는 행위를 '우경
화'라고 간주하고, 히스테릭

일본의 「우경화 알레르기」를 전하는 기사(『조선일보』
1981년 5월 9일 조간 1면)

한 반응을 보이고 있다." 집필자는 당시 조선일보사 도쿄 특파원 이도행
이라는 인물이다.

동아일보와 함께 긴 역사를 자랑하는 조선일보는 한국에서 가장 내

셔널리즘의 색채가 강한 신문 중 하나로 알려져 있다. 그러니 이 신문에서 그것도 1면에 일본의 '우경화'를 옹호하는 듯한 문장이 실린 것은 많은 사람들에게 놀라움으로 느껴질 것이다. 그러나 이보다 너욱 놀라운 것은 이 기사가 제1차 교과서 파동이 발발하는 82년 6월~7월 시점에서 겨우 1년 여 전에 쓰여졌다는 점이다. 이미 언급하였듯이 82년 한국인들은 당시 일본국내의 설을 그대로 받아들이는 형태로 그 해 교과서 검정의 결과를 일본이 '우경화'되고 있는 증기라고 이해하고, 일본정부를 강하게 비난하였다. 이러한 당시 상황과 이 문장의 내용은 너무나도 동떨어져 있는 것 같아 보인다.

예를 들면 제1차 교과서 파동이 한창 논란이었던 1982년 7월 25일, 마찬가지로 조선일보는 '역사의 죄를 되풀이하려는가'라는 제목으로 신용하愼鏞廈 서울대 교수와 한상일韓相一 국민대 교수의 대화를 실었다. 이 대화에서 후에 한국을 대표하는 민족주의 사학자로 알려지게 되는 신용하 교수는 다음과 같이 이야기했다.

> 자민당과 그 배후에 일본정치의 중요정책을 결정하는 60대 인물들은 제2차 세계대전 당시 청년장교이었거나 군속이었다. 그들은 최근 헌법개정을 통한 재무장을 실현하고자 구체적인 움직임을 보이고 있으며, 해외에서 한국, 중국, 나아가 동남아시아국가들에 대한 경제적 진출로 획득한 튼튼한 기반을 기초로 삼아, 국내에서는 예전 군국주의 침략을 정당화하고 미화하는 출판물과 영화를 만드는 등의 움직임을 최근 보이고 있다. 그들은 이로써 지금까지 자제해온 그들의 욕망을 슬슬 백일하에 드러내고 있다.

말할 필요도 없이 여기서 보이는 것은 오늘날에도 빈번하게 보이는 한국의 전형적인 일본 '우경화'에 대한 규탄이다. 여기서 중요한 것은 82년을 전후로 위와 같은 논리가 한국 국내에 정착했다는 점이다. 같은 매체인데도 겨우 1년여 만에 논조가 크게 다르다는 점이 이를 여실히 드러내고 있다.

그러면 이 변화의 배경에는 어떤 일이 있었을까. 먼저 확실히 해두어야 할 것은 82년 이전의 한국에는 일본의 '우경화'에 대해 두 종류의 논의가 동시에 존재한다는 점이다. 하나는 말할 필요도 없이 앞서 이야기한 신용하 교수의 말에서 보이는 일본 군국주의의 부활을 경계하는 견해이다. 한국은 일본에 의한 식민지 지배를 받은 경험을 가진 나라이며, 그러한 의미에서 이 시기에 세계의 주요 경제대국으로까지 성장한 일본이 다시 한국의 위협이 되는 것은 아닌가라는 경계심은 어느 정도 어쩔 수 없는 것이었다.

1980년대 초기

그러나 이미 살펴본 바와 같이 82년에는 한국에 일본의 '우경화'를 환영하는 논조까지 있을 정도였다. 말할 필요도 없이 앞서 제시한 81년 5월 조선일보의 논설이 그 대표적인 예이다. 언뜻 기묘하게 보이는 상황을 이해하는 열쇠는 당시 한일 양국이 놓여있던 국내적 국제적 상황일 것이다. 특히 80년대 초까지 한국이 처해있던 국제적인 입장이 중요하다. 지금까지 몇 번이나 지적해 왔듯이 80년대 초반은 여전히 냉전이 한창이던 시기였으며, 미소를 중심으로 한 동서 양대 진영 사이에서 격렬한 경쟁과 대립이 반복되고 있었다. 로널드 레이건 미 대통령이 그 유명한 '악의 제국Evil empire' 연설을 한 것이 1983년인데, 그는 이 연설에서 동서 양 진영의 대립 상황 속에서 미국과 자유주의진영이 열등한 입장에 처해있음을 강조했다. 이는 당연하게도 분단국가로서 냉전의 최전선에 있는 한국이 여전히 큰 국제적 위협에 처해있음을 의미했다.

당시 한국에 대해 하나 더 지적해야 할 점은 전두환 정권이 박정희 대통령 암살 사건이 있은 후 일련의 쿠데타와, 그 직후의 피비린내 나는 광주민주회운동을 거쳐 수립된 정권이었기에 정통성이 희박했다는 점이다. 이러한 전두환 정권에게 냉전하의 주요 우호국인 미일 양국의 지지는 자신의 정권을 유지하기 위한 필수 조건으로 간주되었다. 그러므로 전두환 대통령은 정권 수립의 다음해인 81년 직접 미국을 방문하여, 레이건 대통령과의 관계를 강화함과 동시에 일본에 대해서도 적극적인 외교를 전개했다. 그는 84년 한국 대통령으로서는 처음으로 일본을 공식 방문하였다.

한국의 골칫거리는 이렇듯 중요한 한미, 한일 관계가 70년대 이후 삐걱거리고 있었다는 점이었다. 미국의 움직임은 특히 중요했다. 60년대 말에 시작된 아시아의 데탕트 운동은 71년 헨리 키신저 대통령보좌관의 방중, 다음해 닉슨 대통령의 베이징 방문에 의해 더욱 본격적으로 전개되기 시작하였으며, 75년 베트남전쟁 종결 이후, 더욱 선명해졌다.

한국에 미친 가장 큰 영향은 주한미군의 감축이었다. 70년대에 들어서서 감축이 시작된 주한미군은 77년에 성립된 카터 정권하에서 더욱 진전되어, 전면 철수까지도 논의되기 시작했다. 이러한 미국 정부의 태도에 한국 정부는 크게 반발하였고 한미 관계는 크게 동요했다.

이와 함께 1975년에는 미국의 잉여 농산물 구매를 둘러싼 한국 정부의 의회 관계자 매수공작, 이른바 코리아게이트가 터졌다. 조사 결과, 사건은 한국 정부가 관계된 본격적인 스캔들로 발전하였는데, 오랜 기간 동안 한국 정부가 미 의회 유력자들에게 로비 활동을 벌여, 미국의 극동대책을 자국에 유리하게 유도하기 위한 매수공작을 전개해 왔다는 사실이 밝혀졌다. 79년에는 이 사건에 대해 미 의회에서 증언한 미국에 망명 중이었던 전 국정원장 김형욱金炯旭이 파리에서 실종되는 사건이 일어났다. 같은 해 1월에는 마찬가지로 '반공국가'였던 중화민국이 UN에서 추방되었고, 그 직후 실질적인 중국의 지도자인 덩샤오핑이 미국을 방문했다. 미국과 중국의 사이가 가까워지자 한국 정부는 점점 더 초조해졌고, 한미 관계는 건국 이래 최악의 상황으로 치달았다.

사태의 악화는 한일 관계에서도 마찬가지였다. 72년 발발한 김대중 납치사건은 이웃나라의 수도에서 외국의 정보기관이 실질적인 망명정치가를 백주 대낮에 당당하게 납치하여 살해를 시도했다는 점에서 노골적인 주권 침해에 해당했다. 그 결과 일본 정부의 한국에 대한 신뢰는 크게 하락했다. 게다가 다다음해인 74년 발발한 문세광 사건 즉, 재일한국인 문세광에 의한 박정희대통령저격사건과 이어진 육영수여사 피살사건은 한일 양국의 수사 관계자 사이에서 일어난 알력다툼으로 한국 측의 일본에 대한 불신을 고조시키는 결과를 초래했다. 이 사건에 오사카의 파출소에서 도난된 권총이 사용된 점, 또한 조총련 관계자의 관여를 확신하는 한국 측의 수사에 일본 측이 충분히 협력하지 않은 점이 그 이유였다고 전해진다. 한국이 일본을 불신한 배경에는 72년 중일국교정상화, 그리고 일본과 중화민국의 단교도 한몫 했음은 말할 필요도 없을 것이다.

1970대 말, 한국 정부는 자국이 미일 양국에 버려지는 것은 아닌가 하는 초조함을 더해가고 있었다. 미일 양국과 대만 사이의 단교, 베트남전쟁에서의 남베트남 패배와 소멸. 같은 아시아 '반공국가'의 일원으로서, 데탕트가 시작된 이후의 국제정세는 한국에게 매우 불리하게 작용하는 것처럼 보였다.

그리고 한국만이 이렇게 인식하고 있는 것은 아니었다. 1970년대 말 세계와 아시아는 냉전시대가 종언을 고하게 되는, 그로부터 10년 후와는 전혀 다른 상황이었다. 이른바 '자유주의진영'은 자국을 둘러싼 상황을 '승리'와는 거리가 멀다고 생각했다. 앞서 다룬 바와 같이 레이건 미대통령의 '악의 제국' 연설은 실로 그 전형적인 예이며, 거기서 레이건은 미국을 중심으로 하는 '자유주의진영'이 소련을 중심으로 한 '공산주의진영'에 대해 불리한 상황이며, 그러므로 전면적인 전략 수정이 필요하다고 강조했다. 카터 정권하에서 있었던 주한미군 철수 구상과 소련의 아프가니스탄 침공을 이유로 한 모스크바 올림픽 보이콧, 나아가서는 레이건 정권하의 '레이건 독트린'은 그 방향은 다르나, 동일하게 '불리한 입장에 처한' 미국이 보여준 초조함의 산물이었다. 일본에서도 1978년 존 해킷John Hackett이 쓴 『제3차 세계대전』이 번역 출판되어 베스트셀러가 된다. 사람들은 아직도 '공산주의진영의 위협'에 대해 진지하게 이야기하고 이를 전제로 앞날을 계획하던 시대였다.

유동적인 일본정치

그리고 여기서 당시 일본의 국내 사정이 작용한다. 80년대 초, 일본 국내에서는 여전히 자민당과 사회당의 '1과 2분의 1 정당제'가 계속되고 있었다. 다당화多黨化의 진행과 함께 보수정당인 자민당의 의석점유율은 50년대 이후 일관되게 감소하는 추세여서, 76년에는 결당 이래 최초로 과반수 의석 확보에 실패했다. 자민당의 과반수 의석 확보 실패는 계속되는 79년의 중의원 선거에서도 재현되어, 정권 안정이 서서히 위협을 받게 되었다.

또한 당시 자민당에서는 당내 대립이 격해져, 오히라 마사요시大平正芳와 후쿠다 다케오福田赳夫라는 양대 산맥의 각축을 중심으로 하는, 이른바 '40일 항쟁'이 전개되고 있었다. 그 결과 79년 중의원 선거 후 총리 지명 선거에서는 같은 자민당에서 오히라와 후쿠다 두 사람이 입후보를 하는 이상사태가 벌어졌고, 주류파의 대표인 오히라가 결선 투표에서 가까스로 총리의 자리를 유지하게 되었다. 오히라와 후쿠다의 대립은 이 후에도 계속되어 다음해인 80년에는 야당이 제출한 내각 불신임안 결의시, 후쿠다를 위시한 반주류파가 출석을 거부하였고, 그 결과 찬성다수에 의해 불신임안이 가결되는 사태로 발전한다. 이른바 '해프닝 해산'이 바로 이 사건이다. 일본의 정국은 이 후 불신임안 가결로 인해 오히라의 중의원이 해산하고 사상최초로 중참의원 동시선거가 치루어지게 되었으며, 그리고 선거전이 한창일 때 오히라가 급사를 함으로써, 이를 호재로 자민당이 대승을 거두는 결과까지 실로 드라마틱한 전개가 이어진다.

확실한 것은 이 시기 일본의 정치정세가 빠른 속도로 움직이고 있었다는 점이며, 그러므로 미래 예측이 지극히 어려웠다는 점이다. 또한 이 시점에서는 자민당에 대항할 사회당이 아직 건재한 것으로 보였다. 그들은 여전히 정권 획득을 포기하지 않고 있었고 공산당과 연합한 '사공노선', 공명당 및 민사당과 연계한 '사공민노선'의 사이를 왔다 갔다 하면서 자신들을 중심으로 한 정권 탈취의 기회를 노리고 있었다. 그리고 70년대 그들의 전략은 지방에서 큰 성공을 거두게 되었다. 즉 도시부를 중심으로 전국에 출현한 '혁신지자체'의 탄생이다. 당시 이 '혁신지자체'는 도쿄도, 가나가와현, 교토부, 오사카부, 요코하마시, 나고야시, 고베시 등 이른바 '도카이도 벨트'의 주요 지자체로 확대되었다. 물론 이러한 열풍은 79년 통일지방선거에서 사회당 및 공산당 추천후보가 연이어 고배의 쓴 잔을 마시게 된 것을 계기로 빠르게 사라져버리고 만다. 그러나 1980년대 초의 시점에는 아무도 이것이 본격적인 '끝'의 시작인지 아니면 단순히 '일시적인 원복'에 지나지 않는지 판단할 수 없었다.

사회당과 북한의 밀월

그리고 한국에게 가장 큰 골칫거리였던 것은 당시 일본의 최대 야당인 사회당이 대한민국 정부의 정통성을 공식적으로 부정하고, 그 대신 조선민주주의인민공화국에 대한 지지를 명확하게 표명하고 나선 점이었다. 그렇다고 해서 사회당이 결당 당초부터 항상 친북한적인 입장을 유지해왔다는 의미는 아니다. 한국전쟁의 개전 책임은 한국이 아닌 북한에 있다고 주장한 점에 나타나 있듯이, 1950년대 중반까지 사회당은 꼭 친북한적인 정당이라 하기는 어려워서, 한반도에서는 한국과 북한 쌍방과의 관계를 유지하는 중립적인 입장을 취하고 있었다. 그러나 1950년대 말 이후 한국 정부가 일방적으로 설치한 이른바 '이승만 라인'을 둘러싼 분쟁이 격화되자, 사회당은 한국 정부를 격렬하게 비난하기 시작한다. 그리고

1960년대 초 한일기본조약을 위한 국교정상화 협상의 형태가 확실히 보이기 시작해, 이 조약이 한국을 '한반도 유일한 정통정부'로 인정한다는 사실이 알려지자, 사회당은 공식적으로 이 조약을 부정하기에 이른다. 65년 대규모 한일기본조약 반대운동에 나선 사회당은 다음 해에 북한과의 교류를 촉진하기로 결정하고, 그 이후 이를 북한이 이용하는 형태로, 사회당과 북한 정부, 보다 정확히 이야기하자면 북한의 정권정당인 조선노동당은 급속도로 밀접해진다. 냉전 체제하에서 일본의 자민당 정부가 한국과 맺은 국교정상화가 이에 대항하는 사회당을 북한 측으로 밀어낸 형국이다.

그리고 70년대에 들어서자 사회당과 북한의 관계는 더욱 발전했다. 당초는 일반의원 차원이었던 사회당과 조선노동당 사이의 교류가 점차

(昭56年) 3月18日 水曜日 13版 総合 (2)

飛鳥田訪朝団長が寄稿

「非核・平和地帯」の宣言

反動動向への異議

북한을 방문한 아스카타 위원장의 기고『아사히신문』1981년 3월 18일 조간 2면)

격상되어, 70년 나리타 도모미成田知己 위원장의 방북 이후, 사회당 위원장이 직접 평양을 방문하는 것이 관례가 되었다. 앞서 소개한 일본의 좌파세력을 비난하는 조선일보 기사가 쓰여진 81년 5월이 되기 불과 두 달 전, 당시 아쓰가타 이치오飛鳥田一雄 위원장을 비롯한 제6차 사회당 방북단이 김일성 북한 주석과 면담을 하기에 이르렀다. 아쓰가타 씨 본인은 두 번째 방북이었고 이는 아쓰가타 씨가 위원장으로 취임한 뒤 4번째인 세4차 방북단 파견이었다.

이 회담에서 아쓰가타 위원장은 "사회당이 당분간 일본의 자위대 증강에 반대하고, 미일안보조약의 파기, 비동맹, 적극적 중립, 비무장 중립을 지향하는 싸움을 더욱 강화해 갈 것이다"라고 이야기하였다. 동시에 당시 사회당은 원자력무기 추방운동을 시작으로 원자력발전소 폐지운동까지 벌이고 있었다. 81년 3월의 아쓰가타/김일성 회담에서는 '동북아시아'의 '비핵/평화지대' 설정에 관한 공동선언까지 발표되었다. 조선노동당 측은 당초 사회당이 제안한 '일본 및 조선 그리고 그 주변'이라는 '비핵/평화지대'의 범위를 제시한 원안에 대해, 핵보유국인 소련과 중국이 포함될 것을 우려했다고 당시 매스컴이 보도한 것을 보면, 이 선언을 사회당이 주도한 것은 틀림없을 것으로 보인다.

전두환 정권의 경계

이러한 일본 사회당과 북한의 특수한 관계를 이해했을 때, 우리들은 비로소 왜 1981년 무렵 한국의 매스컴에 일본의 우경화를 환영하는 듯한 논조가 게재되었는지를 이해할 수 있을 것이다. 앞서 언급한 조선일보 글에서 알 수 있듯이 여기서 지적된 '우경화 알레르기'의 내용은 원자력발전소 건설, 자위대 합헌화, 그리고 야스쿠니 신사 공식 참배 등 모두 당시 사회당이 중시해온 정책이다. '우경화 알레르기' 비판이란 즉 일본사회당 비판이었던 것이다.

가령 일본의 '우경화'가 이렇게 북한과 밀접한 관계를 가지는 사회당 세력의 확장을 의미하는 것이라면, 당시 한국 정부는 절대로 이를 받아들일 수 없었을 것임에 틀림없다. 사실 81년 3월의 김일성 북한주석과의 회담에서 아쓰가타 위원장은 '한미일 삼국이 하나가 되어 군사체제를 만들고 있다'는 인식을 같이함과 함께 한국의 전두환 대통령을 '가장 위험한 분자'로 단정하였다.

사실 당시 전두환 정권에게 이 시기의 일본사회당은 단순히 북한과의 관계에서만 골칫거리가 된 것이 아니다. 60년대 이후 사회당은 군사정권을 비판하는 의도를 담아, 역대 한국 정부의 인권 탄압에 대해서도 강한 비판을 하고 있었다. 특히 1972년 김대중납치사건 이후 사회당은 김대중을 비롯한 한국의 민주화 세력과 일정한 관계를 맺고 있었다. 이러한 가운데 전두환 등 이른바 '신군부'는 80년 5월 17일에 쿠데타를 감행하고 한국 전역에 계엄령을 선포하였으며 김대중을 구속하기에 이른다. 이러한 당시 한국 상황에 대해 사회당은 비판의 수위를 높이며 일본 정부에 대해 '중대한 결의'로 한국 정부와 마주할 것을 강하게 요구하였다.

사회당의 그림자

사회당은 한국에 대한 경제원조에도 부정적이었다. 80년 9월 1일에 취임한 전두환 대통령은 다음해 8월 노신영盧信永외무부 장관을 도쿄에 파견하여, 일본 정부에 60억 달러라는 거액의 정부차관을 요구했다. 오늘날에는 완전히 잊혀졌지만, 이 한국 정부의 요청에 가장 강경하게 반대한 정치세력 중 하나가 사회당이었다. 사회당은 국회에서도 "60억 달러는 결과적으로 군사비로 쓰일 것이다", "거액의 차관 공여는 일본의 경제협력 질서를 혼란에 빠지게 할 것이다"라며 반대 의사를 표명하였고, 나아가 일본 정부에 한국 정부와의 협상을 전면 동결하라고 주장했다.

사회당이 한국 원조에 강하게 반발한 배경에는 1975년 미국에서 발발한 '코리아게이트'(한국인 실업가와 한국의 정보기관이 미국의 국회의원에 대해 매수공작을 전개한 사건)가 있었고, 한일 양국의 정치적/경제적 유착이 존재함을 지적하고 경종을 울려온 점도 작용하였다. 이러한 사회당의 한국 원조에 대한 부정적 이해는 80년대 초에도 전혀 바뀌지 않았으며, 그리하여 사회당은 한국에 경제적 지원을 하게 될 경우, 이 자금의 일부는 일본으로 돌아와 여당 정치인의 자금원이 될 것이라고 매번 주장하기에 이른다.

북한과의 협력, 국내 민주화 세력의 지원, 차관 반대, 그리고 부패 추적. 결국 당시 전두환 정권에게 80년대 초의 일본 사회당은 —일본 국내에서는 세력이 축소되고 있었음에도 불구하고— 다양한 방면에서 자신들의 활동을 방해하는 존재로 받아들여졌다. 그러므로 전두환 정권과 정권을 지지하는 한국 국내 세력은 사회당의 세력 확장을 의미하는 일본의 '좌경화'를 절대로 좌시할 수 없었던 것이다.

이렇게 보면 당시 한국 정부가 이에나가 사부로 교수 세력으로부터 유입된, 당시의 일본 국내 틀로 규정된 '역사교과서 문제'에 편승할 수 없었던 것도 당연하다. 이에나가 소송을 배후에 둔 조직 중 하나가 일본교직원조합(일교조)인데, 일교조의 정치 조직인 일본민주교육정치연맹은 사회당과 밀접한 관계에 있었다. 그리고 이는 '냉전'이라는 당시 국제정세가 만들어낸 한일 관계의 중요한 일면이다.

그럼에도 불구하고, 82년 역사인식 문제의 발발로, 그 구조는 크게 변화한다. 아직 냉전이 완전히 종식되지 않은 시기, 한일 간에는 어떠한 사태가 벌어지고 있었던 것일까. 다음 장에서는 역사인식 문제에서 중요한 전환점이 된 80년대라는 시대를 되돌아 보도록 하자.

제
4
장

전환기로서의
80년대

1. 종언으로 치닫는 냉전

데탕트 속의 한국

지금까지 역사교과서 문제를 예로 들어 80년대의 한 시기에 역사인식을 둘러싼 상황이 크게 변화하는 현상을 규명하였다. 이는 이 시기 한일 양국을 둘러싼 상황 그리고 그 대전제인 한일 양국 사회 자체가 큰 변환기에 놓여 있었음을 의미했다. 제2차 세계대전 이후 이 지역에 광대한 그림자를 드리웠던 냉전이라는 존재는 70년대 데탕트가 진전되면서 점차 모양새를 바꾸어 갔으며 그 변화는 한일 양국 관계에도 커다란 영향을 미치기에 이르렀다.

그렇다고 하나 여기서 주의해야 할 점은 이 움직임이 훗날 등장하는 동서 양 진영의 화합이나 사회주의진영의 붕괴로 직접적으로 이어진 것은 아니었다는 점이다. 미국 대통령이 태평양을 건너 베이징을 방문하는 형태로 이루어진 1972년의 닉슨 방중에서 상징적으로 드러나듯이, 이 시기에 진전된 데탕트의 특징은 자유주의진영의 사회주의진영에 대한 '열세'의 결과로 출현했다는 점이다. 두말할 나위도 없이 이러한 현상을 가져온 가장 큰 원인은 미국의 베트남전 패전이었다. 그렇기에 이러한 상황은 특히 동아시아의 자유주의진영 각국에 큰 위기감을 불러왔다.

그리고 그중에서도 가장 심각한 위협을 느낀 것이 그야말로 냉전의 최전선에 위치해 있던 한국이었다. 당시 한국 정부와 지식인들은 국제 정세의 새로운 변화 속에서 자국이 뒤쳐져 고립되고 말 것이라며 강한 경계심을 품고 있었다. 그렇기에 이러한 상황 속에서 그들이 여전히 막

강한 힘을 휘두르고 있던 사회당을 중심으로 한 일본의 '혁신 세력'의 동향에 경계심 가득한 눈빛을 보낸 것도 당연했다. 1972년, '중일공동성명'에 의해 중화인민공화국과 국교정상화를 실현한 일본은 손바닥 뒤집듯이 타이완을 지배하는 중화민국을 가차없이 버렸다. 이듬해 미국도 마찬가지로 북베트남과 파리조약을 맺고 베트남에서 군대를 철수함으로써 사실상 남베트남을 버렸다. 그러므로 미일 양국이 이번에는 같은 자유주의신영에 속한 분단국가, 한국을 버린다 해도 이는 전혀 이상한 일이 아니었다. 한국인들이 그렇게 생각하고 두려워했던 것도 어떻게 보면 당연했다.

당시 상황을 보다 정확하게 이해하기 위해 여기서 일단 사건을 시간 순으로 정리해 보자. 1979년 10월, 박정희 대통령이 암살된 당시 미국은 주한미군 철수를 한때 공약으로 내건 지미 카터 대통령이 여전히 건재함을 과시하며 재선에 강한 의욕을 보이고 있었다. 베트남전쟁의 종결과 워터게이트 사건의 기억이 강하게 남아 있던 당시 미국에서는 진보주의적 정당인 민주당이 보수적인 공화당에 우위를 유지하고 있었으며 민주당은 1978년의 중간선거에서도 공화당에 큰 차로 승리했다. 민주당 내부에서는 현직 카터 대통령보다 더한층 진보주의적 성향이 강하기로 유명한 에드워드 케네디 상원의원이 대통령선거에 강한 의욕을 보이고 있었고 대부분의 언론은 이 양자 중 한쪽이 차기 대통령으로 당선될 것으로 점쳤다. 그리고 앞서 서술했듯이 박정희 대통령의 암살 직전에 치러진 일본 중의원선거에서는 자민당이 다시 과반수 붕괴에 내몰리면서 혼란스러운 자민당 내부에서 오히라 마사요시와 후쿠다 다케오 사이에 격렬한 '40일 항쟁'이 전개되고 있었다.

국제정세는 세계의 여타 지역에서 보더라도 한국이 우려할 만한 징후를 보이고 있었다. 이보다 조금 앞선 1978년부터 1979년 초, 역시 냉전시절 미국의 주요 파트너 중 한 곳이던 이란에서 이슬람혁명이 일어나 결국 반미 정권이 수립되었다. 이 혁명은 그대로 제2차 석유파동으로 이어져 세계경제는 또 다시 큰 타격을 받아야만 했다. 1979년 12월에는 소련군이 아프가니스탄 침공을 단행했다. 이 아프가니스탄 침공은 소련군으로서는 제2차 세계대전 이후 최대 규모의 군사작전이었던 탓에 일각에서는 그 움직임에 큰 경계심을 품었다. 군사적 행보를 확대한 나라는 비단 소련만이 아니었다. 같은 해인 1979년 2월에는 중국이 베트남에 50만 명 이상에 달하는 병력을 동원해 대규모 침공을 감행했다. 이것이 바로 중월전쟁이다.

여기서 우리는 박정희 대통령 암살 이후 전두환 등 '신군부'에 의한 숙군肅軍 쿠데타, 그리고 1980년 5월 17일의 정권 탈취를 위한 쿠데타에서 이튿날 광주민주화운동으로 이어지는 한국의 일련의 사건들이 이러한 국제정세 속에서 일어나고 있다는 점을 잊어서는 안 된다. 군부를 비롯한 한국의 '반공' 세력이 이러한 국제정세의 전개에 품게 되었을 커다란 위기의식을 제외하고는 그들의 행동을 이해할 수 없을 것이다.

하지만 이러한 국제적 상황은 전두환 등이 정권을 장악한 직후부터 사뭇 다른 방향으로 변질되어 갔다. 특히 한국으로서는 미일 양국의 정치적 상황 변화가 중요했다. 일본에서는 1980년 6월에 치러진 중참의원 동시선거가 전기를 가져온다. 자민당의 분열로 인해 야당이 제출한

---

1 1979년에 자민당 내에서 일어난 약 40일간에 걸친 파벌 간의 싸움. 같은 해 10월 7일의 중의원 선거 패배의 책임을 놓고 주류의 오히라파 · 다나카파와 반주류의 후쿠다파 · 미키파 · 나카소네파 등이 격렬하게 대립했다.

내각불신임안이 가결된 이상 사태 속에서 치러진 선거는 선거운동 기간 중 오히라 총리의 급사라는 생각지 못한 '순풍' 덕분에 자민당의 역사적 대승으로 막을 내렸다.

일본의 총리 자리는 이후 오히라의 '대역'으로 기용된 스즈키 젠코鈴木善幸가 맡게 되었고 이는 자민당 내부의 세력 배치에도 큰 영향을 미쳤다. 오히라, 스즈키 등 2대에 걸쳐 같은 파벌에서 총리를 배출하면서 같은 오히라파에 속한 '비둘기파'의 중진인 미야자와 기이치宮澤喜一에 의한 정권 장악의 가능성이 요원해진 한편, 스즈키 정권에서 넘버 투의 자리를 차지했던 '매파' 나카소네 야스히로의 지위가 급상승하기에 이르렀기 때문이다. 사실 나카소네는 1982년에 총리에 취임했고 한국민주화의 해인 1987년까지 그 자리를 지켰다.

허나 그보다 훨씬 중요한 점은 두말할 나위도 없이 1980년 11월에 치러진 미 대선에서 로널드 레이건이 당선되었다는 사실이다. 1976년의 공화당 예비선거에서 당시 현직 대통령인 제럴드 포드를 턱 밑까지 따라잡았던 레이건은 당시 미국 정계에서 이단적인 '우파적' 담론으로 유명했던 인물로, 공화당 내부에서조차 그의 대선 승리를 의문시하는 목소리가 많았다. 하지만 레이건은 훗날 대통령이 된 부시와 치열한 당내 예비선거를 벌인 끝에 승리하였고, 대선 본선에서도 경제 부진과 투표일 불과 몇 주 전에 발생한 이란 미대사관인질사건이라는 '순풍' 덕에 현직 대통령인 카터보다 시종일관 우위를 유지할 수 있었다. 대선 결과는 10% 이상의 큰 차로 레이건이 압승했다. 미일 양국의 '매파' 혹은 '우파' 정권의 탄생은 분단국가인 한국에는 낭보였다. 이로써 한국 혹은 한국의 '반공'세력은 일시적 위기 상황에서 탈출할 수 있었다.

'일본을 모르는 세대'의 등장

한국은 이후 국제정세의 새로운 변화 속에서 자국의 위상 또한 크게 변화시키게 된다. 그리고 이 변화에서 또 하나 주목해야 할 것은 박정희 암살이 초래한 의도치 않은 정치적, 사회적 변화였다. 즉 박정희 대통령 사후, 정권의 중추 세력들이 이전 정권의 핵심을 짊어진 사람들보다 훨씬 젊은 세대에 속해 있었다는 사실이 여기서 중요한 역할을 하게 된다. 예를 들어 박정희와 전두환이라는 두 대통령의 출생년도를 비교해 보자. 박정희가 1917년생인데 반해 전두환은 1931년생. 두 사람은 무려 14살이나 터울이 지며, 1980년대 대통령 취임 당시, 전두환은 49세에 불과했다. 그다지 주목 받은 사실은 아니지만 1931년생인 전두환은 후임 대통령인 1927년생인 김영삼과 1924년생인 김대중보다 젊은 세대에 속한다.

그리고 이러한 젊은 대통령의 탄생은 한국 사회 전반에 걸쳐 큰 변화를 가져온다. 당시 한국의 정치, 사회에서는 군 출신자가 큰 영향력을 미치고 있었고 그들 군 출신자들 사이에서는 엘리트 군인 양성학교인 사관학교에서 몇 기생에 속하는 지가 특별한 의미를 지니고 있었다. 그렇기에 전두환 등 육군사관학교 제11기생을 중심으로 한 쿠데타의 성공은 군 내부뿐만 아니라 정계 기타 대부분의 분야에서 10기생 이전의 사관학교 출신자와 그들과 결탁한 예전 세대에 속하는 사람들이 한국 사회의 중추부에서 일제히 퇴장하는 결과를 낳았다.

이러한 영향은 예컨대 당시 한국 정계에서 거대한 영향력을 행사하던 대통령 비서실의 극적인 세대 교체로 나타났다. 구체적으로는 전두환 정권 초기 청와대 중추부를 차지하던 인물로는 속칭 '쓰리 허'로 불리었던 허화평, 허삼수, 허문도를 들 수 있다. 그들은 모두 1937년 전후 태생으로 정권 획득 당시 40대 전반으로 아직 젊은 축에 속해 있었다. 박정희 정권의 대통령 측근으로 권력을 장악했던 이후락, 김재규 등이 1920년대 중반 태생인 점을 감안할 때, 청와대의 주요 멤버가 정권 교체로 단숨에 15살 가까이 어려졌다는 계산이 나온다. 이 점 하나만 보더라도 전두환 정권 성립으로 인한 한국 내부의 세대 교체가 얼마나 급작스럽게 이루어졌는지를 알 수 있다.

중요한 것은 이렇게 전두환 정권하에서 급속히 부상한 세대가 1930년대 이후 태생의 '식민지 지배에 부채 의식이 없는 세대'에 속했다는 점이었다. 그들 모두는 식민지 시절 일정한 사회적 지위에 오른 적이 없었고 장교 또는 병사로서 제2차 세계대전에 참전한 경험도 없었다. 더 나아가 대통령 자리에 앉은 전두환이 제2차 세계대전 종전 당시 아직 국민학교 5학년(만주에서 돌아온 그는 통상적인 학년 진급보다 늦게 진급했다)이었다는 점에서 단적으로 드러나듯이 그들 대부분은 일본 식민지 시절 고등교육을 경험하지 못한 상태였다.

그렇기에 일본에 대한 그들 세대의 경험은 앞선 세대와는 사뭇 달랐다. 일본 식민지 시절 한국에서 태어나 식민지배하에서 초등교육까지 받은 그들은 분명 어느 정도 일본어를 이해할 수 있었다. 하지만 박정희 정권을 떠받쳤던 사람들처럼 자신들의 인생 경험에서 축적된 일본과의 강력한 인적 네트워크를 가지고 있지는 않았다. 일본에 대한 그들의 지식이나 인맥은 제한적이었으며 그 관심도 결코 컸다고 말할 수 없다.

그런 까닭에 이 시기, 한국과 일본의 관계에 큰 변화가 찾아온다. 70년대, 무르익어가던 데탕트 속에서 한국은 국제적인 고립감과 그로 인한 초조감을 느끼고 있었다. 그럼에도 불구하고 70년대의 한국 정치 사회에서는 여전히 일제하에서 고등교육을 받은 세대가 주도권을 쥐고 있었으며, 그렇기에 그들은 큰 불만을 품고 있으면서도 자신들이 보유한 인적 네트워크를 풀가동해 일본과의 관계를 유지하려고 애썼다. 그들에게 일본은 가장 가까운 외국이며 또 자신들의 활동을 지원해 주는 친한 친구가 사는 이웃나라임에 틀림없었기 때문이다.

그러나 박정희 사후에 벌어진 한국 정치 사회의 급속한 세대 교체는 머지않아 도래한 국제정세의 호전과 맞물려 한국에서의 일본의 중요성을 크게 감소시켰다. 특히 레이건 정권의 출범으로 진전된 미국과의 관계 개선은 이 새로운 세대에게 특수한 의미를 가지고 있었다. 당시 권력을 장악한 군인들 대부분이 일본이 아닌 동맹국 미국에 더 강한 친근감을 느끼고 있었다는 점을 간과해서는 안 될 것이다. 건국 초기 또는 한국전쟁 당시 극단적인 인재 부족 속에서, 사관학교에서 고작 간단한 속성교육만 받은 박정희와 그의 정권에서 주요한 지위를 점하던 사람들과는 달리 전두환이 속한 11기생 이후의 사관학교 졸업자는 4년간 본격적인 교육을 받을 수 있었다. 한국의 사관학교 교육과정은 미국에서 망명 생활을 한 경험이 있는 이승만 초대 대통령의 간절한 희망에 따라, '웨스트포인트 스타일'을 채택하고 있었으며, 그 결과 생도들은 자연스레 미국에 대한 강한 동경을 품게 되었다. 그들 대부분은 재학 중 또는 임관 후 미국 유학의 기회를 얻었다. 그렇기에 그러한 그들이 실제 생활한 적 없는 일본보다 미국에 보다 큰 기대를 건 것이 당연했다. 실제로 대통령 자리에 앉은 전두환 또한 1959년부터 2년간 미국 육군 특수전학교에서 유학한 경험을 가진 전형적인 '친미파' 장교 중 한 사람이었다.

여하튼 중요한 점은 전두환 정권 시절 한국 사회의 상층부를 점한 사람들이 '일본어를 할 줄 알지만 일본 경험이 없는 특수한 사람들'이었다는 점이다. 그런 까닭에 정권 장악 후 전두환 등의 대일정책은 박정희 정권과 다를 수밖에 없었다. 일본에 대한 친근감이 적고 네트워크도 제한적이던 그들의 대일정책은 때로는 당돌했고 좌충우돌하는 경향이 강했다. 가상 극단적인 발로가 어쩌면 앞서 서술한 전두환 정권 초기에 60억 달러라는 거액의 차관을 일본에 요구한 일이었을지 모르겠다. 그 배경으로는 한미 관계가 호전되면서 한국이 자국의 입장에 대한 자신감을 급속히 회복하고 있었다는 점을 들 수 있다.

2. 한일 관계의 변화

'신 지일파'의 등장

당시 한국 사회의 '지일파知日派' 사이에서도 점진적인 변화가 일어나고 있었다. 여기서는 1945년부터 1965년까지 한일 양국 사이에 정식 수교가 없었다는 점이 중요하다. 물론 훗날 재일한국인으로서 체류하는 많은 이들이 다양한 형태로 일본에 들어온 사실에 드러나듯이 그 동안에도 한일 양국 사이에는 일정 이상 규모의 물적, 인적 교류가 이루어지고 있었다. 하지만 국교의 부재는 양국 간 교류 확대, 특히 엘리트 차원의 교류에 큰 장애물로 작용했다. 1950년대 한국에 군림하던 이승만 정권의 반일적 자세와 맞물려 이 시기에는 새로운 '지일파'가 아직 형성되지 못한 채, 한일 양국은 식민지 시기에 형성된 '지일파'의 낡은 유대에 의존하고 있었다.

이 점과 관련해 구체적인 데이터를 살펴보면 다음과 같다. 『한국통계연감』(1967년)에 의하면, 1966년 즉 한일국교정상화가 수립된 이듬해의 재일한국인 학생을 제외한 일본 체재 한국인 유학생 수는 고작 22명밖에 되지 않았다. 같은 해 한국에서 일본으로 들어간 공식 입국자도 기껏해야 1만 7,065명으로 당시 한일 관계가 얼마나 제한적이었는지를 잘 알 수 있다. 참고로 2013년 일본의 한국 유학생은 1만 5천 명이며, 입국자수는 246만 명으로 당시 한일 양국의 교류 규모는 지금과 비교해 100분의 1을 크게 밑도는 수준이었다.

하지만 이 상황은 점차 큰 변화를 보이기 시작한다. 유학생 수가 이듬해인 1967년에 전년의 8배 가까운 171명으로 증가했다는 점에서 전

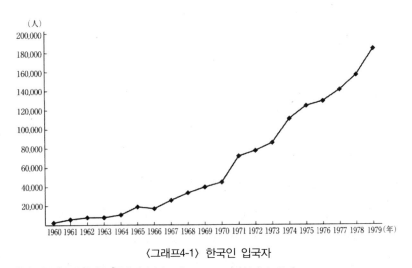

〈그래프4-1〉 한국인 입국자

출전: 일본 총무성 통계국 「통계 데이터」(http://www.stats.go.jp/data/index.html)

형적으로 드러나듯이 국교정상화로 인해 한일 양국의 교류는 급속도로 활발해졌다. 일본을 찾은 한국인 수도 같은 해 2만 5,791명을 기록했고 1971년에는 이미 10만 명 수준을 돌파하기에 이른다.

당연하게도 이러한 새로운 한일 양국의 교류는 새로운 '지일파'의 대두로 이어졌다. 그렇다고 하나 이 시기 형성된 '신 지일파'의 '일본 경험'은 일제 시대에 형성된 '구 지일파'와는 사뭇 다른 성질을 띠고 있었다. 한국의 '구 지일파'의 전제가 식민지 지배 하의 경험과 식민지 지배를 초래한 '옛 일본'에 대한 경험인데 반해, '신 지일파'가 전제로 삼은 것은 전후 복구가 마무리단계로 들어가 경제 대국으로 부상하기 시작한 '신 일본'에 대한 경험이었기 때문이다.

비유적인 표현을 쓰자면 다음과 같다. '구 지일파'의 전제는 식민지 지배에 대한 쓰디쓴 경험이며 거기에는 증오와 경외심이 섞인 복잡한 감정이 존재했다. 총력전 체제를 경험한 그들에게 일본은 자신들의 자유를 억압한 증오해야 할 존재인 동시에 자신들을 압도하는 거대한 힘의 소유자였다.

전후 일본의 충격

그러나 '신 지일파'의 경험은 달랐다. 총력전 체제에서 태어나 해방 이후 청년기를 보낸 그들에게 일본이란 무모한 전쟁을 일으키고 패전한 우둔한 나라로 한반도에서 부조리한 지배를 자행한 비합리적인 국가였다. 이승만 정권하의 반일적 분위기 속에서 전후 일본에 대한 정보는 제한적이었고 그들 대부분은 새로운 움직임에 큰 의미를 두려 하지 않았다. 한 마디로 말해 그들에게 일본이란 천하고 멀리 해야 할 존재에 불과했다.

그렇기에 국교회복 이후 발전한 전후 일본을 찾은 한국인들은 큰 충격을 받지 않을 수 없었다. 왜냐하면 유학, 비즈니스 혹은 언론 관계로 일본을 찾은 그들의 눈앞에, 그들이 몰랐던 새로운 일본의 모습이 펼쳐져 있었기 때문이다. 제2차 세계대전 이후의 경제적 위기를 조기에 극복하고 성장과 번영을 구가하는 일본의 모습은 그들에게 놀라움 자체였으며 또 민주주의의 정착 양상도 그들의 예상을 훨씬 뛰어넘고 있었다. 여전히 빈곤에 시달리던 같은 시기의 한국과는 달리 그곳에는 풍요롭고 평화로우며 자유롭고 질서 있는 사회가 존재했다. 전승국인 미국이 강대하고 번영을 구가하고 있다는 사실은 그들도 납득이 갔다. 하지만 한반도에서 돌팔매질을 당하면서 쫓겨난 일본이 어떻게 이렇게까지 강대한 존재로 부상했는가. 압도적인 일본의 존재는 그들에게 타격을 입히기에 충분했다.

그러나 이러한 그들의 경험이 바로 일본에 대한 경외심으로 이어지지는 않았다. 당시 일본에서는 여전히 한반도 출신자에 대한 뿌리 깊은 차별이 존재했고 그들은 일본에서 보낸 매일매일의 생활 속에서 이에 직면하지 않을 수 없었다. 여기서 그들은 훗날 많은 한국인들이 경험한 것과 동일한 모순을 경험했다. 대부분의 한국인들에게 그들이 직접적으로 알고 있던 일본인들은 대부분 친절하고 존경할 만한 이들이었다. 그러나 집단으로 확대된 일본인들은 여전히 그들 혹은 그들의 동포인 재일한국인을 차별하고 사회에 수용하기를 계속해서 거부하고 있었다. 일본인은 겉으로는 한국인들에게 친절한 얼굴로 대하면서 실제로는 얕잡아 보고 있는 것이 아닐까. 이런 생각들이 그들을 강하게 짓눌렀다.

이러한 한국의 '신 지일파'가 품고 있던 복잡한 감정은 1970년대에 들어 김대중납치사건과 박정희암살미수사건이 발발하면서 점점 더 커져만 갔다. 이들 사건이 터지면서 일본 국내의 한국에 대한 이미지는 크게 악화되었고 한일 관계도 암초에 부딪히게 되었다. 그리고 한일 관계가 악화되는 가운데 그들 대부분은 이윽고 다음과 같은 생각을 품기에 이른다. 입으로는 같은 자유주의진영에 속한 우방이라고 말하나, 결국 일본과 일본인은 한국과 한국인을 이용할 생각만 하고 있다. 한국은 이러한 일본에 대항할 방안을 강구해야 하고 또 강구하지 않으면 안 된다고. 이러한 그들의 태도는 같은 시기 일본이 한국에 적국이던 중국과 국교를 회복하고 일본 국내에 '중일 우호 열풍'이 도래하자 한층 강해지고 있었다. 한 마디로 하자면 '일본은 신용할 수 없으나 얕잡아 볼 수 없는 상대다'라고 할 수 있었겠다.

허문도의 경우

1965년 한일국교정상화 이후에 이루어진 한일 양국 간 교류는 비록 소규모였기는 하나 식민지 지배하에서 양성된 이들과는 다른 '신 지일파'를 탄생시켰다. 신 지일파의 대일감정은 발전한 민주주의 국가인 일본에 대한 감탄과 함께, 한국인과 한국에 여전히 차별적 시선을 거두지 않던 일본인에 대한 혐오감을 동시에 가지고 있었다. 이러한 그들의 대일감정으로 인해 마침내 한국의 대일정책과 여론은 꾸준히 변화해 간다.

이미 서술했듯이 이러한 '신 지일파'에게 전두환 정권의 수립과 그에 수반한 세대 교체는 그들의 대일감정을 현실 정치에 반영시키는 절호의 기회가 되었다. 이러한 인물의 대표격으로 이 시기 절대적인 힘을 가진 대통령비서실에서 정무제1비서관을 역임한 허문도를 들 수 있다. 앞서 언급한 전두환 정권 시절의 청와대에서 절대적인 권력을 휘두른 젊은 비서관 '쓰리 허' 3인방 중 한 사람으로, 1964년에 서울대학교를 졸업한 뒤 조선일보에 입사한 그는 한일국교정상화 직후 도쿄대학에서 유학할 기회를 얻었으며 1974년 7월부터 도쿄특파원으로 정식 부임하였다. 당시 조선일보의 특파원실은 제휴 관계를 맺고 있던 마이니치신문사 내에 있던 탓에 허문도는 이 협소하고 어두운 방에서 5년 가까이를 보낸다.

그가 도쿄특파원으로 일하던 시기는 마침 바로 전해에 김대중납치사건이 도쿄 도내에서 발생해 한일 관계 그리고 한국에 대한 일본 국내 여론이 악화된 때였다. 참고로 그의 전임 조선일보 도쿄특파원은 편집부국장을 겸임하던 김윤환으로 그는 훗날 정계에 입문해 1990년대 한국의 '킹메이커'로까지 불리며 보수파의 실력자로 우뚝 선 인물이다.

허문도가 도쿄에 부임해 처음 펜을 든 기사는 하네다공항에서 터진 일본항공 124편 납치사건이었다고 알려져 있다. 하지만 그 직후에 터진 사건이야말로 중요하다. 이는 두말할 필요도 없이 1974년 8월 15일에 발생한 박정희대통령저격사건 즉 바로 문세광사건이다. 이미 서술했듯이 이 사건으로 한일 관계는 크게 경색되며 한국 국내에서는 일본을 비난하는 대규모 시위가 뒤따랐다. 일본 국내에서도 박정희 정권을 비난하는 목소리가 고조되면서 허문도는 훗날 당시 상황을 보고 일본 사회에 강한 불신감을 품었다고 회상하고 있다. 이처럼 '일본에 비판적인 신 지일파'로서의 허문도가 탄생하기에 이른다.

그런데 허문도는 박정희 정권 말기 즉 1979년에 한국 정부에 참여하였다. 그 이유는 대통령이던 박정희에 대한 강한 존경심을 가지고 있었기 때문이라고 한다. 주일대사관 홍보관으로 채용된 그는 해당 직책에 오른 후 박정희암살사건을 맞게 되어 박정희와 직접 만날 기회를 얻지 못했다. 혼란한 모국의 상황을 우려한 그는 그 후 각국 주재 대사관 홍보관의 합동회의를 위해 서울로 복귀하며 여기서 고교 시절 친구의 소개로 숙군 쿠데타 이후 권력 장악의 길로 돌진 중이던 전두환과 만날 기회를 얻는다. 허문도는 그 후 일단 도쿄로 돌아가나 전두환의 정권 장악 후 신 정권의 참모부로 전두환의 부름을 받아 이윽고 대통령 비서실의 제1정무비서라는 요직에 발탁되기에 이른다. 같은 정권에는 허문도와 비슷한 시기 도쿄대학에서 유학한 김영작 국민대학 부교수(당시)도 참여해 역시 주로 여당 민주정의당의 브레인으로서 활약한다. 이로써 '신 지일파'가 정식으로 80년대 한국 정치의 표면에 등장하게 된다.

극일(克日)운동

허문도를 위시한 '신지일파'의 식견은 그 후 전두환 정권의 다양한 정책에 반영되었다. 널리 알려진 것이 1981년 5월에 개최된 소위 '국풍 81'이라는 대중 문화 행사이다. 서울 시내 여의도광장에서 자그마치 1만 5천명 이상의 참가자를 모은 이 행사에 대해 일각에서는 바로 이전해 5월에 발생한 광주민주화운동 1주기를 둘러싼 학생들의 움직임을 봉쇄하고 국민들의 이목을 정치로부터 분산시킬 목적을 가지고 있었다고도 여겨지고 있다. 그리고 이 행사를 둘러싸고 일본의 '마쓰리 문화'를 참고해 한국에서도 비슷한 축제 문화를 창조하는 것이 목적이었다는 지적도 있다. 물론 이는 허문도를 비롯한 '신 지일파'의 아이디어였다.

하지만 그들의 일본 경험은 당연히 일본과의 보다 직접적인 관계에 여실히 반영되었다. 이 점에서 중요한 것은 1982년에 터진 제1차 역사교과서 파동이었다. 이미 수 차례 서술했듯이 한일 양국 간의 이 문제의 본질은 일본의 교과서가 이 해에 개악되었다는 점보다 일본 역사교과서의 내용이 한국 또는 중국과는 다른 내용을 서술하고 있다는 점이 '중요한 문제'로 '발견되었다'는 점에 있었다. 기실 제1차 역사교과서파동이 터진 당시, 한국 정부나 한국 언론은 일본의 교과서와 관련한 구체적인 정보를 거의 수집하지 못한 상태였고 문제가 발각된 후에야 허둥지둥 그 내용에 관한 정보를 수집하는 모습을 보였다. 예를 들면 당시 이도형 조선일보 도쿄특파원은 본사의 의뢰로 보낸 일본 교과서 문제 관련 기사가 자신의 예상보다 훨씬 크게 다루어져 하루가 다르게 거대한 반향을 불러 일으키는 광경을 보고 당혹스러웠다고 훗날 회상하고 있다.

이러한 사태의 전개는 1980년대 한국 사회를 살아가던 사람들이 동시대의 일본에 대해 가진 정보가 많지 않았음을 의미한다. 이 시기 한국사회는 이미 과반수 이상이 식민지 지배 이후에 태어난 세대로 구성되어 있었으며, 박정희 정권 시절 한국사회 상층부를 점하던 사람들 다시 말해 일제 시대에 고등교육을 받아 일정한 사회적 지위를 점하고 있던 사람들은 이 사회에서 급속히 모습을 감추고 있었다.

그렇기에 당시 한국인들은 대부분 일본에 대한 구체적인 지식이 전무했고 또 지식 획득에 필요한 독자적인 네트워크도 보유하고 있지 않았다. 그런 상황에서 돌연 터진 교과서 파동은 그들에게 부득이하게 동시대 일본의 상황에 눈을 돌리게 만들었다. 그리고 일단 그들이 눈이 돌렸을 때 목격한 것은 다름아닌 세계 2위의 경제대국으로서 번영을 구가하던 80년대 일본의 모습이었다. 즉 교과서 파동을 통해 한국인들은 동시대 일본을 재차 '재발견'한 셈이었다. 그리고 그것은 전두환 정권 시절 정권에 둥지를 튼 '신 지일파'가 한일국교정상화 이후 일본의 땅을 밟은 후 경험한 것과 같았다.

한일국교정상화 이후에 일본 경험을 쌓은 '신 지일파'는 일본에 대해 무지하다는 현실에서 출발해 일본을 알기 위한 노력을 경주했다. 바꾸어 말하면 그들이 일본을 '타자'로 파악하고 '타자'를 알기 위해서는 그를 위한 의도적 자세가 필요하다고 이해했음을 뜻한다. 그리고 80년대, 사회 상층부에 오른 그들은 자신들의 경험을 이번에는 한국 사회 전반에 걸친 보다 대대적인 사회운동으로 전개하기에 이른다. 즉 제1차 역사교과서 파동 발발 직후부터 조선일보를 중심으로 대대적으로 전개된 '극일운동'이 바로 그것이다. 1983년 1월 1일, 조선일보는 다음과 같이 적고 있다.

> 대다수 한국인들은 일본에 대해 거의 백지 상태로 과거에 우리들을 지배한 이 깔보기 어려운 일본인과 외교나 사업 그리고 기술협력 등을 추진해야 하는 입장에 처해 있다. 이는 지리적, 역사적으로 우리들이 마주할 수밖에 없고 부정할 수 없는 이웃 일본인들과 적대 관계가 아닌 선린 관계를 맺기 위한 대전제이다.

극일운동의 슬로건은 '극일의 길 일본을 알자'로 일본을 '극복하기' 위해서는 일본을 알아야 한다는 것이 그 주장이었다. 그리고 거기에는 당시 '신 지일파'의 의도적 '장치'가 존재했다. 당시 이도형 조선일보 도쿄특파원은 이 배후에 대통령 비서실의 정무 제1비서였던 허문도와 당시 조선일보 편집국장을 맡고 있던 최병렬 간의 개인적인 관계가 존재한다고 지적하고 있다. 앞서 서술한 바와 같이 허문도는 청와대에 입성하기 전 조선일보에 근무한 경험의 소유자이며 최병렬은 허문도가 졸업한 고교의 선배이기도 했다. 잘 알려져 있듯이 그 후 최병렬도 마찬가지로 국회에 입성해 여당의 중진으로서 활약하고 있다. 80년대는 그야말로 '신 지일파'를 중심으로 한일 관계를 둘러싼 새로운 흐름이 탄생하는 시대였다.

일본의 변화

어쨌든 이렇게 등장한 '신 지일파'의 행보는 한일 관계를 크게 바꾸어 놓았다. 철저한 식민지 교육을 받고 한일 관계를 자신들의 정체성과 맞닿아 있는 '자신들의 내적 문제'로 인식할 수밖에 없었던 '구 지일파'와 달리 '신 지일파'는 한일 관계를 자신들과 분리해 생각할 수 있었다. 비유적 표현이 허락된다면 그것은 한일 관계가 마침내 식민지 지배의 멍에에서 벗어나 보통의 양국 관계로 이행해 가고 있음을 뜻했다.

그리고 한국의 이러한 변화는 한일 관계의 또 다른 당사자인 일본 측에도 변화를 강요했다. 예를 들어 1970년대에는 박정희 대통령의 예에서 전형적으로 드러나듯이 한일 양국의 외교 협상에서 한국의 정상이 일본어를 쓰는 것은 그리 보기 드문 예가 아니었다. '일본어로 생각하고 한국어로 말한다'고 비아냥을 듣던 세대에 속하는 그들은 복잡하면서 때론 추상적인 대화를 일본어로 하는데 분명 아무런 불편을 느끼지 않았을 터이다.

그러나 전두환 정권이 들어선 이후 상황은 크게 달라진다. 정권 상층부에서 '구 지일파'가 퇴장했다는 사실은 한국 정치에서 고도의 일본어를 구사할 수 있는 세대가 퇴장했음을 뜻했다. 당연히 이러한 변화는 한일 간의 다양한 실무 관계에도 영향을 미쳤다. 예를 들어 언론에서 특히 전형적으로 나타났다. 오늘날에는 상상하기조차 어려우나 1970년대 말까지 한국에 체류하던 일본 언론사의 특파원이나 일본기업 주재원은 대다수가 한국어를 할 줄 몰랐다. 그들의 취재 대상이나 업무상 파트너들은 대부분 식민지 시절 나고 자란 한국인들로 일본어가 유창했기 때문이었다. 그런 까닭에 당시 많은 일본인들은 취재나 업무를 위해 일본인 쪽이 한국어를 직접 구사할 필요는 없다고 생각했다. 물론 때로는 한국 언론에 게재된 정보의 수집과 분석 등과 같이 어쩔 수 없이 한국어가 필요한 상황도 있었으나 그 경우도 대부분 한일 양 언어가 유창한 한국인의 협력을 얻으면 충분하다고 생각했다.

상황은 필자가 속한 연구자 세계에서도 매한가지였다. 예를 들어 70년대 이전에 발표된 한국정치, 사회, 경제 또는 역사에 관한 일본어 서적이나 논문을 살펴보면, 80년대 이후와 뚜렷한 차이를 보인다는 것을 알 수 있다. 즉 한국어 논문을 인용한 사례는 거의 찾아볼 수 없으며 더더구나 오늘날의 관점에서 볼 때 필수불가결한 한국 국내의 1차 자료도 들지 않고 있다. 두말할 필요도 없이 거기에는 한국에 대해 배우기 위해서는 한국어를 배울 필요가 없고 하물며 한국말을 할 필요 따위 없다는 일본인 연구자의 의식이 숨어 있음과 진배없었다.

수직적 관계에서 수평적 관계로

언론인도 사업가도 그리고 연구자도 한국어를 구사할 필요성마저 느끼지 못했던 시대. 그러한 상황의 배후에는 분명 한국에 대한 일본인의 막연한 우월감이 또 다른 요소로 숨어 있었다. 그리고 이는 예컨대 같은 시기 한국의 민주화 운동을 지원하는 듯 보이던 '양심적' 시민 단체조차도 마찬가지였다고 말할 수 있다. 가령 70년대 어느 시기, 일본인들은 사실상 도쿄에서 망명생활을 보내던 김대중에게 일본어로 말하고 일본어로 쓸 것을 마치 당연한 듯이 요구했다. 애당초 일본인이 한국인을 돕고 싶었다면 한국인으로서의 자긍심을 최대한 존중해야 했고, 그렇게 하기 위해서는 일본인이 그러했듯 식민지 시절 강요에 의해 특정 언어를 사용하라고 요구하는 행위는 적절하지 않았을 터이다. 하지만 일정 시기까지 일본인들의 대다수가 그러한 당연한 이치조차 깨닫지 못했다. 이 상황은 80년대의 한 시기를 기점으로 같은 김대중이 일본에서도 한국어를 사용하고 있는 것과 실로 대조적이었다고 말할 수 있다.

허나 80년대 한국 사회의 변화는 이러한 일본 측의 '무의식적으로 오만'한 자세를 바꾸기에 이른다. 식민지 시절 고등교육을 받은 구 세대들의 퇴장은 당연히 일본인 언론인들이 일본어로만 취재하는 관행에 찬물을 끼얹었다. 이 때문에 이 시기 잇달아 유창한 한국어를 구사하는 언론인이 등장하였다. 교도통신共同通信의 구로다 가쓰히로黒田勝弘(현 산케이신문), 마이니치신문의 시게무라 도시미쓰(현 와세다대학)와 같이 한반도 문제에 정통한 신세대 언론인의 등장은 그 점을 여실히 드러낸다. 물론 연구자의 세계에서도 같은 현상이 나타났다. 정치학의 오코노기 마사오小此木政夫, 사회학의 핫토리 다미오服部民夫 그리고 역사학의 요시다 미쓰오吉田

光男와 같은 학자들이 한국의 연구자들과 교류하면서 자신들의 이론을 정립한 시기는 이 이후의 시대였음에 틀림없다. 또한 그들은 게이오대학, 도쿄대학과 같은 일본의 주요 대학에 둥지를 틀고 후진 양성에도 힘썼다. 이로써 훗날 일본의 한국 연구도 또한 큰 변화를 맞이하기에 이른다.

이처럼 80년대, 식민지 지배의 잔재로 규정되어 왔던 수직적 한일 양국의 관계는 급속히 수평적 관계로 바뀌어 간다. 하지만 수평적 관계의 도래는 동시에 한국과 일본이 상호 입장에서 치열한 경쟁을 벌이는 시대의 도래를 뜻하기도 했다. 예를 들어 한국의 '신 지일파'가 그러했듯이 앞서 열거한 일본의 '신 지한파'도 마찬가지로 한국의 논쟁을 그대로 수용하여, 오로지 호의적인 견해만을 펼친 것은 아니었다. 일본 '신 지한파'의 방식이 흡사 한국의 '신 지일파'와 대칭적인 관계에 있었음을 쉽게 상상할 수 있다. 양자는 모두 식민지 시절의 사회 경험이 없는 세대에 속해 있었으며 그런 까닭에 식민지 시절의 과거를 포함한 한일 간의 복잡한 문제에 대해 자신들의 개인적 과거에 얽매이지 않고 자유롭게 논의할 수 있었다. 더불어 실무나 연구에서 자국에 본거지를 둔 기업이나 대학을 기반으로 활동했던 그들은 상대국을 냉정하게, 달리 표현하면 '냉철하게' 관찰할 수도 있었다. 그들에게 서로의 나라는 틀림없이 '외국' 혹은 '타인'이었으며, 그렇기에 그들은 '구 지일파'나 '구 지한파'에 비해 훨씬 더 '객관적'이고 '냉정'한 자세에서 자신의 활동을 전개할 수 있었다. 이렇게 양국 간의 논쟁은 급속도로 활성화되어 그때까지와는 전혀 다른 상황이 펼쳐진다.

3. 『신편 일본사(新編日本史)』

『신편 일본사』: 80년대의 일본 내셔널리즘

그러나 새로운 수평적 관계의 도래는 이러한 '신 지일파'나 '신 지한파'의 등장만을 가져온 것은 아니었다. 이 점에 대해 일본 사회 측에서 보자면 1982년에 터진 제1차 역사교과서 파동은 특히 중요하다. 그 중에서도 중한 양국이 검정이 끝난 교과서의 내용에 대해 사후 수정을 요구한 행위는 일본의 교과서를 둘러싼 논쟁에 큰 혼란을 불러일으켰다. 왜냐하면 제1차 역사교과서 파동 이전 일본 국내에서의 교과서 관련 논쟁은 이에나가 사부로家永三郎로 대표되는 이른바 '진보적' 지식인들이 헌법 규정을 구실로 문부성의 교과서 검정이 위헌이라며 항의함으로써 보다 광범위한 출판의 자유를 획득하여 한층 더 '진보적'인 교과서를 실현하는 방향으로 전개되고 있었기 때문이다. 하지만 여기서 '진보적' 지식인과 일부 뜻을 같이하던 한중 양국 정부가 오히려 일본 정부의 책임에 대해 교과서를 '위로부터 개정'할 것을 요구하면서 일본의 '진보적' 지식인들의 논의는 큰 혼란에 빠지게 되었다. '검정이 위헌'이라는 입장과 한중 양국 정부에 의한 '위로부터의 개정' 요구라는 틈바구니에 끼여 '진보적' 지식인들의 운동은 분열되기 시작하였고 마침내 이전의 구심력을 급속히 잃기에 이른다.

또한 제1차 역사교과서 파동의 발발은 이전과는 다른 이들의 활동까지 자극했다. 즉 일본 내셔널리즘 진영이다. 아래에서는 그 과정에 대해 당시 아사히신문의 보도를 통해 살펴보겠다.

여기서 열쇠를 쥐고 있는 것은 '일본을 지키는 국민회의'에 모여든 사람들의 활동이다. '일본을 지키는 국민회의'는 1978년, 원호법元號法 제정을 요구하며 결성된 '원호법제화실현국민회의'가 1979년 원호법 제정 이후, '일본을 지키는 국민회의'로 명칭을 바꾼 것으로 이후 1997년 에는 '일본을 지키는 모임'과 통합해 '일본회의'로 이름을 바꾸어 오늘날 까지 이어지고 있다. 신사 본청 등의 종교단체 외에도 일본교사회 등의 교육단체와 상공단체 등 민간의 100여 개 단체뿐만 아니라 개인도 회 원으로 소속되어 있다. 집행부로 이름을 올리고 있는 이들 중에는 사회 적으로 잘 알려진 면면들도 포함되어 있다. 예를 들어 1986년 당시 대 표위원에는 이부카 마사루井深大 소니 명예회장과 우노 세이치宇野精一 도쿄대학 명예교수와 같은 인물의 이름이 보인다. 단체의 주요 목적은 헌법 개정과 국방의식의 고양 더 나아가 교육의 '정상화'를 들고 있어, 당시 일본을 대표하는 내셔널리즘 단체였다고 말할 수 있다.

그런데 제1차 역사교과서 파동의 발발은 '일본을 지키는 국민회의' 회원들에게 큰 위기감을 안겨 줬다. 즉 그들은 이 사건을 중국과 한국 이 일본의 교과서 내용을 부당하게 간섭한 사건으로 보고 이 때문에 일본의 역사교과서 내용이 점차 왜곡되고 있다고 이해했다. 특히 그들 은 이 문제의 해결을 위해 일본 정부가 미야자와 관방장관 이름으로 "정부의 책임하에 (교과서를) 시정하겠다"는 담화를 발표한 것에 거세게 반발했다. 이 미야자와담화 이후 "근린 아시아 국가 간에 근·현대사의 역사적 사실을 다루는 데 있어 국제이해와 국제협조의 견지에서 필요 한 배려를 할 것"이라는 새로운 검정 기준이 추가되었다. 이것이 바로 소위 '근린제국조항近隣諸國條項'이다.

이러한 상황 속에서 그들은 독자적인 교과서 집필에 착수하기에 이른다. 1982년 10월 30일, '일본을 지키는 국민회의'는 도쿄에서 '교과서 문제간담회'를 열고 "진정으로 일본 국민을 위한다고 말할 수 있는 다양하고 훌륭한 교과서 제작에 착수하자고" 촉구했다. 더 나아가 이듬해 3월, 그들은 전 문부성 주임교과서조사관인 무라오 지로村尾次郎 한일문화협회장에게 감수책임자 취임을 의뢰하고 본격적인 교과서 제작에 나선다. 4월에는 기관지 『일본의 숨결日本の息吹』에서 고교 일본사 교과서의 집필을 시작했음을 밝히고 이를 "1년 안에 완성하겠다"고 선언했다. 이 교과서의 원고는 예정보다 다소 늦은 1985년 8월 29일, 출판사 하라쇼보原書房를 통해 문부성에 검정 신청이 이루어진다. 하라쇼보가 이 출판을 받아들인 배경에는 출판사 사장과 무라오의 개인적인 관계가 있었다고 전해지고 있다. 같은 해 10월에는 여당 자민당 내에서 모리야마 긴지森山欽司, 가이후 도시키海部俊樹, 하야시 겐타로林健太郎 등의 국회의원이 '교과서 문제를 생각하는 의원연맹'을 결성하고 이 교과서의 검정 통과를 적극적으로 후원했다. 이 중 가이후는 그 직후인 12월에 문부성 장관으로 내각에서 한 자리를 꿰차고 있는 만큼 이 교과서는 검정 통과를 바로 눈 앞에 두고 있는 것으로 생각되었다.

허나 실제 검정 작업은 그들의 생각만큼 수월하지 않았다. 왜냐하면 열쇠를 쥔 문부성 산하의 교과용도서검정조사심의회가 이 교과서 내용에 크게 난색을 표했기 때문이다. 결국 이 심의회는 1986년 1월 31일, 일단 이를 '조건부 합격'으로 처리하나, 그 '조건'은 후일 수정한 내용을 심의회에서 다시 묻는다는 실질적인 '반려'에 가까운 내용이었다. 심의회의 검정 의견은 3월 20일에 집필 및 편집자 측에 전달되었다. 이 수정 및 개선 의견은 자그마치 420군데에 달했으며 '일본을 지키는 국민회의'는 수정 및 개선 의견을 바탕으로 수정한 원고를 다시 제출했으나 그 후에도 문부성과의 사이에서 계속적인 조율이 이루어졌다. 결국 5월 27일, 이 교과서는 가까스로 검정을 통과하기에 이른다.

하지만 이 교과서를 둘러싼 사태는 아직 끝난 것이 아니었다. 이 교과서의 검정 통과에 반대해 한일 양국 정부와 여론이 거세게 반발했기 때문이다. 5월 30일자 조선일보 기사를 계기로 한국의 각 신문은 일제히 '우익교과서'의 검정 통과를 격렬하게 비난하며 '제국주의' 부활에 경적을 울렸다. 6월 4일에는 중국 정부가 정식으로 이의를 표명했고 결국 문부성은 검정 후의 교과서를 대내외에 공개하는 '교과서 전시회' 개최를 연기하는 사태로까지 내몰리기에 이른다.

내셔널리즘을 봉쇄한 보수정치인

'일본을 지키는 국민회의'가 제작한 교과서를 둘러싼 지금까지의 경위를 볼 때 '일본을 지키는 국민회의' 측이 출판에 적극적인 자세를 보인 한편 문부성 측이 시종일관 브레이크 역할을 맡고 있음은 자명하다. 즉 이 사태는 기본적으로 정부의 주도가 아닌 민간 주도로 이루어지고 있다. 문부성은 본래 검정에서 '금기'일 터였던 사후 개정 요구를 연발하며 사태 확대 방지에 노력하였다.

일본 정부가 교과서의 '우경화'를 주도하기는커녕 교과서 검정 제도를 이용해 '우익교과서' 출판에 브레이크 역할을 담당하고 있다. 사태의 이 같은 성격은 이후 더욱 또렷하게 나타난다. 당시 총리는 나카소네 야스히로. 그는 물론 80년대를 대표하는 보수파 거물 정치인으로 유명한 인물이다. 하지만 나카소네는 '일본을 지키는 국민회의'의 교과서에는 시종일관 극히 냉담하게 대응했다. 예컨대 중국 정부가 항의의 뜻을 전한 다음 다음날, 그는 가이후 문부장관에게 "미야자와 관장방관 담화의 취지에 근거해 충분히 배려"할 것을 요구하고 있다. 그는 1주일 후인 6월 13일에도 재차 가이후에게 같은 내용의 '쐐기'를 박음으로써 이 사태에 신중하게 대처하고자 했음을 알 수 있다. 결국 문부성은 6월 8일부터 10일에 걸쳐 물밑에서 거듭 '일본을 지키는 국민회의' 측에 교과서 내용의 수정을 요구하고 있다. 이 때 문부성 측은 이 수정 요구가 정식 검정 기한인 5월 30일 이전에 이루어진 듯이 덮고 넘어가도록 요구했다고도 전해지고 있는데 이를 보면 문부성이 사태의 전개에 얼마나 신경을 곤두세웠는지를 잘 알 수 있다. 이례적인 물밑 수정 협상은 난항에 부딪혔고 마침내 6월 하순 기다림에 지친 후지타 기미오藤田公郎 외무성 아시아국장이 출판사 하라쇼보의 나루세 사장에게 출판 포기를 직접 요청하는 사태로까지 번졌다. 외무성은 본래 교과서 검정과 무관한 관청임을 감안할 때, 원래대로라면 이 과정에서 공적으로 얼굴을 내밀 수 없는 존재이다. 그럼에도 불구하고 굳이 그들까지 직접 움직일 수밖에 없었던 상황을 고려하면 이 문제가 얼마나 심각한 정치 문제로 비화되었었기에 일본 정부가 이리도 대응에 고심했는지를 알 수 있다.

『신편 일본사』의 말로

결국 문부성은 6월 27일, 30페이지, 80군데에 걸쳐 구체적인 문례를 제시하고 재차 수정할 것을 요구한다. 이 시점에서 명백히 검정 기한을 넘기고 있었기 때문에 더 이상 체면 따위 괘념치 않는 수정 요구였다고 표현해도 좋은 상황이었다. 이에 대해 '일본을 지키는 국민회의'에서는 간부와 교과서 집필진이 긴급 회의를 열고 대응 방안을 협의하였다. 결국 '일본을 지키는 국민회의'는 "외압에 굴복하더라"도 "견디기 힘든 것을 견디고 우리들의 교과서를 내놓는 것이 중요"하다는 결론을 도출하고 정부 측의 요구를 전면적으로 수용하기로 한다. 힘을 얻은 문부성은 여유를 주지 않고 7월 3일, 추가 수정을 요구했다. 이튿날 '국민회의' 측은 다시 격론 끝에 역시 이를 수용하기에 이른다. 7월 7일, 문부성은 이윽고 '일본을 지키는 국민회의' 측에 이 교과서의 검정 합격을 통보한다. 기묘한 사태 전개에 대해 니시자키 문부성 초등중등교육국장(당시)은 기자회견에서 "6월 11일 이후의 수정 요구는 검정규칙에 규정이 없는 특례적 조치이나 문부성 장관의 권한 내"이라고 해명하고 있다. 이러한 사태 전개의 배경에 교과서 문제가 근린 각국과의 관계에까지 영향을 미치는 상황은 피하고 싶은 당시 일본 정부 특히 나카소네 총리의 강력한 뜻이 있었음은 자명했다.

이로써 1986년의 『신편 일본사』를 둘러싼 사태는 수습 단계에 들어간다. 검정 합격 이전부터 여론과 정부 양쪽으로부터 뭇매를 맞고 있던 이 교과서는 채택 과정에서도 고전을 면치 못했다. 최종 채택률은 1% 이하에 그쳤다고 알려졌다.

80년대 후반, 중국과 한국이 역사인식 문제를 '자각'한 데에 대한 반동으로 촉발된 일본 내셔널리즘 진영의 움직임은, 내셔널리즘보다 근린국과의 관계를 중시하는 '보수 정치인'에 의해 일단은 이처럼 봉쇄된다.

4. 엘리트정치의 종언

통치 엘리트에 의한 역사인식 문제 통제의 붕괴

지금까지의 흐름을 볼 때 80년대 역사인식 문제 특히 교과서를 둘러싼 문제에는 명확한 특징이 있었다는 사실은 자명하다. 즉 식민지 지배를 직접 경험하지 않은 젊은 세대의 등장으로 새로운 형태의 역사인식 문제가 발생한 한편, 이를 통제하고 이용하려는 통치 엘리트의 시도와 노력이 아직 존재했다. 일본에서 벌어진 『신편 일본사』를 둘러싼 혼란은 당시의 통치 엘리트가 국내 내셔널리즘 세력의 움직임을 강제적인 수단을 동원해 봉쇄한 사례이며, 마찬가지로 한국 교과서 문제에서 '극일운동'으로 가는 흐름도 점차 부상하고 있던 '신 지일파'가 제1차 역사교과서 파동을 이용해 국민을 '교화'하기 위한 것이었다. 그리고 이 단계에서 이들 시도가 어느 정도 성공을 거두었다는 사실은 중요하다. 한마디로 말해 역사인식 문제가 아직 엘리트의 수중에서 그럭저럭 통제되던 시대가 바로 80년대였다.

하지만 이러한 상황은 이윽고 모습을 감춘다. 이른바 '일본군위안부 문제'는 그 중요한 계기로 작용했다. 이미 수 차례 지적했듯이 일본군위안부 문제는 전형적으로 '80년대 이후에 재발견된 역사인식 문제' 중 하나로 한국 사회는 이 문제에 대해 오랜 세월 침묵하고 있었다. 80년대 이전까지만 해도 한국 언론이 이 문제를 본격적으로 다룬 적은 한번도 없었으며, 당연히 교과서에서도 일본군위안부 관련 기술을 찾아볼 수 없었다. 이와 대조적으로 일본은 이미 70년대에 일본군위안부 문제를 제기했고 80년대 중엽에는 적어도 연구자들 사이에 잘 알려진 문제였다는 점을 생각할 때, 80년대 후반 이전 일본군위안부 문제에 대한 한국의 관심은 일본에 비해 훨씬 낮았다고까지 말할 수 있다.

이 또한 이미 서술한 바와 같이 이러한 사태가 바뀌어 한국에서 본격적인 논쟁이 시작된 때는 80년대 말이었다. 그리고 논쟁을 이끈 이들은 역사학 연구자들이 아닌 여성학 연구자들이었다. 이 사실에서도 알 수 있듯이 일본군위안부 문제는 애당초 한일 간의 역사인식 문제 이상으로 젠더 문제로서의 성격을 강하게 지니고 있었다. 말할 필요도 없이 유교적 전통이 뿌리깊게 남아 있던 과거의 한국 사회는 압도적인 남성 우위 사회로 이러한 한국 사회의 특질은 60년대 이후 군인이 위에서 군림하던 정치상황 속에서 오히려 강화되는 경향조차 있었다고도 한다. 그렇기에 군인 우위의 80년대 이전 한국 사회에서 여성학이나 여성운동은 당시 한국 사회에 강하게 이의를 제기하는 성격을 가지고 있었다.

그런데 80년대 어느 시기까지 한국 측에서 본 역사인식 문제의 도식은 왜곡된 역사인식을 가진 통치 엘리트가 통제하는 강대한 일본과 우수하고 강력한 엘리트의 지도 아래 일치단결된 한국이 대치하는 비교적 단순한 형태였다. 거기서 한국 측의 주요 공격 대상은 군사 대국 일본의 부활을 꾀하는 '사악한 통치 엘리트'들이었으며 구체적으로는 자민당의 일부 보수 정치인들과 이들과 유착된 관료들을 뜻했다. 이 대립구조에서 중심 역할을 수행한 이들은 한일 양국의 통치 엘리트들이었고 그 까닭에 그 대립도 또한 양국의 통치 엘리트 간의 대화로 해결할 수 있고 또 해결하지 않으면 안 된다고 여겨졌다.

하지만 일본군위안부 문제의 등장은 이 도식을 극적으로 바꾸어 놓고

말았다. 왜냐하면 여성
학 연구자나 여성단체
의 일본군위안부 문제
에 대한 규탄은 일본의
'사악한 통치 엘리트'를
겨냥하고 있었을 뿐만
아니라 이들과 '유착'된
한국의 '사악한 군사 정
권'과 그들이 조장해낸
한국의 남성 중심 사회
까지 겨냥하고 있었기
때문이다.

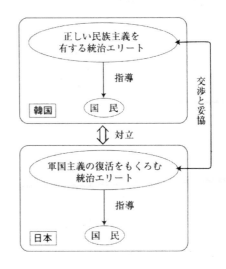

〈그림4-2〉 80년대 전기의 한국 엘리트로부터 본
역사인식 문제의 구조

이상을 정리하면 〈그
림4-2〉, 〈그림4-3〉과 같
다. 이러한 변화를 고려
할 때 80년대 중엽, 한일
양국 정권과 통치 엘리
트의 관계가 비교적 양
호했다는 점을 간과해
서는 안 된다. 전두환 정
권 출범 당시에야 한일

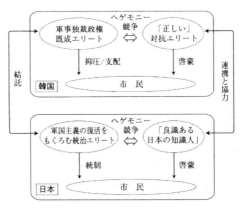

〈그림4-3〉 80년대 후기의 한국 운동가로부터 본
역사인식 문제의 구조

두 정권의 관계는 이른바 '60억 달러 차관 요구 문제'와 돌연 터진 제1차
역사교과서 파동으로 인해 삐걱거리고 있었으나, 그 관계는 83년 1월에

성사된 나카소네 총리의 방한을 계기로 급속히 개선 무드로 이행했다. 나카소네 총리의 방한은 제2차 세계대전 이후 최초로 일본 총리가 한국을 공식 방문한 사건으로 이듬해 84년 9월에는 한국 원수로는 처음으로 전두환 대통령의 일본 답방이 실현되었다. 그리고 그 배후에는 당시 미국 정부의 강력한 지원이 있었다. 미국 정부는 여전히 강대한 힘을 가진 것으로 보이는 동구권에 대항하기 위해서는 동북아시아의 두 동맹국인 한일 양국의 연계가 필수불가결하다고 판단해 관계 개선을 위해 적극적으로 움직였기 때문이다. 80년대 중엽은 미국을 사이에 둔 한미일 '미완의 삼국동맹'이 거의 실현을 눈앞에 둔 시기이기도 했던 셈이다.

하지만 이러한 한일 양국 통치 엘리트의 밀월은 그 후 퍼져나간 한국의 민주화 운동에서는 다른 의미로 해석되었다. 즉 한일 양국 통치 엘리트의 *끈끈한* 관계는 역으로 일본의 '사악한 통치 엘리트'가 한국의 '사악한 군사 정권'을 적극적으로 지원함으로써 민주화를 저해하는 증거로 간주되었다. 이와 함께 당시 한국에서는 많은 수의 사람들이 미국 정부가 1980년의 광주민주화운동 때 전두환 등의 과잉 진압 행위에 적극적으로 공조했다고 생각하고 있었으며 이 반미감정 또한 민주화 운동과 결합되었다. 이로써 한국의 민주화 운동은 반일, 반미운동으로 이어진다. 그렇기에 같은 시기 '재발견'된 일본군위안부 문제도 이러한 구도 속에서 새로운 의미를 부여 받기에 이른다.

▌다시 역사인식 문제의 '동시대적 의미'로 돌아가

우리들은 여기서 역사인식 문제의 전개 양상은 논쟁의 대상인 과거의 사실 자체 이상으로, 논쟁의 대상인 과거의 사실이 각 시대에 어떻게 해석되고 의미를 부여 받는지에 따라 결정된다는 사실을 다시 상기할 필요가 있다. 예컨대 1982년의 제1차 역사교과서 파동이 심각하게 악화된 이유는 일본 국내에서 군국주의가 부활하고 있다는 증거로 여겨졌기 때문이다. 그 까닭에 82년을 전후하는 시기에 일본 역사교과서에 드러난 실제 기술의 변화—반복이지만 실제로는 70년대 교과서보다 훨씬 한국의 역사인식에 가까운 기술을 담고 있었다—에 대해서는 고찰하지 않고 단순히 같은 시기 한일 양국 교과서에 드러난 기술 내용의 차이와 검정 방향성만이 주목을 받았다. 그리고 한국 국내에서는 이러한 교과서를 일본 정부가 제작하는 것은 그들이 군국주의 부활의 야망을 품고 있기 때문이라는 피상적인 이해가 형성되었다.

하지만 한일 양국 정부가 끈끈한 관계를 맺으면서 이 도식은 제 기능을 상실했고 사람들은 또 다른 인식 틀을 원하게 되었다. 새로운 틀은 두 가지 점을 전제로 하고 있었다. 하나는 80년대 후반이 일본이 '거품 경기'로 들썩이던 시절이었다는 점이다. 이는 세계 무대에서 일본이 존재감을 급속히 키워나고 있었음을 뜻했으며 그렇기에 한국에서도 일본 위협론이 과거와는 달리 큰 설득력을 얻게 되었다.

또 하나는 한국에서는 80년대 후반이 마르크스주의가 폭발적으로 수용된 시기라는 점이다. 제2차 세계대전 이후 지식인들 사이에서 일관되게 마르크스주의와 이에 영향 받은 사상이 주류를 이루었던 일본과는 달리 냉전의 최전방에 위치해 있던 한국에서는 오랜 세월 마르크스주의와 그 흐름을 이은 사상은 '금단의 과일'과 같은 존재였다. 그러나 이러한 상황은 80년대에 들어 데탕트, 즉 동서 냉전의 화해 무드와 전두환 정권에 의한 한정적인 사상 개방 정책으로 인해 변화하기 시작했다. 70년대의 학원 분쟁[2]을 거쳐 일본에서는 이미 과거의 빛을 점차 잃어가고 있던 마르크스주의가, 같은 시기 한국에서는 '금단의 과일'이었던 탓에 극히 신선한 매력을 가진 사상으로 비쳐졌다. 그 결과 학생단체를 비롯한 당시의 민주화 운동 단체는 마르크스주의의 강력한 영향을 받기에 이르렀다.

그럼 이러한 시대 상황은 훗날 어떻게 계승되었을까. 이어서 80년대 이후, 역사인식 문제의 중요한 화두로 떠오른 일본군위안부 문제에 대해 재차 구체적으로 살펴보기로 하겠다.

---

2 학원 투쟁이라고도 한다. 일본에서 1960년대 말부터 1970년대 초까지 「학문은 무엇을 위해 있는가」를 추구한 대학생들이 대학을 점거하고 경찰과 대치했다. 그 중에서도 도쿄대학 학원 분쟁에서 「살수차」에 의한 경찰 조치의 영상은 세간의 이목을 끌었다.

일본군위안부 문제

1. 55년 체제[1] 말기의 일본 정치

한국 측의 이해

80년대 말부터 90년대 초에 걸쳐 한국에서는 마르크스주의와 당시 유행하던 종속이론의 영향을 받아 새로운 사상이 탄생했다. 단순하게 표현하면 새로운 사상에서는 다음과 같은 논리가 전개되었다. 오늘날의 세계는 다국적 자본의 지배를 받고 있으며 그 중심에는 미국, 일본과 같은 경제 대국의 거대 자본이 존재한다. 그들은 자신들의 대리인인 미일 양국 정부의 힘을 빌려 한반도에 지배의 마수를 뻗고 있으며 한국인을 가차없이 착취하고 있다. 한국에 군림하는 군사정권은 그런 미일 양국 거대 자본의 '대리인'이므로 군사정권이 진지하게 한국 국민을 위해 봉사할 턱이 없다. 한국의 민주화는 이러한 미일 양국 거대 자본의 '대리인'인 군사정권에 대한 투쟁이다. 따라서 군사정권뿐만 아니라 그 배후의 미일 양국에 대해서도 과감한 투쟁을 벌어나가야 한다.

그리고 일본군위안부 문제도 마찬가지로 이 속에서 중요한 의미를 획득하였다. 이런 구도 속에서 착취당한 한국인들 중에서도 가장 취약한 자들은 누구인가. 그것은 여성, 더욱이 가장 모욕적인 처지에 놓여

---

1 55년 체제는 일본에서 자민당(자유민주당)과 사회당(일본사회당)이 2대 정당으로 일본 정치계를 양분하던 체제를 말하며 1955년에 성립되었기 때문에 55년 체제라고 부른다. 55년 체제에서 자민당과 사회당의 세력 비율은 2:1이었는데 사회당은 자민당의 권력을 가져올 수는 없었지만 자민당은 헌법 개정을 위한 2/3 이상의 의석을 확보할 수 없었기 때문에 정권 교대와 헌법 개정이 없는 체제가 이어지게 된다. 55년 체제는 1993년 중의원 선거에서 자민당과 사회당이 의석을 크게 잃은 대신에 자민당 탈당자들이 만든 신생당, 호소카와 모리히로가 대표인 일본 신당 그리고 공명당, 민사당 등이 약진하며 자민당의 미야자와 내각은 총사퇴를 하게 되었고 결국 야당 간의 합의를 통해 일본 신당의 호소카와를 총리로 하는 호소카와 내각이 성립되면서 55년 체제는 종료된다.

있는 성 산업에 종사하는 여성들이다. 그들의 '고객'은 대다수가 미군 병사나 일본인 관광객—당시는 소위 '기생관광'의 전성기였다—이라는 사실에서 전형적으로 드러나듯이 그들의 모습에는 미일 양국에 억압받고 착취당하는 한국인들의 모습이 상징적으로 응축되어 있다. 그리고 지금 여기서 화두로 부상한 일본군위안부란 그야말로 이러한 성 산업에 종사하면서 착취당하는 한국인 여성의 과거 모습이다. 즉 일본군위안부에 대한 고찰은 말 그대로 자본주의 사회의 여성 문제의 고찰과도 결부되는 이와 동시에 '현재'의 한국을 고찰하는 작업이기도 하다고.

여기서 일본군위안부 문제가 한국인 여성에게 '타인의 문제'가 아닌 '자신의 문제'로 인식되기에 이르렀다는 점은 중요하다. 다시 말해 일본군위안부란 자본주의와 그 한 형태인 제국주의에 의해 '비뚤어진' 한국 사회에서 이른 시기에 발생한 희생자나 다름없으며 이 문제의 방치는 '지금'을 살아가는 여성의 문제에서 등을 돌리는 일이기도 하다는 것이 논리였다. 그렇기에 민주화 운동에 참여한 여성들은 일본군위안부 문제에도 관심을 가져야 하며 당연히 가져야 한다는 주장이 제기되기에 이른다.

이로써 일본군위안부 문제는 역사인식 문제의 새로운 틀 속에서 상징적인 지위를 획득한다. 그리고 그 속에서 한국의 통치 엘리트는 명백한 적이라는 지위에 서게 되며 역으로 일본 국내의 '양심적 지식인'과 여성운동은 운동의 동맹자라는 지위까지 얻기에 이른다.

일본 측의 사정

그럼 같은 시기 일본의 상황은 어떠했을까.

처음 짚고 넘어가고 싶은 점은 80년대 중엽부터의 연속성이다. 『신편 일본사』을 둘러싼 문제에서 전형적으로 드러나듯이, 당시 일본 정부의 기본 방침은 냉전이라는 시대 상황 속에서 같은 자유주의진영에 속하는 한국이나 공통의 적인 소련을 안고 있는 제휴 상대인 중국 사이에서 벌어진 역사인식 문제의 격화를 최대한 억제하고 통제하는 것이었다. 따라서 본래 보수적 성격을 띨 터였던 나카소네 정권하에서도 일본의 역사교과서는 오히려 중국과 한국의 역사관에 가깝게 변화해 간다.

두말할 나위도 없이 이러한 변화의 배후에는 80년대 중엽까지만 해도 여전히 냉전의 대립구도가 존재하고 있었다. 다른 표현을 빌리자면 당시 자민당의 보수 정치인들은 "보수적이었음에도 불구하고 한국에 대해서는 융화적"이지 않았다. 그들은 "보수적이기에 같은 자유주의진영에 속하는 한국에 대해 융화적"이었던 셈이다.

물론 이러한 한일 관계의 전제 조건은 80년대 말에 들어 급속히 무너지기 시작한다. 주지하다시피 미하일 고르바초프가 공산당 서기장에 취임한 이래 소련은 서방 측에 대한 융화책을 추진했고 1989년에는 베를린 장벽이 붕괴되면서 사실상 냉전은 종언을 고하기에 이른다. 이러한 상황 변화는 일본 내부의 보수파들 사이에서 한국과 적극적으로 협력하기 위한 가장 큰 인센티브를 상실하는 결과를 초래했다.

또 다른 큰 변화는 일본 국내의 정치 상황이었다. 나카소네 정권은 86년 6월, 이른바 '죽은 척 해산'[2]의 결과로 치러진 중참의원 동시 선거

---

2 1986년 나카소네 야스히로총리는 정기국회 폐회 후 임시국회 소집을 결정했지만, 중의원 본회의를 열지 않은 채 기습해산을 강행해 야권을 참패로 몰아넣고 그 승리를 기반으로 자민당 총재(총리) 임기를 1년 연장받았다. 나중에 나카소네는, 「새해부터 하려고 생각하고 있었다. 정수시정(定数是正)의 주지기간이 있기 때문에 해산은 무리라고 생각했다. 죽은 척을 했다」고 표현한 것으로부터 「죽은 척 해산」이라는 해산 이름이 자리 잡았다.

에서 압승을 거두었다. 그러나 자민당 정권은 그 후 큰 혼란을 겪게 된다. 당시 정치 상황에서 중요했던 점은 그야말로 이 선거 직후에 나카소네가 내건, 당시 '매출세'라 불린 소비세 구상과 나카소네 퇴진 이후에 발각된 리쿠르트사건[3]이었다. 당시 일본에서는 역진성이 강한 소비세 도입에 대한 반발이 매우 거셌고, 이 구상으로 인해 나카소네 정권의 지지율은 급속히 하락했다. 결국 이듬해 87년에 치러진 통일지방선거에서 대패한 나카소네는 '매출세' 법안 철회에 내몰린 나머지 실의에 젖어 같은 해 11월에 퇴진하기에 이른다.

하지만 자민당 정권을 둘러싼 상황은 갈수록 악화되었다. 나카소네를 대신해 정권의 중추에 둥지를 튼 다케시타 노보루竹下登는 취임 직후부터 낮은 지지율에 시달리고 있었다. 이와 함께 88년 6월에는 앞서 언급한 리쿠르트사건이 발각되면서 그 의혹이 다케시타 자신에게까지 향해졌다. 그는 이러한 상황 속에서 기어이 소비세 도입을 축으로 한 세제개혁6법안을 상정해 같은 해 12월, 여당이 중참 양 의원에서 압도적 다수를 점하고 있던 상황을 이용해 가결시킨다. 그 결과, 89년 4월에는 다케시타의 지지율이 전대미문의 영역인 3%대까지 하락했고 종국에는

---

3 1988년에 일어난 일본 최대의 정치 스캔들로, 일본 정보산업회사인 리쿠르트사가 계열회사 리쿠르트 코스모스의 미공개 주식을 공개직전에 정·관·경제계의 유력 인사들에게 싸게 양도하여 공개 후에 부당 이익을 보게 함으로써 사실상의 뇌물을 공여한 사건이다. 1986년 9월, 당시 수상이던 나카소네 야스히로를 비롯 다케시타 노보루·아베 신타로·미야자와 등 76명에게 뇌물성 리쿠르트 주식을 양도하였다. 이 뇌물증여 사건이 세상에 알려진 것은 1988년 6월 18일자 아사히 신문에 보도되면서이다. 그로 인하여 차기 총리 후보였던 미야자와 대장상은 관련 사실을 완강히 부인하다가 언론의 집요한 추적에 굴복, 그해 12월에 사임하였다. 아베, 나카소네 등 정계 거물들의 관련 사실이 폭로되면서 다케시다 수상의 관련 사실도 밝혀졌다. 따라서 1989년 4월 여론의 줄기찬 비판을 받은 다케시다 수상이 사임하고 정계 막후 실력자 나카소네 야스히로 전 총리가 자유민주당을 탈당하기에 이르는 등 일본 사회에 큰 파란을 몰고 왔다.

정권에서 물러날 수밖에 없었다. 그가 퇴진을 표명한 이튿날에는 리쿠르트사건으로 책임 추궁을 당하던 다케시타의 '금고지기'인 아오키 이헤이靑木伊平가 자살하는 충격적인 사건까지 발생한 바 있다.

다케시타의 뒤를 이은 우노 소스케宇野宗佑도 마찬가지로 이 상황을 만회하지 못한 채 되려 여성 문제에 휩싸이며 지지율을 크게 떨어뜨리고 있다. 결국 89년 7월에 치러진 참의원선거에서 자민당은 '역사적 패배'라 불리는 쓰디쓴 결과를 맛보게 된다. 자민당이 총 126석의 개선의석[4] 중 고작 36석밖에 회득하지 못한데 반해 신임 위원장인 도이 다카코土井たか子 사회당 위원장 아래 '마마 열풍'으로 지지를 모은 사회당이 약진을 거둬, 최다 의석수인 45개 의석을 획득했다. 자민당은 비개선의석을 포함한 전 의석수에서도 과반수를 크게 밑돌아 정권의 구심력은 더욱 큰 폭으로 떨어지고 말았다.

▌사회당의 변용

중요한 점은 80년대 중반 나카소네 정권의 역사인식 문제에 대한 '위로부터의' 통제가 자민당에 의한 안정적인 다수를 전제로 한 것이었다는 점이다. 바꾸어 말하면 그렇기에 자민당의 당세 혼란—실상 그것은 아직 '시작'에 불과했으나—은 당연히 자민당이 여당인 정권이 역사인식 문제를 '위로부터' 통제하는 여력을 잃는 계기로 작용한다.

당시 일본 정계에서 또 하나 놓칠 수 없는 중요한 요소는 사회당의 변용이다. 그렇다고 하나 그것은 '마마 열풍'의 결과로 나타난 일시적인

---

4 일본의 참의원은 해산 없이 임기가 보장되는 6년이고, 3년마다 절반을 다시 뽑는 제도가 있는데 그것을 개선의석이라 한다.

―당시에는 일시적일 것으로 생각되지 않았으나―사회당의 약진이 예전부터 한국과 밀접한 관계를 맺어 오던 사회당의 영향력 확대를 가져왔고, 결국 한국에 대한 일본의 자세를 유화적인 방향으로 이끌 만큼 단순한 것은 아니었다는 점에 주의할 필요가 있다.

왜냐하면 사회당은 과거 중국은커녕 한국과도 빈말이라도 원활한 관계를 맺어 왔다고 말할 수 없기 때문이다. 앞서 서술했듯이 80년대까지 사회당은 오히려 북한과 밀접한 관계를 맺고 있었으며, 북한에 동조하여 한국에 대한 국가로서의 정통성을 부정하는 주장을 전개해 왔다. 실제로 당시 사회당의 입장에서 한국과의 관계는 '오랜 금기'라고까지 말할 수 있는 심각한 문제였다. 이러한 상황은 한국에서 민주화 운동이 갈수록 치열한 양상을 띠어 가던 85년 당시조차, '한국 여당과 접촉'할 때 다나베 마코토田邊誠 서기장이 평양으로 날아가 김일성과 회담을 갖고 그의 '보증서'를 얻어야만 했다는 사실에서 전형적으로 나타난다.

역사인식 문제를 둘러싼 사회당과 한국 사이의 이견은 다음의 에피소드에서도 여실히 드러난다. 84년, 전두환 대통령의 방일 당시 쇼와 천황은 과거의 식민지 지배에 대해 "진심으로 유감"이라는 이례적인 '말씀'을 전했다. 그러나 이 쇼와 천황의 '말씀'에 대해 사회당은 공산당과 함께 비판적인 논평으로 대응하고 있다. 흥미로운 것은 그 이유였다. 즉 야기 노보루八木昇 사회당 국제국장은 "과거의 긴 세월에 걸친 식민지 지배에 대한 사죄는 필요하다고 생각한다. 그러나 이른바 남한만이 아닌 조선민주주의인민공화국 국민들까지 포함한 한반도 전 민족에게 사죄하기를 바랐다"고 비판하고 있다. 다시 말해 사회당은 '말씀'의 내용에 대해서가 아니라 이 사죄가 북한을 향한 것이 아니라는 점을 비판했던 셈이다. 이러한 상황은 자민당을 포함한 여타 당이 '말씀'을 빠짐없이 호의적으로 받아들인 것과 대조적이다. 북한과의 관계에 얽매여 있던 사회당으로서는 이 때만 해도 역사인식 문제에서 한국 정부와 함께 하기란 거의 불가능했다.

허나 이러한 사회당과 한국을 둘러싼 상황은 그 후 급속한 변화를 맞이하였다. 이 시기 사회당이 '한국 야당과의 접촉'을 늘렸다는 점은 중요하며 한국 측의 창구 역할을 맡은 이는 당시 활발히 전개되던 한국의 민주화 운동에서 김대중과 함께 주요한 한 축을 담당한 김영삼이었다. 김영삼과의 교류를 바탕으로 사회당은 87년, 그 전까지 원칙적으로 금하고 있던 당 의원들의 한국 방문을 '자유화'했으며, 이듬해 88년에는 우여곡절 끝에 이사바시 마사시石橋政嗣 전 위원장의 방한이 성사되었다. 그리고 그 이듬해인 89년, 사회당은 야당 내 연합 정권 협의 석상에서 65년의 한일기본조약의 '계속'에 합의하고 결국에는 한국 정부의 정통성을 '사실상' 인정하기에 이른다. 이러한 사회당 측의 변화에 부응해 한국 정부도 또한 야마구치 쓰루오山口鶴男 서기장을 단장으로 하는 대표단에 비자를 발급하면서 드디어 현직 사회당 간부의 방한이 최초로 실현되었다. 다시 한번 말하지만 이것이 89년에 일어난 일이다. 그러니 한국의 민주화가 87년이었음을 생각해 볼 때, 사회당은 민주화 이후에도 한국과 만족스럽게 접촉하지는 못했었음을 알 수 있는 대목이다.

이러한 사회당과 한국 야당의 접근으로 인해 늦게나마 사회당과 한국 정부의 관계가 변화하였음은 당연한 결과였다. 예를 들어 90년 5월, 6년 전의 전두환에 이어 후임인 노태우 대통령이 방일했다. 이 때 쇼와 천황의 뒤를 이어받은 현 천황은 "우리나라에 의해 초래된 불행했던 이 시기에 귀국의 국민이 겪으셨던 고통을 생각하며 통석痛惜의 염念을 금할 수 없다"는 '말씀'을 전하고 있다. 그리고 이 때의 '말씀'에 대해 사회당은 "상징 천황으로서의 기분을 솔직하게 표현하신 것"이라며 긍정적으로 평가하고 있다. 쇼와 천황과 현 천황의 '말씀' 내용에는 큰 차가 있지 않았으나 이는 그 사이 사회당의 한국에 대한 입장이 크게 달라졌음을 보여주고 있다.

당시 노태우 대통령의 방일에 맞춰 노태우와 도이 다카코 사회당 위원장의 회담도 성사되었다. 그리고 그것은 그야말로 사회당과 한국의 '역사적인 화해'의 순간이기도 했다.

역사인식 문제에 관해 사회당의 자세가 한국 정부와 일치하게 되는 것도 이 시기였다. 사회당은 이 무렵 식민지 지배를 둘러싼 문제에 대해 활발한 활동을 전개하고 있으며, 전술한 노태우 대통령의 방일 직전에 "과거 식민지 지배의 청산과 침략전쟁에 대한 책임"을 명확하게 밝히기 위한 국회 결의까지 제안하고 있다. 사회당은 전술한 도이 다카코 위원장과 노태우 대통령의 회담 때도 이 점을 적극적으로 어필했으며 한국 정부는 이에 강한 찬동의 뜻을 표명하였다. 이로써 오늘날까지 이어지고 있는 사회당 그리고 그 후계 정당인 사민당이 한일 간의 역사인식 문제에 대해 한국 정부에 가까운 형태의 주장을 전개하는 상황이 성립되기에 이른다.

주목할 점은 역사인식 문제를 둘러싼 비슷한 입장이 역으로 사회당과 한국의 관계를 개선하는데 큰 역할을 수행했다는 점이다. 이후 사회당은 한국 국내에서 '보수적이고 역사인식 문제에 비협조적'인 자민당에 반해 '진보적이고 역사인식 문제에 협조적'인 정당으로 호의적으로 받아들여지기에 이른다. 사회당은 '식민지 지배 청산'의 문제를 전면에 내세움으로써 일본에서는 국회에서도 역사인식 문제에 관해 활발한 논쟁을 벌였다. 바꾸어 말하면 이를 통해 한일의 역사인식 문제가 국내의 정치적 대치축에 반영되는 상황이 탄생하게 된 셈이다.

'예행 연습'으로서의 가이후 방한

한편 자민당에서 이 상황에 직면한 이는 총리에 취임한 가이후 도시키였다. 1989년의 참의원 선거 후에 출범한 가이후 정권은 정권 초기부터 참의원에서 다수를 점하는 야당의 저항에 직면했으나 그럼에도 젊은 총리를 환영하는 여론의 상대적으로 높은 지지와 당내 최대 파벌인 다케시타파의 지지를 등에 업고 간신히 정권을 유지하고 있었다. 가이후가 정권을 지휘한 1989년 말부터 1991년 당시는 동서냉전이 종언을 맞이하는 동시에 중동에서는 걸프전쟁이 발발하는 등 국제정세의 격변기에 해당한다. 이러한 상황에서 당시 일본 정부와 여야는 새로운 국제정세 속에서 일본의 국제적 지위를 모색하고자 활발한 외교를 전개했다.

이러한 외교적 움직임 중 하나가 90년 9월에 이루어진 가네마루 신金丸信 자민당 부총재와 다나베 마코토 사회당 서기장의 북한 방문이었다. 1979년의 중일평화우호조약 체결 이후, 북한과의 국교 수립은 일본 외교에 남은 최대 과제 중 하나였다. 그러나 냉전 체제하에서는 한반도의 분단국가인 한국과 북한을 동시에 승인할 수가 없었다. 그런 탓에 정부와 여야는 이 냉전 종언의 시기를 가늠해 북한과의 국교 수립을 꾀하게 된다.

가네마루 방북단 파견의 옳고 그름을 가르는 것은 이 책의 목적을 크게 벗어나는 것이며 또한 여기서는 불필요할 것이다. 이 책에서 중요한 점은 이렇게 일본이 북한과의 관계 정상화를 위해 움직임으로써, 일본 정부는 한국에 사정 설명을 해야 하는 상황에 처하게 되었다는 점이다. 냉전시대에 비해 점차 개선되고 있었다고 하더라도 한국은 여전히 북한과 대치 중이었다. 결국 방북으로부터 불과 한 달 후인 1990년 10월에 가네마루가 직접 한국을 방문하였으며, 이어서 총리인 가이후도 한국을 방문해 이 무렵 예정되어 있던 북일국교성상화의 본격적인 협상에 앞서 한국 측과 협의할 뜻을 밝혔다. 앞서 언급한 바와 같이, 같은 해 4월에는 노태우 대통령이 방일한 바 있었으므로 가이후의 방한은 답방의 의미도 띠고 있었다.

이처럼 1983년의 나카소네 이래 8년 만에 일본 총리의 공식적인 한국 방문이 실현된다. 그리고 이 오랜만에 성사된 한국 국내의 대대적인 한일 간 외교 이벤트를 앞두고 한일의 역사인식 문제와 관련해 활동을 이어오던 한국의 시민단체는 대대적인 '공격'에 나서기에 이른다. 그들은 가이후의 방한에 맞춰 역사인식 문제와 관련해, 부족해 보이는 일본 측의 사죄를 규탄하는 대규모 항의 활동을 전개했다.

그 배경으로는 83년의 나카소네 방한부터 91년의 가이후 방한 사이에 한국의 각종 시민단체가 급성장한 점을 들 수 있다. 군사쿠데타로 탄생한 전두환 정권하의 83년 당시, 한국의 여론은 여전히 정부의 강력한 통제하에 놓여 있었다. 그러나 87년 민주화를 거치면서 91년까지 한국에서는 활발한 시민 단체의 활동들이 움트고 있었다. 일부 시민단체에게 역사인식 문제는 광범위한 국민의 지지와 공감을 가장 수월하면서도 확실하게 모을 수 있는 화두로, 가이후의 방한은 그들 한국의 시민단체가 자신들의 존재감을 드러낼 수 있는 절호의 기회였다. 결국 가이후는 당시 방한에서 "과거를 잊지 않고 그 반성을 현재에 살림으로써 미래를 향한 한 점의 흐림 없는 시야가 열릴 것이다"고 말하고 일본 식민지 지배에 대한 '반성'의 뜻을 표명하게 된다.

2. 제1차 가토 담화

일본군위안부 문제의 본격적인 대두

가이후가 방한한 91년 당시만 해도 한일 간 역사인식 문제의 주요 화두는 총력전 체제 당시의 노무자 '강제동원' 문제였는데, 한국의 시민단체들도 이 문제에 압도적인 관심을 기울이며 활동을 벌이고 있었다. 다른 한편 훗날 중요성을 더해가는 일본군위안부 문제는 당시만 해도 기껏해야 그 부수적 존재 즉 '강제동원'의 일부 문제라는 위치에 안주해야 했다. 그렇기에 당시 한일 양국 정부, 여론은 일본군위안부 문제에 거의 주목하지 않았다.

이에 반해 약 1년 후인 1992년 1월에 이루어진 미야자와 기이치 총리의 방한 때는 한일 역사인식 문제와 관련한 양국 정부 및 여론 간에 벌어진 논쟁에서 그 압도적 중심축이 일본군위안부 문제로 이행하고 있다. 이는 일본군위안부 문제를 고찰할 때 중요한 전개 과정이 가이후 방한과 미야자와 방한 사이에 일어났음을 보여준다.

그럼 그 사이에 과연 어떤 일이 벌어진 것일까. 그 경위는 다음과 같다. 본디 한국 여론이 일본군위안부 문제에 최초로 본격적으로 주목하기 시작한 것은 1990년 1월, 이전부터 이 문제의 규명 활동에 몸담아온 윤정옥 교수가 진보파 신문으로 유명한 한겨레신문에 「'정신대' 원혼서린 발자취 취재기」라는 제목의 칼럼을 4회에 걸쳐 연재하면서부터였다. 이 연재로 여론의 주목을 모으는데 성공한 윤정옥 교수는 같은 해 10월에는 직접 주재하는 단체를 포함한 36개 여성단체의 이름으로 한일 양국 정부에 일본군위안부 문제의 규명과 피해자 보상을 요구하는 공개 서한을 보냈다. 다음 달 11월에 이 중 16개 단체가 참가한 한국정신대문제대책협의회를 결성하고 초대 대표로 윤정옥 교수가 취임한다. 오늘날까지 이어지고 있는 '정대협'이 탄생한 것이다.

하지만 이 때만 해도 윤정옥 등의 활동은 양국 정부를 움직일 정도는 아니었다. 가이후 총리의 방한 때도 한일 양국 언론의 일본군위안부 문제에 대한 보도는 부수적인 것으로 그들의 운동은 충분한 성과를 올리고 있었다고 말할 수 없었다. 반복이지만, 91년 당시 한일 간의 가장 중요한 역사인식 문제를 둘러싼 쟁점은 총력체제 당시, 한반도에서 끌려간 노무자의 '강제동원'이었으며, 일본군위안부 문제는 그 일부분이라는 지위에 안주해야만 했다.

이러한 일본군위안부 문제가 한일 간의 가장 중요한 화두로 부상하게 된 계기로는 크게 세 가지를 들 수 있다. 하나는 91년 8월 14일, 전 일본군위안부인 김학순 씨가 실명으로 커밍아웃하며 증언을 시작했다는 점이다. 전 일본군위안부 본인의 증언은 예전에도 있었으나 실명으로 증언한 이는 그녀가 최초로, 이로써 '정대협'을 비롯한 한국의 활동단체는 일본 정부를 상대로 소송을 제기할 수 있었다. 그녀에게는 취재 요청이 쇄도했고 한일 양국의 언론들은 그녀의 증언을 대대적으로 보도했다. 이윽고 91년 12월 6일, 김학순 씨 등에 의한 소장이 정식으로 도쿄지방재판소에 제출된다. 당연히 일본 정부는 이 소송에 공식적으로 대처하지 않을 수 없었다.

새로운 상황이 전개되자 일본 정부가 맨 처음 한 일은 기존의 견해를 재확인하는 것이었다. 91년 8월 27일, 김학순 씨의 커밍아웃에 바통을 이어받은 형태로 시미즈 스미코淸水澄子 사회당 의원이 국회에서 대정부 질문을 하였으며, 이에 대해 당시 다니노 사쿠타로谷野作太郎 외무성 아시아 국장은 "정부와 정부 관계는 65년의 한일협정에서 이들 문제가 결착되었다는 입장이다"라고 말하고 정부로서는 새로운 보상에 응하지 않겠다는 생각을 표명하였다. 배후에는 '과거'에 어떤 문제가 있었든 간에 65년의 한일기본조약 및 그 부속협정으로 한일 간의 "재산, 권리 및 이익과 양 체약국 및 그 국민 간의 청구권에 관한 문제"가 "완전히 그리고 최종적으로 해결"된 이상, 새로운 보상은 문제가 될 수 없다는 일본 정부의 이해가 존재했다.

하지만 이 상황은 다름아닌 한일기본조약의 한쪽 당사자인 한국 정부의 움직임에 의해 요동치게 된다. 발단은 마찬가지로 김학순 등의 제소였다. 이 제소가 이루어진 91년 12월 6일, 일본 정부는 가토 고이치加藤紘一 관방장관이 "(일본군위안부 동원에) 정부가 관여했다는 자료는 발견되지 않았다"고 표명했다. 이에 한국 정부는 김학순 등의 제소가 이루어지고 4일이 지난 12월 10일, 한국 주재 일본대사를 불러 "역사적 진상을 규명해 달라"고 요청한다. 한국 정부가 일본 정부에 이 문제에 대한 정식 대처를 요청한 것은 이 때가 처음이었다. 양국 정부가 공식적으로 움직임으로서 일본군위안부 문제는 공식적인 외교 문제로 부상했다. 일본군위안부 문제에서 두 번째 전환점이 도래한 것이다.

이 때 이미 미야자와 총리의 방한 일정이 정해져 있었다는 점이 문제를 더욱 복잡하게 만들었다. 91년 11월, 정치개혁관련법안에 기인한 자민당 내부의 분열로 인해 가이후 총리는 자리에서 밀려났고, 그를 대신해 총리에 취임한 미야자와는 취임 직후 첫 외유국으로 한국을 고르겠다고 발표하였으며, 이에 일본 정부는 11월 29일, 이듬해 92년 1월 16일부터 18일까지의 3일 동안 방한한다고 밝혔다. 즉 김학순 등의 제소는 이 미야자와 방한 결정 직후에 이루어졌다. 미야자와에게 이 시기의 방한은 총리로서 외교 무대에 데뷔하는 기회이기도 했다. 이런 상황에서 발발한 일본군위안부 문제로 인해 미야자와 방한 자체가 연기될 가능성조차 있었다. 그래서 한국 정부가 사태의 추가적인 확대를 막고자 일본 정부에 선처를 요청했다는 것이 당시의 배경이다.

한국 측과 관련해서는 가이후 총리의 방한 당시 안정적이던 한국 노태우 정권의 정치 기반이 91년 말 무렵부터 흔들리기 시작했다는 점을 지적하고 넘어가고 싶다. 87년의 민주화 결과로 제정된 한국의 헌법은 대통령의 재선을 금하고 있었으며 한국 정계는 이 무렵 이미 92년 12월의 대선을 향해 움직이기 시작하고 있었다. 이와 함께 같은 해인 92년 4월에는 대선에 앞서 총선이 예정되어 있어 당시 한국 여당 내부에서는 현 대통령인 노태우와 여당 내에서 차기 대통령 후보로 가장 유력시되던 김영삼 사이에 치열한 주도권 다툼이 벌어지고 있었다. 이러한 상황에서 노태우가 여론의 이목을 끌고 있던 일본군위안부 문제와 관련해 일본 정부와 과거와 같은 협조 관계를 유지하기란 어려웠다.

미야자와 방한을 향해

전 일본군위안부의 커밍아웃과 일본 정부를 상대로 한 소송 개시. 그리고 이에 영향 받은 한국 정부의 '진상' 규명 요청. 이렇게 일본군위안부를 둘러싼 상황은 바야흐로 중요 국면에 진입하고 있었다.

91년 12월 10일, 미야자와 방한을 겨우 한 달 앞둔 시점에서 한국 정부가 공식적으로 제기한 '진상' 규명 요구에 대해 일본 정부도 결국 굼뜬 몸을 일으키고 있다. 일본 정부는 이틀 후인 12월 12일, 가토 관방장관이 "정부가 관여했다는 자료가 발견되지 않고 있어 현재 예의 조사하고 있다. 이는 단순히 법률이나 조약의 문제가 아닌 많은 사람들에게 손해를 입히고 마음의 상처를 남긴 문제이기도 하므로 정확하게 조사를 추진해 나갈 것이다"고 말하고 불과 6일 전에 내뱉었던 발언을 사실상 수정했다. 가토 관방장관은 같은 날 국회에서도 "수많은 증언이나 많은 연구소의 역사적 고찰도 있고 일본군위안부로서 강제로 일한 사람들이 있는 것은 사실이라고 생각한다"고 밝히고 있다. 즉 지금까지 일본 정부는 "정부가 관여했다는 자료는 발견되지 않았다"는 것을 근거로 "일본군에 의한 관여가 증명되지 않은" 고로 배상 필요가 없다고 주장해 왔다. 하지만 12월 10일의 가토 발언으로 인해 일본 정부는 일본군위안부 문제에 대해 일본 정부가 관여했을 가능성을 인정하기에 이른다. 그 까닭에 일본 정부는 "정확하게 조사를 진행하겠다"고 천명한 것이다.

일본 정부의 공식적인 조사 개시 선언에 호응해 12월 13일에는 한국 국회도 전 일본군위안부를 대상으로 한 첫 청취 조사를 실시하였다. 이로써 같은 일본군위안부 문제에 관해, 일본 국내에서는 문헌 조사가, 한국 국내에서는 전 일본군위안부에 대한 공식 청취 조사가 이루어지는 형태가 만들어져, 동시에 문헌과 증언 양쪽에서 검증을 시작한 셈이 된다. 이를 보면 당시 양국은 보조를 맞춰 적극적으로 '사실 규명'을 위해 움직이고 있으며 대립적이라기보다 오히려 손을 잡고 다음 날로 다가온 미야자와 방한을 위해 준비하고 있는 듯이 보인다. 일본 국내에서는 사회당이 이에 가세하는 식으로 16일에는 이토히사 야에코糸久八重子 부위원장 등이 전 위안부에 대한 보상과 사죄를 요구하기 위해 총리 관저를 방문한 바 있다.

하기야 이 때만 해도 상황이 어떻게 흘러갈지 여전히 예측할 수가 없었다. 왜냐하면 '정부가 관여했다는 자료'가 발견되지 않는 한 일본 정부는 직접 성실하게 조사를 진행 중이며 따라서 한국의 요망에 최대한 응하고 있다고 자신을 변호할 수 있었기 때문이다. 사실 당시 일본 정부의 '조사'는 극히 형식적인 것이었다. 하타 이쿠히코秦郁彦에 의하면, 훗날 '군 관여를 보여주는 자료'로 널리 알려진 문헌을 소장 중인 방위연구소도서관도 정부의 요청이 '조선인 일본군위안부'와 직접 관련된 것이라는 이유로 '해당 자료 없음'이라고 답변했다고 한다. 그리고 한국 여론의 움직임도 아직 제한적이었다. 예를 들어 이듬해 92년 1월 8일, 한국의 '정신대문제대책협의회' 즉 '정대협'이 일본대사관 앞에서 이 문제의 해결을 요구하는 시위를 벌인다. 허나 그 참가자는 '정대협' 회원을 비롯한 30여 명에 불과했다. 미야자와 방한까지는 앞으로 여드레를 남겨두고 있었다. 한일 양국 정부는 사태를 그럭저럭 넘길 수 있을 듯 보였다.

제1차 가토 담화

하지만 상황은 고작 사흘 후인 1월 11일에 급변하고 만다. 왜냐하면 이 날 아사히신문이 '조선인 일본군위안부에 대한 군 관여 자료 발견'을 일면에 대서 특필했기 때문이다. 보도의 핵심은 방위연구소 도서관에 일본군위안부 모집과 위안소 설치에 대해 군의 관여가 있었음을 보여주는 자료가 있다는 것으로 신문 지면에는 사료의 복사본까지 게재되었다. 미야자와 방한을 불과 닷새 앞둔 시점의 돌출 보도는 "정부가 관여했다는 자료는 발견되지 않았다"는 일본 정부의 견해를 뒤엎는 것으로 이로 인해 정부는 지금까지의 주장을 전면적으로 수정하지 않을 수 없었다.

이 보도에 대해 훗날 하타 이쿠히코는 '아사히신문의 기습'이라고 적고 있다. 현재로서는 이 배후에 어떤 의도와 움직임이 있었는지는 알 수 없다. 허나 아사히신문이 같은 날 지면에 홋카이도의 '홋카이도탄광기선회사 자료'에도 일본군위안부에 대한 군의 관여를 보여주는 자료가 존재한다고 보도하고 있음을 고려할 때, 아사히신문은 꽤 전부터 이들 정보를 확보하고 있었던 것으로 보인다. 그리고 이를 일부러 미야자와 방한 닷새 전에 터뜨린 것이라면 여기에 일정한 정치적 의도가 없었다고 하기에는 무리가 있다. 한편 일본 정부 또한 이 보도가 있기 며칠 전 이미 문제 자료의 존재를 파악하고 있었음은 밝혀진 바 있다. 그렇다면 일본 정부가 이 자료를 어떻게 취급할 것인지를 고심하던 와중에 아사히신문의 보도가 터졌고 결과적으로 준비 부족인 상태로 급거 대책을 내놓지 않으면 안 되는 상황에 몰렸다고 보는 것이 맞을 것 같다.

어쨌든 이 보도로 인해 정부는 급거 일본군위안부 문제에 대한 대책을 재수정하지 않을 수 없었다. 보도가 나온 11일 밤에는 와타나베 미치오渡辺美智雄 외무장관과 가토 관방장관이 잇달아 발빠르게 '군의 관여'를 인정하는 발언을 해, 일본 정부는 사실상 이전의 공식 견해를 수정했다. 이튿날 12일에는 가토 관방장관이 강연에서 "일본군위안부 문제는 법률론과는 별개로 심각한 문제점을 야기하고 있으며 단순히 법률이나 협정의 해석이 아닌 마음의 상처 문제가 깊숙이 내재되어 있다. 이러한 심각한 인식으로 문제를 바라보고 있음을 한국에 전달해야만 한다"고 말하고 방한 시 미야자와 총리가 직접 사죄의 뜻을 표명할 것이라는 사실까지 밝히고 있다.

이러한 정부의 분주한 대응은 더 나아가 이튿날인 1월 13일, 가토 관방장관이 기자회견을 열고 '일본군위안부 문제에 관한 담화'를 발표하기에 이르렀다. 그 후의 전개를 고찰할 때 중요하므로 여기서 전문을 인용해 보겠다.

1. 관계자 분들의 말씀을 들을 때마다 한반도 출신의 이른바 일본군위안부 분들이 경험하신 혹독한 고통을 생각하면 가슴이 찢어지는 기분이다.
2. 이번 일본군위안부 문제에 구 일본군이 관여했다고 보이는 자료가 방위청에서 발견된 사실을 알고 있으며 이 사실을 엄숙히 받아들이고 싶다.
3. 이번에 발견된 자료와 관계자 분들의 증언 그리고 이미 보도된 미군 등의 자료를 보면, 일본군위안부 모집과 위안소 경영 등에 구 일본군이 어떠한 형태로든 관여했다는 점을 부정할 수 없다고 생각한다.

4. 일본 정부로서는 누차 기회가 있을 때마다 한반도 분들이 우리나라의 과거 행위로 인해 견디기 힘든 슬픔을 체험하신 일에 대해 깊은 반성과 유감의 뜻을 표명해 왔으나 이 기회에 재차 일본군위안부로 필설로는 다하기 어려운 고초를 겪으신 분들께 진심으로 사죄와 반성의 뜻을 전하고 싶다. 일본 정부로서는 이러한 과오를 결코 되풀이하지 않겠다는 깊은 반성과 결의 위에 평화국가로서의 입장을 견지하는 동시에 미래를 향해 새로운 한일 관계를 모색하기 위해 노력해 나가고 싶다.

5. 또 일본 정부는 작년 말부터 관계 부처에서 일본 정부가 한반도 출신의 일본군위안부 문제에 관여했는지 여부에 대해 추가적인 조사를 실시하고 있는 바 앞으로도 계속해서 성심성의껏 조사를 실시해 나가고 싶다.

결론부터 말하자면 92년 1월의 가토 담화—가토는 92년 7월에도 '한반도 출신자의 소위 일본군위안부 문제에 관한 가토내각관방장관 발표'라는 제목의 담화를 발표하고 있으므로 이와 구별하기 위해 이 책에서는 92년 1월의 담화를 '제1차 가토 담화' 그리고 92년 7월의 담화를 '제2차 가토 담화'라 부르겠다—는 93년 8월에 발표되는 고노 담화의 방향성을 결정 짓게 된다. 왜냐하면 이 담화에는 훗날 일본 정부의 일련의 '담화'에서 나타나는 특징이 대부분 포함되어 있기 때문이다. 구체적으로는 다음과 같은 특징을 내포하고 있다.

첫째, 이 담화가 논쟁의 초점을 일본군위안부 문제에 군이나 정부의 '관여'가 있었는지 여부를 두고 지금까지의 일본 정부의 견해가 그릇된 것이었다는 사실을 인정하는 형태를 띠고 있다는 점이다. 물론 거기에는 이유가 있었다. 애당초 일본군위안부 문제에서 군이나 정부의 '관여'가 있었는지 그 정의조차 애매한 개념을 내세운 것은 일본 정부 자신이었기 때문이다. 국회의사록에 의하면, 일본 정부가 처음으로 일본군위안부 문제와 관련해 '관여'라는 표현을 이용한 때는 90년 12월 18일로, 아직 가이후가 정권을 잡고 있던 시절이었다. 그리고 미야자와 정권도 마찬가지로 가이후 정권의 어법을 이어받아 동일한 성명을 반복해 왔음은 앞서도 언급한 바와 같다. 그 최종적인 귀결이 91년 12월 26일의 가토 관방장관에 의한 '(일본군위안부 동원에) 정부가 관여했다는 자료는 발견되지 않았다'는 성명인 셈이다.

여기서 문제는 이 '관여'라는 단어가 과도한 함의를 가지고 있다는 점이었다. 훗날 하타가 지적했듯이 적어도 전시 중 점령지의 위안소 설치 등에 대해 점령 행정에 해당하는 군의 일정 '관여'가 있었을 것이라는 점은 당연히 예상되어야 했으며 이미 일부에서도 그 내용이 지적되고 있었다. 그럼에도 불구하고 당시 일본 정부가 일체의 '관여'는 존재하지 않는다고 생각하고 있었다면 이 가정에는 출발부터 무리가 있었다고 말하지 않을 수 없었다.

바꾸어 말하면 '관여'의 존재가 그야말로 일본 정부에 이 문제의 '책임'이 있음을 뜻하지 않는 이상 본래 일본 정부는 양자를 구분해 논의해야 했다. 그러나 일본군위안부 문제가 표면화하는 과정에서 당시의 일본 정권은 이 문제에 정부나 군의 '관여'가 없었다고 되풀이하고 마치 그것이 일본군위안부 문제에서 가장 중요한 핵심인 양 한일 양국의 여론 그리고 자신들까지 착각에 빠뜨리고 말았다. 한 마디로 말해 당시 일본 정부는 이 문제에서 핵심이 무엇이며 무엇을 논의해야 하는지 명확하게 이해하지 못하고 있었던 셈이다. 그리고 이 혼란이야말로 그렇지 않아도 복잡한 문제를 더욱더 골칫거리로 만들고 있다.

둘째, 이 문제 해결을 위한 조사 실시를 재차 천명하고 있다는 점이다. 그렇다고 하나 여기서 구태여 '성심성의껏'이라는 표현을 사용하고 있다는 점에서도 자명하듯이 그 어조는 앞선 91년 2월의 가토관방장관의 발언과는 명백히 다르다. 중요한 점은 기존의 주장이 무너진 일본 정부가 스스로 일본군위안부를 둘러싼 문제의 '진상'을 확신할 수 없게 되었다는 점일지도 모른다. 그것은 굳이 비유적인 표현을 쓰자면 다음과 같다. 일본 정부는 본래 일본군위안부 문제에 대한 정부 '책임'이라는 자신의 배상 책임과 관련한 라인에서 이 문제를 논의해야 했다. 하지만 일본 정부는 실제로 본래의 방위라인보다 훨씬 앞에 위치한 정부의 '관여'라는 너무나도 의미 없는 일선에 별 준비 없이 포진했다. 그러나 이 방위선은 미야자와 방한을 닷새 앞둔 절묘한 시기에 준비된 교묘한 '기습'으로 인해 맥없이 허물어졌고 당황해 부산을 떨던 정부는 애당초 지켜야 할 선이 어디인지도 파악하지 못한 채 무작정 퇴진을 시작하게 되었다는 것이다.

3. 미야자와 방한

진상 규명 없는 '반성'

제1차 가토 담화의 또 다른 특징은 이 담화가 사죄의 성격을 강하게 띠고 있음에도 불구하고 구체적으로 일본군위안부 문제의 무엇에 대해 사죄하고 있는지가 명확하지 않다는 점이다. 예를 들어 이 담화에서는 "우리 나라의 과거 행위로 인해 견디기 힘든 슬픔을 체험하신 일에 대해 깊은 반성과 유감의 뜻"이라고 표현되어 있는데 구체적으로 '우리 나라의 과거 행위'가 무엇인지에 대해서는 상세하게 서술하고 있지 않다. 하지만 그도 당연했다. 당시의 일본 정부는 일본군위안부 문제와 관련해 어떤 자료가 존재하고 실제로 어떤 짓이 자행되었는지에 대해 아직 상세한 정보를 확보하지 못한 상태였기 때문이다. 아사히신문이 들이민 단편적인 자료에 의해 일정 부분 군의 '관여'가 존재한다는 사실은 밝혀졌다. 허나 그 '관여'가 어디까지 미치고 있고 일본 정부에 얼마만큼의 책임이 있는지에 관한 논의는 이 시점에서 '아직' 존재하지 않았다. 본디 사죄에 선행해야 할 자료 조사는 뒤로 미루고 일단 사죄부터 앞세웠다. 이것이야말로 제1차 가토 담화의 가장 큰 특징이었다고 말할 수 있다.

그렇기 때문에 제1차 가토 담화로 인해 상황은 오히려 더 큰 혼란 속으로 빠지고 만다. 한국의 운동단체는 당연하게도 기세등등해져 이 담화를 일본 측이 자국의 과오를 전면적으로 인정한 것으로 해석해 일본 정부에게 일본군위안부에 대한 직접 보상을 요구했다. 담화로 인해 한국 여론의 관심도 급등해 일본대사관을 에워싼 시위대는 단숨에 10배 이상인 400명 이상의 규모로 불어났다. 사태를 우려한 한국 정부는 다가올 미야자와 방한에 대한 경비를 통상적인 5,000명 규모에서 두 배 이상인 1만 3,000명까지 증원하였다.

통상 갈등의 격화

그리고 이런 상황 속에서 이윽고 92년 1월 16일, 미야자와 기이치 총리가 한국을 방문했다. 당시 한국의 상황에 대해 먼저 신문 보도부터 살펴보도록 하자.

맨 처음 주목되는 것은 미야자와의 방한 직전인 1월 14일부터 15일에 걸쳐 한국 신문 각지가 제2차 세계대전 당시 '근로정신대' 동원이 초등학교생(지금의 초등학교에 해당)에게까지 뻗어 있었다는 사실을 대대적으로 보도한 점이다. 이 보도의 전제에는 당시 한국의 일본군위안부를 둘러싼 용어의 혼란이 존재한다. 당시는 물론이거니와 오늘날에도 한국 국내의 일본군위안부 문제 관련 운동에서 중심적 역할을 담당하고 있는 '정신대대책협의회'가 '정신대'라는 용어를 사용하고 있다는 점에서도 알 수 있듯이 당시 한국에서는 본디 전혀 다른 개념인 두 단어, 즉 근로자 동원을 뜻하는 '정신대'와 전쟁터의 성 노동자인 '일본군위안부'를 동일한 것으로 인식하고 있었다. 그 결과, 당시 보도들은 일본이 지금의 초등학생 연령대에 해당하는 여자 아이들까지 '일본군위안부'로 동원한 것으로 해석되어 한국 사회에 커다란 충격을 안겨 주었다.

그렇다고 해서 이 시기의 한일회담에서 한국 측의 최우선 사항이 본래 일본군위안부 문제였다는 의미는 아니다. 예를 들어 미야자와 총리가 한국에 도착한 당일, 한국의 주요 일간지 중 하나인 조선일보의 일면을 장식한 것은 '일본, 무역적자 시정 3개 항목 거부'라는 큰 타이틀의 기사였다. 그것은 당시의 한일 관계에서 한국 측이 최우선 사항으로 일본군위안부 문제나 전시노동자강제동원 문제와 같은 한일 간의 역사인식 문제가 아닌 통상 문제였음을 의미한다. 당시 한국의 무역적자가 확대 일로를 걷고 있었다는 점이 그 배경에 있었다. 1948년 해방 이후, 일관되게 적자 기조가 이어지던 한국의 무역은 80년대 후반에 일단 흑자로 전환된 이후 90년대에 들어 다시 심각한 적자로 전락했다. 득히 미야자와 방한 전해인 91년의 무역 적자는 사상 최대인 96억 달러에 달해 이 상황에 한국 정부는 강한 위기감을 느끼고 있었다. 그리고 한일무역은 이 적자액의 90% 이상에 해당하는 87억 달러를 차지하고 있어 이 시정 없이는 한국 무역의 전반적인 직자 기조를 시정하기란 불가능에 가까웠다. 그렇기에 이 긴요한 문제에 대해 한국 정부는 '무역적자 시정 3개 항목' 즉 한국의 주요 수출 분야에 대한 관세 인하, 산업 기술 이전 촉진을 위한 한일과학기술협력재단 신설 그리고 일본의 공공사업에 대한 한국 기업의 진출 등을 일본 정부에 요구하기에 이른 것이다.

당시 한일 관계에서 통상 문제가 얼마나 중요했는지는 예컨대 노태우 대통령이 1월 10일의 연두 기자회견에서 일부러 이 문제를 언급하고 "대일 적자 문제의 해결 없이는 한일의 우호는 있을 수 없다"고까지 말하고 있다는 점에서도 잘 알 수 있다. 반대로 일본 언론의 군 '관여' 보도가 있기 전날, 대통령은 기자회견에서 일본군위안부 문제를 비롯한 한일 간의 역사인식 문제에 대해 일언반구도 하지 않았다. 이 시기의 한일정상회담에서 주요 의제가 통상문제였음은 누구의 눈에나 명약관화했다.

하지만 통상문제에 대한 일본 정부의 자세는 강경했다. 즉 일본 정부는 한국의 대일무역적자는 일본으로부터 중간재를 수입해 최종생산물을 타국에 수출하는 한국 경제의 구조에서 비롯된 것으로 이 문제의 해결을 일본 측의 양보로 실현하려는 발상은 주객이 전도된 꼴이라며 한국 측의 제안을 일언지하에 거절했다. 결국 미야자와 방한 직전 양국 실무급 협상이 결렬되면서 공이 양국 정상의 직접 협상으로 넘어가는 이례적인 상황이 벌어지고 만다.

일본군위안부 문제가 이때의 정상회담에서 중심 화두가 아니었다는 점은 회담의 시간 배분에서도 확인할 수 있다. 한일정상회담은 1월 16일과 17일 두 차례에 걸쳐 이루어졌다. 그중 첫날 110분 동안 진행된 정상회담의 주요 의제는 통상 문제를 포함한 국제 문제이며 이튿날에 열린 75분간의 정상회담 동안에도 대부분의 시간이 기술 이전 문제나 문화 교류 그리고 천황 방한 문제에 할애되었다. 이 두 번의 정상회담 중 양국 정상이 일본군위안부 문제에 대해 진지하게 논의한 시간은 이틀간의 정상회담 185분 중 불과 22분에 지나지 않았다.

'반성' 또 '반성'

그렇다고는 하나 이 때의 정상회담에서 일본군위안부 문제가 큰 역할을 수행하지 못했다는 의미는 아니다. 이는 정상회담을 전후한 시기의 미야자와의 스케줄을 보면 알 수 있다. 방한 직전인 1월 15일, 도쿄에서 한국 언론과 기자 회견을 가진 미야자와는 일본군위안부 문제에 대해 "말로 표현하기 어려운 고초를 겪으신 분들께 진심으로 사죄와 반성의 뜻을 전하고 싶다. 정말 가슴이 찢어지는 기분이다"고 말하고 있다. 이튿날 6일, 군용 서울공항에 도착한 미야자와는 곧바로 서울 시내의 국립묘지로 향해 헌화한 뒤, 오후부터 한국 청와대에서 열린 첫 정상회담에 참석했다. 하지만 이 본래 '국제 관계'가 의제일 터였던 정상회담에서 우선 첫 번째 해프닝이 벌어진다. 돌연 노태우 대통령이 '불행한 과거에 대한 올바른 인식'을 일본이 가져야 할 필요성에 대해 언급했기 때문이다. 이에 미야자와는 '유감과 반성'의 뜻을 표하고 있다.

그 후 긴 시간 통상 문제를 논의한 양 정상은 만찬회장으로 옮겼다. 만찬회 환영 인사에서 노태우는 재차 "역사에 대한 올바른 인식과 허위 없는 반성을 토대로 마음의 벽을 허물기 위해 서로 진지한 노력을 기울어야 한다"고 말하고 일본 측의 대답을 촉구한다. 이에 미야자와는 "과거 한때, 귀국 국민께서 우리 나라의 행위로 인해 견디기 어려운 고통과 슬픔을 체험하신 사실을 떠올리며 반성의 마음을 잊지 않기 위해 노력해야 한다"고 '한 단어 한 단어 곱씹듯이' 말하고 있다.

중요한 점은 이를 통해 정상회담의 주도권이 점차 한국 측으로 넘어가고 있다는 점이다. 이때 열린 한일정상회담의 특징 중 하나는 최초로 사무 차원의 조정이 실패한 뒤에 진행되었다는 점이며, 그런 탓에 양국 정상 간의 줄다리기는 더욱 중요했다. 그리고 이 상황에서 한국 정부는 자국이 명백히 우위에 설 수 있는 일본군위안부 문제를 최대한 활용하려 했던 것으로 보인다. 기실 첫날 일찍부터 두 번의 '반성'에 직면했던 미야자와는 이튿날 7일에 보다 가혹한 상황에 처하게 된다. 이미 서술했듯이 이날 오전 중에 열린 제2차 정상회담에서는 75분간의 회담 동안 22분을 공식적으로 일본군위안부 문제에 할애했다. 마이니치신문의 당시 기사를 보면, 회담 동안 미야자와는 자그마치 8번에 걸쳐 '사죄'나 '반성'의 뜻을 반복했다고 한다. 단순 계산해도 3분에 1번 꼴 이상의 빈도로 누차 사죄하고 있다는 결과가 나오므로 이 22분의 논의 동안 미야자와는 거의 계속해서 '사죄'나 '반성'을 되풀이했다고 말해도 과언이 아닌 상황이다. 주권국가 간의 정상회담으로서는 극히 이례적이다.

정상회담 뒤 열린 기자회견에서도 미야자와는 일본군위안부 문제에 대해 "정신대에 대해서는 관계자의 증언을 듣는 것만으로 가슴이 찢어지는 느낌이 든다"고 밝히고 "진심으로 사죄하고 싶다"고 되풀이하고 있다. 그리고 미야자와 방한의 피날레 행사는 일본 총리로서 최초로 한국 국회에서 행한 연설이었다. 이 연설에서도 역시 미야자와는 일본군위안부 문제에 대해 "진심으로 죄송스럽게 생각하고 있다"고 재차 사죄하고 식민지 지배 자체에 대해서도 '반성의 뜻과 사죄의 마음'을 가지고 있음을 밝혔다.

무너진 전제

결국 1월 15일부터 17일까지 불과 3일 동안 미야자와는 당시 보도에 나타난 횟수만 세어 봐도 무려 13번에 걸쳐 '사죄'나 '반성'의 말을 되풀이하고 있다. 당연히 이 상황은 미야자와 자신에게도 큰 부담으로 작용했다. 실제로 정상회담을 끝내고 마지막에 찾은 한국의 고도 경주에서 "꽤 모진 회담을 끝내서인지 오늘은 조용해서 아주 기쁘다"며 속내를 솔직하게 털어놓고 있다. 하긴 정상회담 자리에서는 당초 최대의 쟁점으로 지목되던 통상 문제에 대해 결국 일본은 한국에 타협을 하지 않았으니, 미야자와는 '계속해서 반성함'으로써 한국 측의 공세를 비껴갈 의도였을지도 모르겠다.

이러한 미야자와의 일종의 '사죄 외교'에는 그것이 가능한 대전제가 하나 존재했다. 그것은 아무리 사죄할지언정 1965년의 한일기본조약과 그 부속협정이 "양 체약국 및 그 국민 간의 청구권에 관한 문제가 [중략] 완전히 그리고 최종적으로 해결"되었다고 상정한 이상, 일본 정부의 배상 책임은 발생하지 않는다는 전제이다. 1992년 1월의 한일정상회담 시점에서 중요한 것은 당시 한일 양국 정부가 이 점에 대해 동일한 인식을 가지고 있었다는 점이다. 즉 양국 정부는 설사 일본군위안부 문제에 대해 일본 정부의 직접적 책임을 제시하는 사료 등이 나오더라도 한일기본조약이 존재하는 한 일본 정부에 추가적인 배상 책임은 발생하지 않는다고 생각하고 있었다. 그렇기에 일본 정부는 배상 책임의 발생을 걱정하지 않은 채 몇 번이고 '반성'의 뜻을 표할 수 있었다. '반성'은 '공짜'이고 또 '반성'만으로 문제가 해결된다면 이보다 더 쉬운 방법은 없다. 따라서 이 때 사과할 만큼 사과해 버리면 된다고 미야자와와 일본 정부가 생각하고 있었다 해도 이상하지 않는 상황이었다.

4 '성의 없는 사죄'라는 담론의 탄생

역사인식 문제의 구조 변화

그러나 이러한 일본 정부의 '사죄 외교'의 토대는 갑자기 무너지고 만다. 왜냐하면 미야자와가 귀국하고 불과 사흘 뒤인 1월 21일, 한국 정부는 돌연 일본 정부에 철저한 진상 규명과 이에 수반하는 '적절한 보상 등의 조치를 취하'라고 요구했기 때문이다. 이전의 역대 한국 정부는 일본 정부와 보조를 맞추는 식으로 한일 간의 식민지 지배에 따른 모든 배상은 65년의 한일기본조약과 그 부속협정에 의해 "완전히 그리고 최종적으로 해결되었다"는 해석을 채택하고 있었기 때문에 이 변경은 극히 중대한 의미를 가지고 있었다. 이 한국 정부의 방침 전환으로 인해 일본 정부가 이 문제에 대처할 때 언제나 염두에 두어온 대전제를 상실하게 되었기 때문이다.

앞서도 언급하였으나 92년 1월의 미야자와 방한과 당시 되풀이된 총리 자신의 '반성'은 그로 인해 일본 정부의 추가적인 책임이 발생하지 않는다는 대전제 위에서 이루어졌다.

하지만 '반성' 후 한국 정부가 별안간 일본군위안부 문제를 둘러싸고 '적절한 보상 등'을 요구하는 방향으로 선회함으로써 미야자와 정권은 곤경에 처하게 된다. 중요한 점은 이 방침 전환으로 적어도 이론상 일본군위안부 문제 이외의 역사인식 문제와 관련해서도 한국 정부가 추가 '보상 등'을 요구할 수 있게 되었다는 것이다. 일본군위안부 문제를 한일 간의 과거 청구권에 관한 문제 중 '완전히 그리고 최종적으로 해결된' 사안의 '예외'로 인정할 경우, 동일한 이론이 다른 문제에도 적용되어 차례차례 '예외'가 늘어날 가능성이 있었기 때문이다.

그리고 실제로 이후 한국 정부는 우여곡절을 거치면서도 이 '예외' 범위를 확대했고 이로써 한일 간의 역사인식 문제의 구조는 완전한 변화를 겪기에 이른다. 그런 점에서 92년 1월 21일 한국 정부의 결정은 1월 11일의 아사히신문의 특종 이상으로 중요하면서도 한일 간의 역사인식 문제에 관한 결정적인 전환점이었다고 말할 수 있다.

노태우 정권과 민주자유당

그럼 한국 정부는 왜 이 시점에서 방침을 전환시킨 것일까. 그 전제가 되는 당시의 한국 정치에 대해 잠시 살펴보도록 하자.

노태우가 대통령에 취임한 때는 1988년 2월. 전년 12월에 치러진 대선에서 유력정치인 김대중, 김영삼 그리고 김종필이라는 이른바 '3김'과의 치열한 접전 끝에 거머쥔 자리였다. 그렇다고 노태우가 이들 라이벌들에게 압도적인 차로 승리한 것은 아니었다. 노태우가 대선에서 획득한 득표율은 3분의 1을 가까스로 넘긴 36.3%밖에 되지 않았으며, 이 수치는 오늘날까지 한국 역대 대통령의 최저 득표율로 기록되고 있다.

노태우가 낮은 득표율에도 불구하고 당선된 배경에는 87년의 민주화에서 주요한 역할을 담당한 세력이 김대중 지지 세력과 김영삼 지지 세력으로 양분된 까닭이 있었다. 즉 노태우는 양자의 대립 사이에서 어부지리로 간신히 대통령으로 당선되었던 셈이다. 하지만 이는 동시에 이 정권의 기반이 극히 취약했다는 반증이기도 하다.

그리고 그 결과는 대통령 취임 직후인 1988년 4월에 치러진 국회의원 선거에서 여실히 드러났다. 이 선거에서 노태우 정권의 여당 민주정의당이 획득한 의석은 국회의 총 299석 중 불과 125석에 지나지 않았다. 이에 반해 김대중이 이끄는 평화민주당은 70석을 획득했으며 김영삼의 통합민주당이 59석으로 그 뒤를 이었고 김종필이 당수인 신공화당도 35석을 얻었다. 민정당이 소수 단독 여당으로 전락하면서 정권의 국회 운영은 곧바로 벽에 부딪혀 노태우는 타개책을 모색하기에 이른다.

대통령제를 채택하고 있는 대부분의 국가들과 마찬가지로 한국도 대통령에게는 국회 해산 권한이 없었으므로 노태우가 고를 수 있는 선택지는 타당과의 협력 관계를 구축하는 것 말고는 없었다. 노태우는 이를 위해 89년경부터 물밑 협상을 시작했으며 그 성과는 90년 초엽에 나타난다. 즉 여당 민주정의당은 김영삼이 이끄는 통합민주당 및 김종필을 중심으로 한 신공당과 합당해 신 여당 '민주자유당'을 결성하였다. 당내에서는 통합 이전 최대 세력이던 민주정의당계의 노태우가 당수인 총재에 취임하는 한편 2대 세력인 통합민주당계의 김영삼이 대표최고위원을, 가장 작은 세력인 공화당계의 김종필이 최고위원을 맡고 이와 함께 대통령으로서 공사 다망한 노태우를 보좌하는 형태로, 마찬가지로 민주정의당계 세력의 국회의원이던 박태준 포항제철 회장이 최고위원에 임명되었다.

통합을 실현한 신 여당은 국회 내에서 4분의 3에 가까운 의석을 차지하기에 이르렀고 노태우 정권의 정치적 기반은 일단 안정된 듯이 보였다. 하지만 이 상황도 그리 오래 가지 않았다. 92년 12월로 예정되어 있던 차기 대선을 둘러싼 당내 줄다리기가 일찍부터 시작되었기 때문이다. 태풍의 눈은 당내 넘버 투인 김영삼이었다. 87년 대선에서 득표율 2위를 획득하며 자타 공인 차기 대통령 유력 후보로 물망에 오르던 김영삼의 가장 큰 아킬레스건은 당내 취약한 기반이었다. 그렇기에 그는 노태우나 박태준을 중심으로 한 당내 최대 세력인 구 민주정의당계로부터 당내 주도권을 빼앗기 위해 온갖 힘을 쏟아 부었다. 이를 위해 그는 다름아닌 군사쿠데타로 성립된 전두환 정권의 흐름을 계승하는 민주정의당계 세력의 부정적인 이미지와 그리고 민주화투쟁에서 수행한 역할에 말미암은 자신의 민주적 정통성을 최대한 활용하였다.

한국 국내 정치로서의 일본군위안부 문제

중요한 것은 92년 1월의 아사히신문 보도로 인해 일본군위안부 문제가 본격화되고 그 직후 성사된 미야자와 방한이 이러한 한국 정치의 특수한 환경 속에서 이뤄졌다는 점이다. 이 시기 여당 민주자유당 내의 권력다툼은 최고조에 달하고 있었다. 거대 여당의 차기 대통령 후보 자리를 노리는 김영삼은 1월 7일, "국민의 최대 관심인 여당의 대통령 후보자가 정해지지 않은 것이야말로 정치, 경제, 사회 불안의 원인이 되고 있다"고 말하고 3월에 별도로 예정되어 있던 국회의원선거 이전에 자신을 여당의 대통령 후보로 확정해 달라고 요구했다. 그리고 이러한 김영삼의 여당 흔들기는 당내에 큰 파문을 일으킨다. 선거를 목전에 둔 여당 국회의원들에게는 지지율 하락을 보이고 있던 노태우를 대신해 국민들 사이에 인기가 높은 민주화 운동의 투사 김영삼을 당의 간판으로 내세워 선거를 치르는 게 백 프로 이득이었기 때문이다. 이로써 민주자유당 내부에서는 지금까지의 입장을 뒤집고 김영삼을 지지하는 의원들이 급증하게 되었다.

당연히 이 상황에서 성사된 미야자와 방한은 한국의 각 정치세력에게 국내 정치상황을 고려한 안성맞춤의 줄다리기 재료를 제공했다. 처음으로 행동에 나선 것은 여당 내 세력이 아닌 야당이었다. 이 시기 한국의 야당으로는 김대중이 이끄는 평화민주당에 민주자유당 결성에 반대한 통합민중당 잔류파가 합류해 새로이 '민주당'이라는 정당이 결성되어 있었다. 야당은 우선 미야자와 방한 첫날에 열린 만찬회에 불참함으로써 자신의 존재감을 드러냈다. 당시 만찬회는 한국 사회의 요인을 망라한 대규모 행사로 여당에서는 김영삼, 김종필, 박태준 세 최고위원을 포함해 다수의 국회의원들이 얼굴을 내밀었다. 그런 까닭에 민주당 의원의 불참은 한일 관계에 대한 명백한 이의 표명으로 비춰졌으며 그 의도는 이튿날 더욱 명확한 형태로 나타났다.

즉 1월 17일, 민주당은 당내 '여성특별위원회' 명의로 성명을 발표한다. 성명의 내용은 일본군위안부 문제에 대해 "미야자와 일본 총리는 방한 중에 명백히 사죄하고" "일본 정부의 법적 책임과 배상 문제를 명확히 해야 한다"며 일본 정부의 '법적 배상'을 요구하는 것이었다. 이미 언급한 바와 같이 이 시점에서 한국 정부의 입장은 식민지 지배에 대한 배상 등은 한일기본조약으로 모두 해결되었다는 것이었기에 이러한 민주당의 성명은 한국 정부에게 입장 변경을 요구한 셈이 되었다. 이튿날 18일의 미야자와 국회 연설에서도 민주당은 이를 각 의원 '자유 참가'로 정했다. 결국 민주당 의원 57명 중 이 연설에 참석한 의원은 고작 23명에 그쳤다. 즉 대다수 야당 의원은 한국 국회에서 이뤄진 미야자와의 연설을 보이콧했던 셈이다.

중요한 점은 이러한 야당의 강경 대응이 일본군위안부 문제에 관한 여당의 대일본 타협적 자세를 부각시켰다는 것이다. 물론 여당 측도 손을 놓고 있지는 않았다. 민주자유당은 이미 16일, 박희태 대변인의 이름으로 "무역 적자, 기술 이전, 정신대 문제 등과 관련해 일본 측이 말뿐이 아닌 눈에 보이는 형태로 성의를 표해야 한다"는 성명을 발표하고 "특히 정신대 문제 등에 대해서는 진상이 백일하에 드러난 이상 성의 있는 보상을 행해야 한다"고 한국 정부에 앞서 '보상'까지 언급하고 있다. 허나 이 단계에서 여당은 아직 이 '보상'이 법적 배상까지 뜻하는 것임을 밝히지 않고 있어 야당과의 온도차는 여전히 컸다.

민주자유당에 있어 골칫거리는 당내 유력자 중 한 사람으로 65년에 체결된 한일기본조약 협상의 당사자인 김종필을 떠안고 있다는 점이었다. 수 차례 언급했듯이 한국 정부가 일본 정부에 일본군위안부 문제 등과 관련해 '보상 등'을 요구할 때 가장 큰 걸림돌은 이 조약의 "양 체약국 및 그 국민 간의 청구권에 관한 문제"가 "완전히 그리고 최종적으로 해결되었다"는 조항이었다. 그렇기에 김종필은 협상 당사자로서 이 조약을 체결한 책임을 추궁 당하기에 이르렀다.

이러한 상황 속에서 김종필은 미야자와 방한 첫날 재빨리 '일본 측의 도의적 책임 인정과 보상'을 '강력하게' 요구하는 성명을 발표하나 그것은 오히려 그를 둘러싼 상황을 악화시켰을 뿐이었다. 실제로 한국 각 신문이 이튿날 일제히 김종필의 이 발언을 나무면서 여당은 궁지에 몰리게 된다. 한국의 주요 신문 중 한 곳인 동아일보는 다음과 같이 적고 있다.

> 이번 소동의 주역은 김종필 씨다. 그의 나이대 한국인이라면 정신대에 대해 모르는 인간이 없을 터이다. 그럼에도 불구하고 그는 청구권 협상 당시 정신대 문제는 "한일 양국의 어디에도 자료가 없어 실태 파악이 불가능해 어찌할 도리가 없었다"고 변명했다.
>
> 이 논리는 타인에게 상처를 입혀놓고 '흉기 탓으로 돌리는' 것과 같다. 당시는 증인이 지금보다 많았고 더 많은 자료도 있을 터였다. 30대 젊은 시절, 군사쿠데타를 주도한 그가 이 문제를 해결하지 못한 이유가 경험 부족 탓인지 아니면 일본과의 야합 탓인지 여기서는 추궁하지 않겠다.
>
> 이 나라 집권 여당 지도자의 도덕성과 역사의식이 이 정도이냐고 묻고 싶다. 한일 관계 해결의 책임을 진 정치지도자로서의 당당한 발언이라곤 도저히 생각할 수 없다.

참고로 김종필의 이 발언은 한일기본조약 체결 당시 한국 정부의 협상 담당자가 스스로 일본군위안부 문제의 존재를 어느 정도 알고 있었다는 것을 제시하고 있다는 점에서도 중요하다. 즉 이 증언은 때때로 한국 측의 일부가 주장하는 한일기본조약 체결 당시에는 일본군위안부 문제는 '염두에 두지 않았었다'는 해석과는 명백히 상반되는 것이기도 하다.

이 점에 대해서는 또 다른 기회에 논의하도록 하겠다. 자명한 사실은 92년 1월의 미야자와 방한 때의 '사죄 외교'가 당시의 한국 여당 및 정부를 궁지로 몰아넣었다는 점이다. 그리고 그것이야말로 한국 정부가 이전의 방침을 바꾼 이유였다. 이로써 한국 정부는 한일 역사인식 문제의 '루비콘 강'을 건너고 만 것이다.

92년 한국 대선과 김종필

미야자와 방한 당시의 한국 정치를 고찰할 때 중요한 것은 여당 민주자유당이 그 원류인 세 정당의 연합체였다는 점이다. 그곳에서는 전두환 정권 이래의 구 정당 민주정의당의 흐름을 잇는 세력과 차기 대선 최유력 후보로 물망에 오르던 김영삼을 축으로 한 통합민주당계 세력과의 주도권 다툼이 벌어지고 있었으며 이 대립은 차기 대선의 후보자 경합으로 표면화되었다.

민주정의당계 세력에서 당초 대통령 후보로 유력시되던 인물은 박철언이었다. 노태우 부인의 친척이기도 한 그는 노태우가 대통령 자리에 오르는데 최측근으로서 결정적 역할을 담당하였다. 노태우도 또한 이러한 박철언의 노고에 보답하고자 일찍부터 그를 중직에 임용하였고, 주위에서는 노태우가 박철언을 자신의 후계자로 점 찍은 것으로 생각하였다.

하지만 정권 말기에 들어 노태우의 레임덕화가 뚜렷해지자 상황은 급변한다. 결정적 계기는 전두환 정권과 그 성립 과정에서 진행된 다양한 문제에 관한 진상 규명 작업이었다. 그 배경에는 노태우 자신의 속셈도 깔려 있었다. 왜냐하면 정권 획득 직후의 노태우에게 전임 대통령과 그 후광을 빌린 전두환 직계 세력의 존재는 김영삼이나 김대중과 같은 야당 세력 이상으로 자신의 정치적 리더십을 제약하는 요인이었기 때문이다. 그러므로 노태우는 1979년의 숙군 쿠데타부터 이듬해 5월의 5·17 쿠데타 더 나아가 광주민주화운동에 이르기까지의 역사적 사건을 둘러싼 '진상 규명' 작업을 전두환 직계 세력을 정치적으로 축출하기 위해 적극적으로 이용했다.

하지만 이 작업이 진전되자 전두환 정권하에서 정권의 넘버 투로 군림하던 노태우 자신에 대한 의혹을 불러일으키는 효과까지 가져왔다. 결국 노태우는 구심력을 잃어버렸고 한때 이 정권의 '황태자'라고까지 불리던 박철언의 영향력도 급속히 줄어들기에 이르렀다.

하지만 그것은 민주정의당계 세력과 김영삼계 세력의 대립 종언을 뜻하는 것이 아니었다. 박철언의 몰락 후, 당당히 민주자유당의 최고위원 자리를 차지하고 있던 박태준이 김영삼의 라이벌로 부상했기 때문이다. 군인 출신이면서 나이 면에서나 인맥 면에서나 전두환보다 박정희에 가깝던 그는 무엇보다 국영 제철회사 포항제철을 세계적인 기업으로 키워낸 전설적 경영자로 유명했다. 바꾸어 말하면 김영삼이 김대중과 함께 민주화의 '영웅'이었다면 박태준은 경제성장의 '영웅'이었다. 한국에서 경제성장은 민주화에 버금가는 가장 중요한 화두로 그 '영웅'인 박태준의 존재는 김영삼의 지위를 위협하기에 충분하다고 여겨졌다.

중요한 점은 이러한 여당 내 2대 세력의 대립이 결과적으로 제3 세력으로서의 지위를 굳히고 있던 김종필에게 캐스팅보트를 쥐어주고 말았다는 점이다. 그렇기에 일본군위안부 문제에서 야당 세력이 그 비난의 화살을 김종필에게 돌린 것은 큰 의미를 가지고 있었다. 야당의 의도는 명약관화했다. 그들은 일본군위안부 문제와 관련해 '법적 배상'을 요구함으로써 지금까지 보상 요구에 나서지 않고 있던 정부 여당과 자신들 사이에 차별화를 꾀하고 싶었던 것이다. 더욱이 만약 정부 여당이 불가능한 이유로 한일기본조약과 그 부속협정의 존재를 든다면, 그들은 이들 조약을 체결한 여당 중진 김종필의 책임을 추궁함으로써 여당을 더더욱 궁지에 몰아 넣을 수 있는 구조를 형성하고 있었다.

김종필도 그 점을 잘 알고 있었다. 이미 서술했듯이 미야자와 방한 직전, 그는 일본 정부가 일본군위안부 문제와 관련해 일정한 보상에 나설 것을 요구하는 성명을 발표했다. 이 성명에는 문제를 어떻게든 회피하고 싶은 그의 속내가 잘 드러나 있었다. 허나 일본 정부는 보상에 나서지 않았고 결국 김종필은 삽시간에 궁지에 몰리고 만다. 이 시기 한국 정치에서는 일본군위안부 문제란 곧 한일기본조약의 문제이며 한일기본조약의 문제란 곧 김종필의 문제였던 셈이다. 그럼에도 불구하고 여당 내의 2대 세력은 김종필을 버릴 수 없었다. 30석 이상의 당내 파벌을 안고 있는데다 충청도라는 독자적인 지역적 기반까지 갖춘 김종필은 여당 내 대선 후보 경합과 대선 본선의 향방에 큰 영향을 미칠 수 있는 인물이었기 때문이다. 이 점을 생각해 보면, 미야자와 방한 직후에 나타난 일본군위안부 문제에 대한 한국 정부의 방침 전환이 당시 한국 국내 정치에서 가진 특수한 의미를 이해할 수 있다. 예를 들어 당시 한국 외무부장관은 "정신대 문제는 이 이상 법적 차원에서만 논의할 수 없다"고 밝히고 "정부 차원의 새로운 기구 구축을 통해 진실과 진상을 규명해 이를 토대로 보상 등의 문제를 다각적으로 검토해야 한다"고 말하고 있다. 여기서 주목해야 할 점은 야당 세력과는 달리 한국 정부는 그 의미가 명확한 '법적 배상'이라는 말을 사용하지 않고, '보상 등'이라는 애매모호한 표현을 차용하고 있다는 점이다. 이는 한국 정부가 문제를 '법적 차원'의 틀 밖에서 해결하려 했다는 의미이며, 그것은 다시 말해 한일기본조약 등의 논쟁을 회피하는 형태로 이 문제를 해결하고자 했음을 뜻한다. 그리고 그 이유 중 하나는 이를 통해 분쟁에 휘말려 있던 김종필에게 면죄부를 줌으로써 여당 정부도 스스로 책임을 회피할 수 있었기 때문이었다.

5. 일본 정부의 대응

추상적 사죄와 구체적 사죄

그럼 이번에는 일본 정부를 살펴보자. 한국 정부의 느닷없는 '보상 등'이라는 요구는 일본 정부를 막다른 곳으로 몰아넣었다. 참고로 이때는 아사히신문이 '군의 관여' 특종을 내보낸 지 아직 8일밖에 안 된 시점이었다. 1주일여간의 사태의 급속한 변화에 일본 정부는 필사적으로 대처할 수밖에 없었다.

일본 정부의 반응은 신속했다. 우선 한국 정부가 정식으로 보상 요구를 한 1월 21일 당일, 가토 관방장관은 일본군위안부 문제에 관한 개인

보상에 대해 "결착 되었다고 생각하고 있다. 재판의 결과를 기다리고 싶다"고 말하고 있다. 일본 정부는 일본군위안부 문제의 '보상 등'에 대해 한국 정부와의 추가적 협상에는 응하지 않을 것임을 밝히고 있는 셈이다. 외교 협상으로서는 문전박대에 가까운 취급이라 해도 지나치지 않는다.

허나 일본 정부의 이러한 일련의 대응은 이후 한일 간의 역사인식 문제에 커다란 영향을 남기고 있다. 중요한 것은 결과적으로 한국 국내의 한 담론이 탄생해 뿌리를 내렸다는 점이다. 즉 불과 며칠 사이에 총리 스스로가 '반성'의 뜻을 연발하고 그 직후에 이와 언뜻 모순된 듯 보이는 '보상 등'의 거부에 나섬으로써 한국 국내에서는 "일본은 건성으로 사죄하고 있을 뿐이며 성의가 없다"는 인식이 등장했고 더 나아가 역사인식 문제의 해결에는 "일본이 반성하고 있음을 보여주는 진정한 사죄가 필요하다"는 논의가 제기되기에 이르렀다. 이로써 한일 역사인식 문제에서 오늘날까지 이어지고 있는 한국 측의 전형적인 한 인식이 탄생한다.

배경에는 일본군위안부 문제가 본격적으로 부상하면서 역사인식 문제를 둘러싼 기초 조건이 변화했다는 사실이 깔려 있었다. 미야자와 정권 이전에도 일본 정부는 다양한 형태로 '반성'의 뜻을 한국에 표명해 왔다. 전형적인 예가 1984년의 전두환 그리고 1990년의 노태우 두 대통령의 방일 시에 이뤄진 쇼와 천황, 현직 천황의 '말씀'이었다. 물론 역대 천황이 '반성'이나 '사죄'의 뜻을 표명한 적은 없었다. 가령 노태우 방일 시에는 당시의 가이후 총리가 "한반도 분들이 우리 나라의 행위로 인해 견디기 힘든 고통과 슬픔을 체험하신 것에 대해 겸허하게 반성하며 솔직하게 사죄의 마음을 표하고 싶다"고 밝힌 바가 있다.

그렇다고 하나 미야자와 방한 이전에 일본 정부가 표명한 '반성'이나 '사죄'의 뜻에는 공통점이 있었다. 그것은 이들 '사죄'가 모두 추상적이며 꼭 특정 사건이나 구체적인 피해자를 염두에 둔 것이 아니었다는 점이다. 이에 반해 미야자와가 방한했을 때 표명한 '반성'의 대상은 명백히 일본군위안부 문제 피해자였다. 추상적인 사죄에서는 대상 피해나 피해자의 내용이 뚜렷하지 않다. 그 까닭에 곧바로 구체적인 보상이나 배상 관련 논의로 발전하기 어렵다. 그러나 사죄가 명백한 대상을 획득했을 때, 거기에는 구체적인 '책임'과 '보상 등'에 관한 논의가 발생한다. 따라서 이때 '반성'의 뜻을 되풀이해서 표명한 것은 역으로 일본 정부가 '보상하지 않겠다'는 뜻을 부각시키는 효과를 가지고 있었다.

결국 미야자와 방한을 전후한 시기의 반복적인 '반성'의 뜻 표명은 오로지 한국 사회에 일본 정부의 교활함을 각인시키는 효과를 가져왔다. 이로써 일본 정부는 점점 더 궁지에 몰리게 된다.

일본 정부에 던져진 난제

그런데 같은 1월 21일에 실시된 회견에서 가토는 "일본군위안부 문제에 대해 충심으로부터 사죄하며 이와 관련된 조치를 향후 검토해 나가고자 한다. 우리의 사죄의 마음을 표명할 조치를 취하고 싶다"라고도 말했다. 이미 일본 정부는 '형식적인 사죄'가 상황을 악화시켰음을 인식한 것으로 보였다. 자신이 쓴 수가 오히려 부작용을 일으킨 셈이 된 일본 정부는 상황을 회복시키기 위해 '모종의 조치'를 취할 필요가 있었다.

그러나 여기에서 또 문제가 발생한다. 본디 문제의 외교적 해결을 위해 일본 정부와 함께 방안을 강구해야 할 한국 정부가 일본 정부와의 적극적인 협력을 포기한 것이다. 즉 한국 정부는 일본군위안부 문제와 관련된 '보상 등'을 요구하는 한편 이를 구체적으로 어떻게 실시해야 할 것인가에 대해서는 침묵하게 된 것이다.

그 배경에는 두 가지 사정이 있었다. 하나는 이후 노태우 정권의 레임덕 현상이 커지면서 이 정권이 사실상 '선거관리정권'으로 전락한 것이다. 당사자 능력을 상실한 노태우 정권에는 복잡한 내셔널리즘적인 심경과 밀접하게 얽힌 역사인식 문제에 대처할만한 여력이 존재하지 않았고, 또 김종필로 대표되는 한일기본조약 체결 당시 관계자가 속해 있는 여당 또한 이 문제에 적극적으로 관여하고자 하지 않았다.

그렇다고는 하나 가장 중요한 것은 바로 이 '해결책을 일본 측에 모두 맡겨두는'것이 한국 정부의 입장에서는 '합리적인' 조치였는지도 모른다. 가령, 이 후 한국 내에서 일본군위안부 문제를 둘러싼 문제는 혼란이 계속된다. 노태우 정권은 '적절한 보상 등의 조치' 범위를 넘어 일본 정부의 공식적인 '법적 배상'을 요구하지 못한 채 오히려 93년 김영삼이 정권을 계승하자 오히려 이 방침조차 후퇴하게 된다. 즉 김영삼 정권은 일본군위안부 문제에 대해 일본 정부에 '법적 배상'을 요구하지 않을 것임을 명확히 밝힌 것이다. 한일기본조약 체결 시의 관계자로 구성된 당시 한국 정부에서 기본 조약 및 부속 협정에 관련된 논의는 정치적으로 미묘한 문제였으며, 그들은 이후에도 이러한 논의에 적극적으로 임하고자 하지 않았다.

하지만 이는 한국 정부가 미야자와 방한 이전에 존재했던 일본 정부와의 공조 노선으로 돌아섰다는 의미는 아니다. 92년부터 94년 사이 한국 정부는 '법적 배상' 요구를 후퇴시키는 한편 일본 정부에 대한 '성의 있는 대응'요구는 일관적으로 유지하였다. 일본 정부의 골칫거리는 한 국 정부가 요구하는 '성의 있는 대응'에서 그 구체적인 내용이 무엇인지 전혀 알 길이 없었다는 점이다. 쉽게 말하면, 한국 정부는 일본군위안 부 문제에 있어서 최대의 난제인 '성의 있는 대응'이 무언가에 대해, 즉 일본군위안부 문제를 어떻게 해결할 것인지 그 방법론에 대해서는 일 본 정부에 책임을 떠맡긴 셈이다. 결론부터 말하자면 이 대응은 절묘했 다. 그들은 이로써 자국을 둘러싼 복잡한 법적 논의를 피할 수 있었던 한편 일본 정부에 대해 '답변'을 자유롭게 거부할 수 있는 권한까지 유 보할 수 있었기 때문이다.

이렇게 일방적으로 난제를 떠안게 된 일본은 이후 그 모범답안을 만 들기 위해 시행착오를 거듭하게 된다. 말할 것도 없이 그 산물이 바로 다름아닌 92년 7월에 이루어진 제2차 가토 담화, 93년의 고노 담화며, 나아가 '여성을 위한 아시아평화우호기금'이다. 다음으로 일본 정부의 시행 착오에 대하여 살펴보도록 하겠다.

6. 제2차 가토 담화

한국 정부의 전략과 일본군위안부 문제의 기본 구조

노태우 정권의 방침 전환은 일본 정부로서는 마른 하늘의 날벼락이 었다. 하지만 일본 정부를 더욱 난처하게 한 문제는 이때, 그리고 그 이후에도 한국 정부가 일본군위안부 문제와 관련해 명확한 자세를 천 명하지 않았던 점이었는지도 모른다.

일반적인 인식과는 달리, 한국 정부는 92년 이후 현재에 이르기까지 유엔에서 라디카 쿠마라스와미Radhika Coomaraswamy 보고서가 나온 96년 부터 97년 초두까지의 짧은 시기를 제외하면 일본 정부에 대해 공식적으로 일본군위안부 문제에 대한 '법적 배상'을 요구한 적은 없다. 특히 노태우 정권의 뒤를 이어 성립된 김영삼 정권은 "법적 배상을 요구하지 않을"것임을 밝혔고, 그 뒤를 이은 김대중 정권 또한 "정부는 민간 단체가 배상을 요구하는 움직임을 방해할 의지는 없다"라며 사실상 정부의 태도에 대해서는 노코멘트를 관철했다. 2003년에 성립된 노무현 정권은 야스쿠니 신사 참배 문제나 영토 분쟁의 발발과도 맞물리면서 일본군위안부 문제에 대해 강경한 입장을 관철했지만, 그럼에도 반드시 '법적 배상'을 외교적으로 공식 요구한 것은 아니었다.

그 배경에는 한일기본조약과 일련의 부속 조약에 의한 제약이 있었다. 2005년 1월 노무현 정권에 의한 한국 측 외교 문서 공개에서도 밝혀졌듯이 조약 체결에 이르기까지의 과정에 대하여 개개의 청구권 보유자에 대한 직접 지급을 주장한 것은 오히려 일본 정부 쪽이었으며, 이이 비해 당시 한국 정부는 전후 처리 문제에 대하여 한국 정부가 일괄적으로 일본 측의 지급을 받아 개개 청구권자에게 분배할 것을 강력하게 주장했다. 이 사실은 한국 측이 일본 측에 법적 배상을 요구할 때 최대의 제약 가운데 하나가 되었다.

이 사안의 중요성을 이해하기 위해서는 일본군위안부 문제의 법적 구조에 대하여 알 필요가 있다. 이를 법학에 대해 잘 알지 못하는 필자가 굳이 정리한다면 다음과 같다. 즉 한국 측이 일본 정부에 일본군위안부 문제로 법적 배상을 요구하고자 한다면, 적어도 다음의 네 가지 걸림돌을 해결할 필요가 있다. 첫 번째, 본디 위법행위가 존재했는가이며, 이것이 존재하지 않는다면 청구권 그 자체가 존재하지 않는다. 두 번째, 위법행위의 책임이 일본 정부에 있는가에 대한 증명이다. 위법행위가 있어도, 그 책임이 일본 정부에 없다면 피해자는 가령 위안소 경영자에 대해 배상을 청구할 수는 있을지언정 일본 정부에 대해서는 청구가 불가능해진다. '동원 경위의 위법성'에 대한 논의는 첫 번째 걸림돌에 해당하는 내용이며, '군이나 정부의 관여'를 둘러싼 사료가 주목을 받는 이유는 두 번째 걸림돌에 해당하기 때문이다.

하지만 이것만으로는 한국 측이 일본 정부에 법적 배상을 요구할 수 없다. 세 번째, 청구권이 '여전히' 유효함을 제시할 수 있어야 한다. 여기서 무효가 될 가능성은 크게 두 가지이다. 첫째, 한일기본조약 및 그 부속 협정의 규정에 의해서이며, 이에 의거해 일본군위안부와 관련된 한국 측의 '개인적 청구권'이 소멸했는지에 대한 논의는 이미 잘 알려진 바와 같다. 둘째는 민법상의 시효이다. 이 점에 대해 한국의 재판소는 '소멸 시효가 지나 배상 책임이 없다는 피고의 주장은 신의성실의 원칙에 반해 인정되지 못한다'는 판단을 보이고 있다. 마지막으로 네 번째 걸림돌로 최종적 '지급의 의무'가 일본 정부에 있음을 증명할 필요가 있다. 설령 첫 번째에서 세 번째 요소를 모두 충족시키는 경우라도 법적 배상이 한국 정부가 일련의 조약의 결과로서 받은 '경제협력금' 안에서 지급되어야 한다고 해석된다면, 배상금은 한국 정부가 지급하게 된다. 실제로 근로자의 전시 동원에 대한 보상 등에 대해 한국 정부는 이를 인정하고 있으며, 실제 배상을 실시하고 있다.

그렇기에 노무현 정권 이후의 한국 정부는 이러한 문제를 회피하기 위해 일본군위안부 문제는 한일기본조약 체결 당시에는 아직 상정되지 않았던 '새로운' 문제라 하며 일련의 조약 범위 밖에서 처리하기를 요구하고 있다. 하지만 이미 서술한 바와 같이 한일기본조약이 체결되기까지 교섭의 당사자들은 그 과정에서 일본군위안부의 존재를 어느 정도 염두에 두고 의식하고 있었다. 더불어 조문을 단순하게 해석하면 일련의 조약을 통해 지급된 것은 '배상금'이 아닌 '경제협력금'이며, 그러므로 이 금액이 어떠한 '배상'에 쓰여야 하는지에 대해 논의하는 것 자체가 아주 의미 없는 일이라고 생각하지는 않았다.

이렇게 보면 한일기본조약과 그 부속 협정의 존재가 한국 측이 일본 측에 법적 배상을 요구할 때, 얼마나 큰 걸림돌이 되고 있는지를 알 수 있다. 그렇기에 역대 한국 정부는 이 문제를 회피하고자 노력해 왔다. 한편, 92년 이후 한국 국내에서는 '정대협(한국정신대문제대책협의회)'을 중심으로 한 시민 단체가 일본군위안부 문제에 대한 일본 정부의 법적 배상을 강력하게 요구하고 있으며, 그 주장은 한국 국내에서 강력한 지지를 받고 있다. 민주화 이후의 한국 정부의 입장에서는 이 운동을 정면으로 가로막기는 어려웠고 적어도 큰 각오가 필요했다.

한일기본조약과 그 부속 협정에 정면으로 도전하자니 일본 측에서는 상대도 해주지 않고, 조금이라도 일본 측에 타협하는 움직임을 보이면 자국 여론의 강력한 반발에 직면하게 된다. 이 심각한 딜레마를 극복하는 방법으로 한국 정부가 —의도적인 것이었는지 결과적으로 그리 된 것인지의 여부는 차치하고— 선택한 것은 바로 일본군위안부 문제의 '해결'방법을 일본 정부에 '통째로 위임하는' 것이었다. 바꿔 말하면, 한국 정부가 일본 정부에 지속적으로 요구한 것은 일본군위안부 문제와 관련된 '배상'보다 오히려 '해결안'이었던 것이다. 그리고 그들은 이 '해결안'이 무엇인가 라는 가장 근본적인 문제를 일방적으로 일본 정부에 떠맡겼다.

막다른 골목의 미야자와 정권

그러나 일본군위안부 문제 구조의 중요성이 밝혀지는 것은 좀 더 나중의 일이다. 어쨌든 이렇게 미야자와 정권은 노태우 정권의 정책 전환 후 일본군위안부 문제에 대한 '해결'이란 무엇인가 하는 난제를 피할 수 없게 되었다. 여기에서 미야자와 정권은 두 가지를 실천해야만 했다. 물론 첫 번째는 일본군위안부와 관련된 역사적 사실 규명이다. 92년에 이루어진 미야자와 총리의 방한은 아사히신문의 '군의 관여' 보도가 있은 후 불과 5일 만에 이루어졌으며 이 시점에서는 일본군위안부 문제와 관련된 구체적인 역사적 사실은 거의 아무것도 밝혀지지 않았다. 그렇기에 일본 정부는 진상 규명 작업을 통해 자신이 어떠한 책임을 지고 있는지를 확인해야 했다.

두 번째는 일본군위안부 문제의 '해결안'을 책정하는 문제이다. 중요한 것은 미야자와 정권이 '진상'규명 작업과 '해결안' 책정을 동시에 진행했다는 점이다. 미야자와의 방한 이틀 전인 1월 14일, 가토 관방장관은 이미 일본군위안부 문제에 관한 '보상의 대체적 조치'를 검토한다고 밝힘으로써 '해결안'의 기본적 방향을 제시하고 있었다. 이러한 '진상'이 규명되기 이전에 '해결안'부터 책정한다는 모순된 움직임의 뒤편에는 당시 한일 양국 정부 및 여론의 '예견'이 있었다. 즉 당시 한일 양국 정부 및 여론은 일본군위안부 문제에 대해 일본 정부에 어떠한 '책임'이 있을 것임은 아마도 자명하며, 이러한 사실이 정부에 의한 '진상'규명 작업에 의해 즉시 밝혀질 것이라고 생각했던 것이다.

그렇기에 미야자와 정권이 지향한 '해결안'의 의미도 이러한 당시의 문맥에서 이해할 필요가 있다. 일본군위안부 문제에 대한 일본 정부의 어떠한 '책임'이 입증되는 것은 시간 문제이지만, 한일기본조약과 그 부속 협정이 있는 한 일본 정부에 직접적인 법적 배상의 의무가 생길 여지는 없었다. 그렇기에 이 상황에서 '보상의 대체적 조치'를 추가해 '해결안'으로 제시함으로써 일본 정부는 한국 정부나 여론에 대하여 '성의를 보일 수' 있다. 그리고 이 과정을 단시간에 수행함으로써 한일 간에 최대 현안으로 떠오른 일본군위안부 문제를 해결하고, 또 이로써 스스로의 정권과 한일 관계를 안정시킨다. 당시 일본 정부의 움직임은 이러한 이해를 전제로 하면 이해하기 쉽다.

하지만 이러한 '예견'은, 전제가 되는 '진상'규명 작업의 난항으로 무너지게 되었다. 왜냐하면 일본군위안부 문제에 대해 일본 정부의 명확한 책임을 제시한 사료가 당초의 '예견'대로는 발견되지 않았기 때문이다.

보다 정확하게 설명하자면 다음과 같다. 물론 일본군위안부 문제에서 일본 정부의 '관여'를 제시하는 사료는 발굴되었다. 이를 1992년 7월 6일, 가토 관방장관의 담화 ─ 이 책에서 말하는 '제2차 가토 담화' ─ 에 따라 설명하면 다음과 같다. 가토에 따르면 일련의 조사에 의해 방위청 70건, 외무성 52건, 후생성 4건, 문부성 1건 등 총 127건의 사료가 발견되었는데, 일본 정부가 위안소 설치나 모집 규정의 책정, 나아가 위안소의 경영·감독과 위안소 및 일본군위안부의 위생 관리에 관여하고 위안소 관계자에 대한 신분증명서 등도 발급했음이 밝혀졌다.

하지만 문제는 이러한 사료가 즉각적으로 일본 정부가 일본군위안부 문제에 대해 '책임'을 지고 있음을 의미하는 것은 아니었다. 2차 대전 이전의 법률에서는 성 노동자의 존재 그 자체는 합법이며, 일본 정부나 군이 이에 일정한 범위에서 관여하는 것이 반드시 그들이 위법행위에 직접 관여하고 있음을 의미하지는 않았다. 그리고 무엇보다 당시의 한일 양국 정부나 여론이 가장 기대하고 '예견'했던 중요한 사료가 나오지 않았다. 이는 일본군위안부를 동원하는 과정에서 위법행위에 일본 정부가 직접 관여했다는 사료였다.

이 점을 이해하기 위한 핵심은 바로 일본군위안부 문제가 수면 위로 떠오른 역사적 경위에 있을 것이다. 이미 제시한 바와 같이 90년에서 91년까지 한일 간 역사인식 문제의 초점은 노동자 '강제동원'을 둘러싼 것이었다. 이 시점에서 일본군위안부 문제는 '강제동원' 문제의 일부였으며, 그렇기에 당시 ― 일본에서는 아마 지금도 ― 일본군위안부 문제의 최대 초점은 동원 과정의 위법성 유무로 간주되고 있었다. 이는 92년 요시미 요시아키吉見義明와 하타 이쿠히코 두 사람 사이에 전개된 '협의/광의의 강제'를 둘러싼 논의에도 전형적으로 나타나 있다. 일본 정부의 책임을 묻는 측도, 역으로 그에 대항하는 측도 동원 과정의 위법성이 일본군위안부 문제의 '본질'이라 생각하고 뜨거운 논쟁을 벌이고 있었다.

하지만 현실적으로 많은 사람들의 '예견'과는 달리 일본군위안부의 동원 과정에서 일본 정부의 법적 책임을 직접 증명하는 사료는 발견되지 않았다. 그때까지 일본 정부의 입장에서 보자면 호재로도 보일 수 있는 이 사실은 오히려 당시 정부에 큰 제약으로 작용했다. 왜냐하면 당시 일본 정부는 총리가 직접 일본군위안부 문제를 둘러싸고 일정한 사죄의 뜻을 공식적으로 밝혔으며, '보상의 대체적' 조치 실시까지 공식화한 터였기 때문이다. 그래서 '제2차 가토 담화'에서도 다시금 가토는 "재차 충심으로 사죄와 반성의 뜻을 전한다", "필설로 다 할 수 없는 고통을 당한 모든 분들에게 우리의 마음을 어떠한 형태로 나타낼 수 있을 것인가"를 '성의를 가지고 검토'할 것을 약속하게 된다. 일본 정부는 스스로의 앞선 언행에 속박되어 이 문제의 출구를 잃어가고 있었다.

7. 고노 담화

역사인식의 분기점

92년 1월 아사히신문의 보도로 시작된 일본군위안부 문제를 둘러싼 전개는 그 후 미야자와 총리 방한 시의 사죄와 노태우 정권의 정책 전환으로 이어졌다. 이 시점에서 일본군위안부의 '강제동원'에 수반되는 사료는 쉽게 발굴될 것이라는 '예견'이 있었고 양국 정부는 이를 전제로 움직이고 있었다.

그러나 상황은 중요한 사료가 발굴되지 않으면서 잠시 막을 내리게 된다. 제2차 가토 담화에서 일본 정부는 다양한 수준에서 일본군위안부 문제에 대한 관여를 인정하는 한편, 강제동원에 관한 사료는 발견되지 않았음을 분명히 했다. 이 '뜻에 반한' 조사 결과에 대해 한국 정부와 여론은 반발했다. 일부 사람들은 나아가 이 발표에 대해 일본 정부가 진상을 은폐하고자 하는 증거라고 간주하기에 이른다.

이에 대항하는 형태로 한국 정부는 직후에 스스로의 조사 결과를 발표하고, 전 일본군위안부들의 증언을 근거로 "사실상의 강제동원이 있었음"은 명백하다는 결론을 내리게 된다. 당시 한국 정부 관계자는 "일본 측이 강제는 없었다고 주장한다면 우리는 역으로 이를 입증해야 한다"고 말했다. 이미 논의는 '결론을 내기 직전' 상태에 이르렀음이 분명했다.

중요한 것은 이렇게 일본군위안부 문제를 둘러싼 한일 간 역사인식이 양분되고 있었다는 점이다. 일본군위안부 문제는 80년대까지는 크게 주목을 받지 않았으며, 당시 양국에는 이 문제에 대한 확고한 인식이 존재하지 않았다. 한편 아사히신문의 '군의 관여' 보도 이후에는 한일 양국이 함께 일본군위안부의 '강제동원'을 전제로 움직이고 있었으며, 오히려 양자의 역사인식이 일치했다고 할 수 있다. 하지만 이러한 상황은 일본군위안부 문제의 진상 규명 과정에서 바뀌어간다. 즉 한국에서는 증언에 중점을 두고 '강제동원'이 이루어졌다는 인식이 형성되었고, 일본에서는 문헌 사료의 부재에 근거해 '강제동원'은 없었던 것으로 간주하게 되었다. 이렇게 보면 일본군위안부 문제는 전후 일정 이상의 기간을 거쳐 한일 양국에서 새로운 역사인식이 태어나고 또 양분된 전형적인 사례였다고 할 수 있겠다.

정치적 해결에 대한 모색

이러한 역사인식의 괴리는 일본 정부가 함께 진행한 일본군위안부 문제의 '해결'방안의 책정에도 어두운 그림자를 드리웠다. 제2차 가토 담화로부터 약 15일 후인 8월 1일, 일본 정부는 '보상을 대체하는 조치'

로서 정부가 전액 출자하는 재단을 한국에 설립할 것을 밝혔다. 훗날 설립된 '여성을 위한 아시아평화국민기금'(이하, 아시아여성기금)이 민관합동출자 재단이며 그 본부가 일본 내에 설치된 점을 고려하면, 이러한 미야자와 정권의 제안은 무라야마 정권보다 훨씬 한국 측에 양보한 내용이라 할 수 있다. 하지만 이 구상에 대해서는 우선 한국의 일본군위안부 지원 단체가 반대를 표명했고, 이에 한국 정부도 난색을 표하게 되었다. 이유는 '진상 규명이 부족'한 데 있었다. 일본 정부가 일본군위안부의 '강제동원'을 인정하지 않는 한 어떠한 구상도 받아들이지 않겠다는 것이다. 여기서 일본군위안부의 "강제동원"까지 일본 측에 인정토록 할 수 있다면 그 후의 협상이 훨씬 유리해질 것이라는 계산이 있었다고 해도 이상하지 않을 것이다.

일본 정부의 입장에서 더욱 까다로운 문제는 일본군위안부 문제가 국제적인 관심을 모으고 있었다는 점이었다. 한일 양국 간에 전개된 일본군위안부 문제는 동일한 문제를 떠안고 있는 다른 국가들을 자극하는 결과를 초래해 중국, 대만, 필리핀 등 정부 및 민간 단체가 자국 국민과 관련된 일본군위안부 문제의 진상 규명과 보상을 요구하기 시작했다. 그 영향은 동시에 이루어지고 있던 일본과 북한 간의 국교정상화 협상에도 미쳤다. 북한 정부는 일본군위안부 문제에 대해 한국 정부의 견해를 지지할 것임을 표명하고 스스로도 일본 정부에 대해 법적 배상을 요구했다. 일본군위안부 문제는 한일 간의 문제에서 세계적인 문제로 비화되었고 이듬해에는 UN인권소위원회에서도 논의되기에 이른다.

하지만 이 시점에서 일본 정부에 행운의 여신이 노크를 했다. 새해가 밝은 93년 2월, 노태우 대통령의 뒤를 이어 취임한 김영삼 대통령은

"일본에 대해서 물질적인 보상은 요구하지 않을 방침이다"라는 뜻을 표명하고, 아울러 "이 문제는 일본 측의 진상 규명이 중요하고 피해자에 대한 지원은 한국 정부의 예산으로 실시하고자 한다"고 발표하였다. 93년 3월 15일에 있었던 일이다.

중요한 것은 김영삼 대통령의 이 발언이 "한일기본조약에 의해 청구권 문제는 해결되었다"는 일본 정부의 입장과 합치한다는 점이다. 일본 정부는 이러한 김영삼 내통령의 발언을 "이 문제를 신속히 처리함으로써 새로운 한일 관계를 구축하고자 하는 의향의 표현"이라고 간주하고 문제 해결을 위해 서둘러 움직인다. 김영삼 대통령의 발언이 있었던 다음 날, 일본 정부는 지금까지 "증언으로는 입증되지 않는다"며 거부해온 한국에 거주하는 전 일본군위안부에 대한 탐문조사를 스스로 실시할 것임을 밝혔다. 아울러 정부는 '강제동원' 그 자체의 정의에 대해서도 "몸을 구속하는 등 억지 동원뿐만 아니라 위협을 해서 데려간 경우 등 '정신적 강제'도 포함된다"는 견해를 분명히 한다. 속된 말로 표현하자면, 앞으로 닥칠 조사에 대비해 '강제동원'에 대한 정의를 조정함으로써 '스트라이크 존을 넓게 잡은' 셈이다. 당시 한 신문은 이에 대하여 일본 정부가 "자료 조사만으로는 한국 측이 강력하게 요구하는 '강제동원'성의 입증이 불가능하다고 판단, 방침을 전환했다"고 알기 쉽게 풀어서 보도했다.

이와 더불어 한국 정부 또한 "이는 피해자 개인의 보상 요구나 소송을 제외하고자 하는 것이 아니다"라며 일본 측이 '해결안'으로써 준비하는 재단설립 형식의 구제에 길을 열어 주고 또 일본군위안부 문제에 대한 일본 교과서 기재를 요구하는 등 추가적인 요구도 했다. 5월 18일에는 한국 국회에서 '일제하의 일본군위안부에 대한 생활안정지원법'이 성립되어 전 일본군위안부에 대한 사실상 최소한의 보상 준비도 갖추어졌다. 이렇게 하여 일본 정부에 의한 진상 규명, 즉 전 일본군위안부에 대한 탐문조사만이 남아 있는 것처럼 보였다.

'막바지 담화'

그러나 조사는 난항을 겪었다. 한일 양국 정부의 정치적 결론을 향한 움직임에 반발한 한국 최대의 일본군위안부 지원단체인 한국정신대문제대책협의회(통칭, 정대협)가 '조사 불충분'을 이유로 일본 측 조사에 대한 협력을 거부했기 때문이다. '강제동원'을 나타내는 문헌 사료가 나오지 않은 이상, 일본 정부가 '강제동원'을 인정하기 위해서는 전 일본군위안부의 증언이 반드시 필요했다. 교착상태 속에서 시간만이 무심하게 흘러갔다.

그리고 일본에서는 대규모 정치적 변화가 일어나 미야자와 정권은 빠른 속도로 마지막을 향해 내달리게 된다. 93년 5월, 자민당에서는 정치 개혁을 강요하는 소장파 의원과 당 집행부의 대립이 표면화되면서 당은 심각한 분열 상태에 직면했다. 그 결과, 6월 18일 야당이 제출한 불신임안에 일부 의원이 동조함으로써 미야자와 내각은 중의원 해산으로 내몰렸다. 자민당은 분열하여 오자와 이치로小澤一郎, 하타 쓰토무羽田孜 등을 중심으로 하는 신생당과 다케무라 마사요시武村正義 등의 신당 사키가케가 결성된다.

원래대로라면 이러한 내각의 위기로 인해 일본군위안부 문제를 비롯한 외교상의 중요 문제에 대한 정부의 움직임은 당연히 멈출 것이다.

이러한 상황에서는 정부가 외교협상의 결과를 유지시키는 일조차 기약할 수 없기 때문이다. 하지만 같은 이유로 인해 미야자와 정권은 오히려 일본군위안부 문제의 해결을 서둘렀다. 불신임안 가결로부터 11일 후인 6월 29일 일본 정부는 외무성 장관을 한국에 파견했다. 그 배경에는 한일 양국 정부 간의 일정한 합의가 존재했다고 전해진다. 즉 양국 정부는 이미 현 정권하에서 일본군위안부 문제를 해결하는데 사실상 합의했으며, 때문에 이때 발발한 일본 국내의 정치적 혼란은 오히려 협상의 속도를 올리는 효과를 가져온 것이다.

그렇다고는 해도 이 시점은 중의원 해산 후 아직 선거가 실시되기 이전이었으며, 그러므로 선거 후에도 미야자와 정권이 지속될 가능성이 있었음을 상기할 필요가 있다. 사실 7월 18일에 실시된 총선거에서 자민당은 현재 의석수를 웃도는 의석을 확보해 제일당의 지위를 유지하는데 성공했다. 그럼에도 불구하고 미야자와 씨와 자민당이 정권을 내려놓게 된 것은 사회당이나 신생당을 중심으로 하는 '비非 자민 그룹'과의 연립경쟁에서 패했기 때문이었다. 양자는 캐스팅보트를 쥔 일본 신당·사키가케 양당을 자신의 진영으로 맞이하기 위해 경쟁을 벌였고, 그 와중에 당 내외의 비판에 직면한 미야자와는 결국 7월 22일, 스스로 정권 유지를 단념하게 된다.

그럼에도 일본군위안부 문제와 관련된 미야자와 정권의 노력은 계속되었다. 조금 거슬러 올라가 총선거 이틀 전인 7월 16일, 당시에는 '정대협' 다음으로 큰 규모를 자랑하는 일본군위안부 지원단체, '태평양전쟁희생자유족회'가 조사 수락을 결정, 일본 정부는 한국에 조사관을 파견했다. 16명의 전 일본군위안부를 대상으로 탐문조사가 실시된 것은

7월 26일부터 27일. 즉 이미 미야자와 씨가 퇴진을 결심한 이후의 일이었다. 그 사이 일본 내에서는 '비자민그룹'의 연립정권 구축작업이 계속되어 7월 30일, 호소카와 모리히로細川護熙를 수반으로 하는 정권구축에 합의했다. 같은 날, 패한 자민당은 관방장관이었던 고노 요헤이河野洋平를 새로운 총재로 선출했다. 오랫동안 정권을 차지한 자민당이 야당으로 물러나게 된 실로 기나긴 여름날의 드라마였다.

그리고 8월 4일, 고노 요헤이는 일본군위안부 문제의 조사 결과를 발표한다. 정부는 내각관방내각외정심의실의 이름으로 '이른바 일본군위안부 문제에 대하여'라는 글을 발표하고, 이를 보충하는 형태로 관방장관 명의의 '담화'를 발표했다. 이것이 다름아닌 '일본군위안부 관계조사 결과 발표에 관한 고노내각 관방장관담화', 줄여서 '고노 담화'이다. 다음날인 8월 5일에는 특별국회 소집이 결정되었으며, '담화'는 고노가 관방장관으로서 가진 마지막 기자 회견이기도 했다. 기자회견의 하이라이트였던 일본군위안부의 '강제동원'에 대하여 '담화'는 다음과 같이 서술한다.

위안부의 모집에 대해서는 군의 요청을 받은 업자가 주로 이를 맡았으나, 그 경우에도 감언, 강압에 의하는 등, 본인들의 의사에 반하여 모집된 사례가 많이 있으며, 더욱이 관헌 등이 직접 이에 가담하였다는 것이 명확하게 되었다.

여기에서 주의해야 하는 점은 이 '담화'가 그 이전에 있었던 두 차례에 걸친 가토의 '담화'와는 달리, 한반도 출신 이외의 사람까지 포함하여

종군위안부문제로 회담하는 고노 요헤이 관방장관(1993년 8월 4일)(시사)

일본군위안부 전반을 커버하는 내용이었다는 점이다. 이 시점에서는 이미 중국 대륙이나 동남아시아 각지에서 일본군이 일본군위안부를 강제적으로 징집한 사례가 있음이 사료상으로 밝혀

졌기 때문에 "관헌 등이 직접 이에 가담한 적도 있었다"(강조점은 필자)라는 '담화'의 내용은 잘못된 것은 아니었다. 즉 이 '담화'는 실증을 거친 중국이나 동남아시아의 사례에 한국 조사의 결과를 추가한 형태로 구성되어 있었고, 이에 절묘하게 일본군위안부 모집 시의 강제성이 인정되는 형태였다. 실제로 담화 발표 후의 기자회견에서 고노는 동남아시아에서 이루어진 위안부 '강제동원'의 사례 즉, 스마랑 사건에 대해 언급하였다. 당시 보도에 의하면 정부관계자도 이러한 사례들을 의식하여 '담화'를 작성했음을 명확하게 인정하고 있다.

또한 때로는 오해를 받는 점이기는 하나, 이 '담화'는 정부에 의한 일본군위안부의 직접적이고도 조직적인 징집을 인정한 것도, 하물며 모든 일본군위안부가 '강제동원'되었다고 인정하는 내용도 아니었다. 실제 당시 관방부장관이었던 이시하라 노부오石原信雄는 훗날 "대부분의 사람은 업자가 모집해 전지로 끌려갔음이 틀림없다"라고 말했다. 당시의 정부 관계자가 일본군위안부 모두가 '강제동원'되었다고 간주한 것은 아님이 분명했다. 이렇게 생각해 보면 고노 담화는 매우 잘 지어진

'작문'이며 당시의 한일 관계가 낳은 전형적인 귀에 걸면 귀걸이 코에 걸면 코걸이 식의 어떻게든 해석할 수 있는 애매모호한 답이었음을 잘 알 수 있다.

문제가 있다고 하면 오히려 그것이 정권 말기 직전의 '막바지 담화'로 나왔던 것에 있는지도 모른다. 고노 담화는 본디 당시 한일 양국 정부의 정치적 타협의 산물이며 그렇기에 양국 정부는 이에 책임을 져야만 했다. 그러나 미야자와 정권은 곧바로 퇴진했고 이윽고 이 담화는 한국 정부로부터도 버림받게 된다.

8. 무라야마 담화에서 아시아여성기금으로

▌호소카와 정권하의 따뜻한 봄날

고노 담화에 대한 당시의 평가는 각양각색이었다. 가령 뉴욕타임즈는 역사인식 문제에 있어서 '환영할만한 전진'이라며 호의적으로 평가했다. 중국의 신화사통신 또한 일본 정부가 "아시아, 특히 조선의 여성이 강제적으로 일본군위안부가 된 것을 공식적으로 인정하고 사죄했다"고 받아들였다.

이에 비해 피해자 단체의 반응은 냉담했다. 담화에 앞서 일본 정부의 조사에 협력한 태평양전쟁 희생자 유족회는 "일본 정부의 개입에 대해서는 애매하게 인정했을 뿐이다"라고 비난했다. 탐문조사를 거부한 한국정신대문제대책협의회('정대협')는 한층 더 신랄하게 비판했다. 그들은 담화에 대해 "문제의 본질을 회피한 채 조사를 끝내려 한다"며 규탄했다. 유엔에서 열린 '차별방지 및 소수자 보호에 관한 소위원회'에서 한국의 민간단체 대표는 일본 정부의 보고서에 대해 "진실에서 상당히 멀다"며 북한 정부 대표와 입을 모아 공격했다.

담화에 대한 평가가 엇갈리고 있었지만, 한국 정부는 일단 이를 크게 환영했다. 한국 정부는 "우리나라 정부의 의견을 상당 수준 반영한 것이다. 향후 이 문제를 양국 간의 외교 문제로 삼지 않겠다"는 견해를 발표하고 "한일 간의 최대 걸림돌이 해소되었다"고 결론지었다. 당시 한국 정부는 일본군위안부 문제 수습을 위한 계기를 찾고 있었고, 이 담화를 절호의 찬스로 삼은 것이다. 고노가 "조사는 이것으로 끝났다"라고 말한 것처럼 일본 정부 또한 이 담화로써 분쟁을 끝내고자 기대하고 있었다.

게다가 담화 직후에 일본에서 신 정권이 성립되어 양국 관계에 새로운 기회를 가져다 주었다. 93년에 성립된 호소카와 정권은 실로 38년만의 '비자민 정권'이었기에, 33년 만에 성립된 '문민 정권'인 김영삼 정권과 더불어 '미래 지향적 한일 관계'를 연출할 수 있는 절호의 무대 장치를 제공했다.

한일 양국의 지도자들 또한 이를 잘 인식하고 있었다. 호소카와 총리는 취임 직후 태평양전쟁에 대해 "침략전쟁으로 잘못된 전쟁이었다"라고 말해, 우선 이 문제에 대해 일보 진전된 역사인식을 보여주었다. 호소카와의 자세는 한국에서도 환영을 받았고 한일 양국은 조기에 정상회담을 개최하기로 했다. 그리고 이 정상회담은 같은 해 11월 호소카와의 한국 방문이라는 형태로 실현되었다. 국내에서 정치 개혁을 추진하는 양국 수뇌가 서로 성원을 주고 받으며 시작된 이 회담에서 호소카와는 "한반도 사람들이 학교에서 모국어 교육의 기회를 빼앗기고 자신의 이름을 일본식으로 개명 당하거나 일본군위안부, 징용 등 참기 어려운 괴로움과 슬픔을 경험하게 된 것에 진심으로 반성하고 깊이 사죄하고 자 한다"라고 이야기하였고, 김영삼 대통령은 이를 "한국 국민은 대단 히 감명 깊게 받아들이고 있다"라고 평가했다. 이렇게 한일 관계에도 '따뜻한 봄날'이 찾아왔다.

무라야마 정권기 역사인식 문제의 메커니즘

그러나 '따뜻한 봄날'은 갑자기 막을 내린다. 94년 4월 8일, 정치헌금 의혹에 직면한 호소카와가 정권을 포기했기 때문이다.

그리고 그 이후 한일 관계는 빠르게 악화된다. 이를 전형적으로 보여 주는 예가 바로 95년 11월 중한정상회담에서 튀어나온 "버르장머리를 고쳐놓겠다"라는 김영삼 대통령의 다소 거친 발언이었다. 여기에는 한 국 정부가 일본에 느낀 짜증이 드러나 있었다. 호소카와 사임 후 불과 1년 반 후에 나온 발언임을 생각하면 당시 상황이 얼마나 빠르게 변해 갔는지를 알 수 있다.

하지만 이 상황은 기묘하게 보이기도 하다. 왜냐하면 호소카와 정권 붕괴 이후에 성립된 두 개의 정권, 즉 하네다 정권과 무라야마 정권, 특히 후자인 무라야마 정권은 일본 내에서 역사인식 문제의 해결에 적극 적인 정권으로 간주되기 때문이다. 95년 8월 '일본의 전후 50주년 종전기 념일에 즈음하여'라는 제목의 담화, 이른바 '무라야마 담화'로 알려진 무 라야마 도미이치는 아마도 역대 총리 중에서 가장 역사인식 문제의 해결 에 적극적이었던 인물일 것이다. 또한 무라야마 정권하에서 외무성 장관

전후 50년을 맞이해 수상담화를 발표하는 무라야마 도미이치 수상(1995년 8월 15일)(시사)

겸 자민당 총재로서 이를 지지한 고노 요헤이는 말할 것도 없이 '고노 담화'를 발표한 장본인이다. 그럼에도 불구하고 무라야마 정권은 94년 6월 성립 직후부터 역사인식 문제를 둘러싼 다양한 어려움에 직면하게 되었다.

대체 무라야마 정권의 문제는 어디 있었던 것일까? 이 점에 대해서는 호소카와 정권과 비교하면 쉽게 알 수 있다. 두 정권의 역사인식 문제와 관련된 가장 큰 차이는 해결을 위한 '구체적인 성과'를 추구했는지 여부이다. 호소카와가 정권을 쥐었던 93년 8월부터 94년 4월. 그 이전에 호소카와는 역사인식 문제와 관련된 적극적인 발언을 하는 한편, 어떠한 '구체적인 성과'도 챙기려 하지 않았다. 그럼에도 불구하고 호소카와 정권 하의 한일 관계는 평온했다. 이는 당연했다. 고노 담화 이후 한일 양국 정부의 의도는 "일본군위안부 문제를 외교 문제화하지 않는다"는 것이었으며, 그렇기에 외교적으로 큰 액션을 취하지 않는 것 자체가 중요했기 때문이다.

그리고 이는 역사인식 문제의 본질과 관련된 문제였다. 이 책에서 몇 번이고 지적한 바와 같이 역사인식 문제는 과거의 사실 여하와 관련된 문제이기보다 과거의 사실에 대한 우리의 인식과 관련된 문제이다. 그렇기에 이 문제를 둘러싸고 분쟁이 생기려면 두 가지 요인이 필요하다. 첫째는 서로 다른 역사인식을 가질 것, 둘째는 그 역사인식의 괴리로부터 중요성을 도출할 수 있을 것이다.

이는 역사인식 문제가 격화되기 위한 조건이 두 가지임을 의미하기도 한다. 하나는 인식의 차이가 명확할 것, 다른 하나는 인식의 차이에 의미가 부여될 것이다. 반대로 말하면, 한일 양국이 서로의 인식 차이를 명확히 하지 않고, 또 그 차이에서 중요성을 도출하고자 하지 않는다면 분쟁이 격화될 일은 없다. 그러므로 호소카와 정권의 선택은 정답이었다. 호소카와는 역사인식 문제와 관련된 발언을 산발적으로 하면서, 이를 ― 가령 '담화'와 같은 ― 하나의 정해진 형태로 제시하지는 않았다. 그렇기에 한일 쌍방은 호소카와의 발언을 '귀에 걸면 귀걸이, 코에 걸면 코걸이'라는 식으로 해석할 수 있었고, 양자의 역사인식 차이는 명확히 드러나지 않았다.

하지만 당초부터 역사인식 문제의 '해결'에 적극적이었던 무라야마 정권은 제2차 세계대전 패전 50년을 계기로 역사인식과 관련된 하나의 뚜렷한 견해 제시를 지향하고 있었다. 즉 무라야마 정권은 적극적으로 나서서 역사인식의 중요성을 한층 더 널리 알리고, 또한 자신의 인식을 하나의 뚜렷한 형태로 제시하고자 했던 것이다. 그렇지만 오늘날과 마찬가지로 당시에도 한일 양국 간의 역사인식에는 넘기 어려운 벽이 존재했고 실제로 무라야마 정권이 제시한 역사인식은 한국 측이 기대한 것과는 너무도 멀었다. 때문에 한국 정부는 이를 반박했고 일본 정부와의 사이에 골만 깊어지는 꼴이 되었다. 무라야마 자신의 당초 의도와는 전혀 다르게, 무라야마 담화는 결과적으로 역사인식 문제에 대해 한국에 도전장을 내미는 효과를 가져온 셈이 되었다.

▌약한 정권에 의한 '담화'

그리고 호소카와 정권과 무라야마 정권 사이에는 또 하나의 차이가 존재한다. 호소카와 정권하에서는 총리의 역사인식과 관련된 발언에 각료나 여당 유력자가 특별한 반응을 보이지 않았던 것에 비해, 무라야마 정권 하에서는 총리인 무라야마의 역사인식과 명백히 배치되는 발언이 각료나 여당 유력자로부터 쏟아져 나온 것이다. 한국에서 일반적으로 쓰이는 표현을 빌리자면, 이른바 '망언'의 빈발이다.

예를 들면, 〈표5-1〉은 80년대부터 90년대에 걸친 역사인식 문제와 관련된 주된 '망언'을 집계한 것이다. 언뜻 봐도 무라야마 정권 시절이 유독 눈에 띈다. 그리고 이는 그저 '망언'의 횟수 때문만이 아니다. 가령, 나카소네 정권 시절이나 다케시타 정권 시절의 '망언'은 역사인식 문제에 '일가견'이 있는 특정 정치인의 발언으로, 이러한 인물들이 내각이나 여당에서 차지하는 지위는 절대 높지 않았다. 그렇기 때문에 그들의 상당수는 '망언' 직후에 해임되기도 했다.

이에 비해 무라야마 정권하의 '망언'은 대부분이 연립 정권의 일각을 차지하는 자민당의 각료나 유력자의 입에서 나왔으며, 그들의 정권 내 지위 또한 지극히 높았다. 그렇기 때문에 그들의 발언에 대한 한국 정부의 반응 또한 격렬했다. 이렇게 하여 한국 정부는 무라야마 정권의 '불성실함'에 실망했고 한일 관계가 한층 더 악화되는 구조가 만들어진다.

그렇다면 이러한 상황은 왜 일어난 것일까. 원인은 지극히 단순하다.

〈표5-1〉 1980년대부터 90년대까지의 주요 「망언」 문제

	총리(수상)	발언자	지위	내용
1984/9/17	나카소네 야스히로	후지오 마사유키	자민당 정조 회장	교육조칙
1986/7/25	나카소네 야스히로	후지오 마사유키	대부 장관	침략전쟁
1986/9/6	나카소네 야스히로	후지오 마사유키	대부 장관	침략전쟁, 한국병합 난징사건
1988/4/22	타케시타 노보루	오쿠노 세이스케	국사청장	침략전쟁
1988/5/10	타케시타 노보루	오쿠노 세이스케	국사청장	침략, 야스쿠니신사
1994/5/4	와타츠토무	나가노 시게토	법무 장관	침략, 난징사건
1994/8/9	무라야마 도미이치	시마무라 요시노부	교육부 장관	침략전쟁
1994/8/12	무라야마 도미이치	사쿠라이 신	환경청 장관	침략전쟁, 「よい」, 식민지 지배
1994/10/24	무라야마 도미이치	하시모토 류타로	통상 장관	침략전쟁
1995/6/3	무라야마 도미이치	와타나베 미치오	자민당 부총재	한국병합
1995/10/12	무라야마 도미이치	무라야마 도미이치	총리	한국병합
1995/11/9	무라야마 도미이치	에토 다카미	총무부 장관	한국병합, 「よい」, 식민지지배, 창씨개명

출전: 마이사쿠(마이니치신문 데이터베이스 검색 서비스), 가와노 노리유키「각료 실언의 정치학」『국제 협력논집』(히로시마대학대학원 국제협력연구과), Vol7, No.1, 2001 등으로부터 필자 작성

이는 무라야마가 스스로는 적극적으로 역사인식을 정리하는 한편, 그 인식을 각료와 공유하기 위해 필요한 정치적 기반을 갖고 있지 못했기 때문이다. 주지하는 바와 같이 94년에 성립된 무라야마 정권은 자민당 과 사회당, 그리고 소정당인 사키가케가 연립한 3당 연립정권이었으며, 무라야마는 여당 제2당의 사회당 당수에 지나지 않았다. 연립 정권을 구성한 자민사회 양당은 냉전 체제 당시 완전히 다른 이데올로기를 지 니고 있었기에 역사인식 문제에서 다루어지는 일본의 '과거'와 관련된

인식에서도 큰 차이를 보였다.

이 때문에 이 정권 내부에서는 자민사회 양당 간에 '역사인식'의 조정이 불가피했다. 게다가 여기에서 사회당이 선택한 것은 바로 안전보장분야에서 자당의 인식을 자민당에 맞춰가는 대신, 역사인식 문제에서는 자당의 견해를 중심축으로 정권의 공식 견해를 정리하는 방안이었다. 이러한 사회당의 선택에는 이유가 있었다. 이는 무라야마 자신이 아시아 국가 간의 역사인식 문제 해결을 중요시하고 있었기 때문이다. 그는 훗날 그것이 자신이 '총리가 된 의미'였다고 말할 만큼 이 문제에 대한 무라야마 자신의 의욕은 높았다.

하지만 문제는 여당 제2당의 당수에 지나지 않았던 무라야마에게는 연립 상대인 자민당 정치인들에게 자신의 역사인식을 공유시킬 만한 힘이 없었던 것이었다. 이는 정권 넘버 투의 지위를 차지하고 있던 자민당 총재, 고노 요헤이에게도 적용할 수 있다. 고노의 구심력은 호소카와·하네다·무라야마 정권 등 세 번에 걸쳐 총리 자리를 놓침으로써 약화되고 있었고 당시 고노는 당내는커녕 자신의 파벌마저 만족스럽게 정리하지 못하는 상태였다. 그리고 실제로 95년 7월 참의원선거에서 야당 신진당의 약진을 허락함으로써 고노는 총재의 자리를 내어준다. 그를 대신해 총재의 자리에 앉은 것은 아이러니하게도 무라야마 정권하에서 주요 '망언'을 한 인물 중 하나인 하시모토 류타로橋本龍太郎였다.

한일병합의 합법/위법 문제

무라야마 정권 시절에 연이어 터진 '망언'. 물의를 빚은 첫 번째 발언은 바로 하시모토 류타로 통산성 장관의 "(아시아 국가를) 상대로 침략전쟁을 일으키고자 했는지"는 "미묘한 정의상의 문제다"라는 발언이었다. 당시 하시모토는 자민당 내의 대표적 '매파'정치인으로 주목을 받고 있었고, 한국 매스컴들은 이에 크게 주목했다. 한국 정부 또한 '아시아 침략을 호도'한다고 비난했고, 일본 정부는 이에 대응하느라 바빴다.

하지만 이 시점에서는 아직 상황이 그리 심각하지 않았다. 한국 정부가 그 후 하시모토의 발언은 '중국에 대한 침략'과 '한반도에 대한 식민지 지배'를 당연히 인정한다는 전제하에서 이루어진 것이라는 일본 정부의 설명을 받아들이게 된 것이다. 한국 정부가 이 시점에서 문제를 불필요하게 크게 확대하고 싶지 않아하는 의사를 갖고 있었음을 잘 보여준다.

결정적인 사건은 1995년 6월 5일 와타나베 미치오渡邊美智雄 전 부총리의 발언이었다. 그 내용을 살펴보면 "(병합은) 국제적으로도 합법이었다는 것이 정부의 입장이다" "병합 조약은 원만하게 체결된 국제적 조약이다"라는 것이었다.

하시모토와 와타나베의 발언에는 명확한 차이가 존재했다. 첫째, 하시모토의 발언이 일본의 과거에 대한 발언의 일부였다는 것에 비해 와타나베의 발언은 독립적인 것이었다는 점이다. 그렇기에 한국의 여론과 정부는 이 발언에 대해 한국을 딱 꼬집어 도발한 것으로 받아들였다. 하지만 더욱 중요한 것은 따로 있었다. 와타나베가 다룬 '한일병합의 합법/위법'이라는 문제는 한국의 국가로서의 정통성과 관련되어 있다는 점이다. 가령, 한국 헌법의 전문에는 '유구한 역사와 전통에 빛나는 우리 대한국민은 3·1 운동에 의해 건립된 대한민국 임시정부의 법통'을 계승해 라는 문장이 있다. 이 문장의 배경에는 '대한민국'이 1897

년에 성립된 '대한제국'으로부터 정통성을 직접 계승한 존재라는 이해가 있다. 참고로 황제가 절대 주권을 가진 대한 '제국'이 공화국이 되었기 때문에 대한'민국'인 것이다.

그리고 여기에는 양자 간에 존재해야 할 일본 통치가 무시되고 있다. 여기에도 하나의 이해가 존재한다. 즉 일본에 의한 식민지 지배는 대일본제국과 대한제국 간의 통상적 합의에 의한 것이 아닌, 일본 측이 군사력을 통해 일방적으로 밀어붙인 것이라는 이해이다. 오늘날 한국에서 식민지 시대를 '일제강점기' 즉 '일본에 의해 강제적으로 점령된 시기'라는 말로 표현하는 것 또한 이러한 이해를 전제로 한 것이다. 그렇기에 여기에는 한일병합은 당연히 법적으로 무효이며, 그 후에도 대한제국의 주권은 계속 법적으로 존재하고 있었다는 해석이 이루어졌으며, 그 주권을 계승한 것이 지금의 대한민국이다라는 설명이 성립한다. 그리고 그 사이에 존재하는 것이 1919년 3·1운동 직후에 수립된 '대한민국 임시정부'이다. 즉 한반도에서 국가의 정통성은 대한제국으로부터 대한민국 임시정부로, 그리고 대한민국으로 계승되었다는 설명이다.

물론 이러한 논리는 본디 주로 한반도의 북반에 위치하는 조선민주주의인민공화국에 대해 한국이 스스로 정통성의 우위를 과시하기 위해 이용해왔다. 하지만 이 논리는 필연적으로 식민지 지배를 둘러싼 한일 양국 관계에 어두운 그림자를 드리우게 되었다. 왜냐하면 이 논리에 따르면 일본의 식민지 지배가 반드시 위법이어야 하기 때문이다. 한편, 일본은 일관적으로 한일병합은 당시의 국제법에 비추어 합법이라는 공식 견해를 가지고 있어, 이를 식민지 지배와 관련된 여러 가지 '청구권'을 둘러싼 논의에서도 양보할 수 없는 선으로 보고 있었다.

그렇기에 양국은 귀찮고 원리적인 문제를 피하기 위해서 다양한 노력을 해 왔다. 그중 하나가 1965년에 성립된 한일기본조약 제2조의 '(병합 이전에 한일 양국 간에) 체결된 모든 조약 및 협정은 이미 무효다'라는 문언이다. 이 조문에 대해 일본 측은 한국병합조약을 비롯한 과거의 조약이 한일기본조약 체결에 의해 '무효'가 되었다는 의미로 해석하는 한편, 한국 측은 과거의 조약은 그 체결 당초부터 무효였다라는 의미로 해석했다. 지금은 상상할 수 없는 일이지만 당시 양국에서는 각 나라의 정부 관계자가 각자의 국회에서 같은 조문에 대한 다른 해석을 공식적으로 제시해도 그 차이가 양국 정부나 여론 간에 문제가 되지는 않았다. 한일병합의 법적 해석을 둘러싼 문제를 회피하기 위한 노력은 80년대에도 계속되었다. 가령, 86년에는 "한일병합은 합의하에 형성되었다" 등의 발언을 한 후지오 마사유키藤尾正行 문부성 장관이 나카소네 총리에 의해 파면되었다.

와타나베의 발언으로 한일 양국 정부가 신중하게 회피해 온 이 '판도라의 상자'가 열리게 되었다. 반발에 직면한 와타나베는 발언 직후 "'원만하게 체결되었다'에서 '원만하게'는 취소하고 사과합니다"라는 성명을 발표했으나 한일병합이 합법이라는 자신의 주장은 철회하지 않았다. 이 점에 대해서는 철회할 의사가 없었던 것이다. 여기에는 이유가 있었다. 바로 "(한일병합은) 합법이었다는 것이 정부의 입장"이라는 발언은 일본 정부의 공식 견해와 완벽히 일치했기 때문이다.

역사인식을 둘러싼 노력의 '붕괴'

그리고 더욱 중요한 것은 와타나베 발언의 타이밍이었다. 발언이 이루어진 당시는 훗날 '무라야마 담화'와 직결되는 '일본 전후 50년 국회 결의문'을 둘러싼 논의가 날로 격렬해지던 시기였고, 와타나베의 발언도 같은 문제를 논의하던 자민당 도치기 지역당의 내부 회의에서 나온 것이었다. 여기에는 무라야마 내각의 역사인식에 대한 자민당 내의 강력한 반발이 있었다.

실제로 '일본 전후 50년 국회결의문'의 내용에 대한 여당 내부의 대립은 심각했다. 당시 국회에서는 자민당 소속의 중의원 및 참의원 210명이 '일본 종전 50주년 국회의원연맹'을 결성해 "역사적 화근을 남기는 결의는 용인할 수 없다"라며 무라야마 정권이 추진하는 '일본 전후 50년 국회결의문'에 대한 반대의 뜻을 강경하게 표하고 나섰다. 우여곡절을 거쳐 이 문제를 둘러싼 여당 내 합의가 이루어진 것은 6월 7일. 와타나베 발언은 이 합의가 이루어지기 불과 이틀 전의 일이었다.

문제는 이 '결의문'이 이러한 당시의 특이한 정치 상황 속에서 만들어져야만 했다는 점이다. 그렇기 때문에 이 '결의문' 자체가 큰 결함을 지니고 있었다. 당시 여당 내부의 세력도를 반영해 그 내용은 '귀에 걸면 귀걸이, 코에 걸면 코걸이'식이 될 수밖에 없었고, 그 결과 호소카와 정권 시절의 역사인식보다 더욱 후퇴해 버린 것이다. 결과적으로 무라야마의 강한 의지에도 불구하고 '결의문' 발표와 이를 둘러싼 혼란은 오히려 해외에서 일본의 역사인식이 '우경화'하고 있는 증거로 받아들여졌다. 실제로 이 '결의문'은 당시 일본의 일부 매스컴으로부터 격렬한 비판을 받았고, 나아가 많은 아시아 국가들로부터 적극적인 평가를 얻을 수 없었다. 한국에서는 국영방송인 KBS가 "'사죄' '부전不戰'의 표현이 삭제되었다"는 점을 비판적으로 보도했고, 한국 정부 또한 "한국에 대한 식민지 지배 등에 관하여 "그 직접적인 책임을 회피하려 하고 있다"는 부정적인 코멘트를 했다.

'아시아여성기금'의 좌절

역사인식을 둘러싼 무라야마 정권의 혼란상은 일본군위안부 문제와 관련된 조치에도 영향을 미쳤다. 일본 정부는 미야자와 정권 시절부터 그 해결을 위해 기금을 만들어 전 일본군위안부에게 '위로금'을 지급하는 것에 대해 검토하고 있었다. 이 구상은 이윽고 무라야마 정권에 의해 민간 출자만으로 구성된 기금설립 구상으로 이어졌고, 이는 여론이나 일본군위안부 지원단체로부터 비판을 받아 정부도 직접 자금을 출자하는 '반관반민半官半民'적 민간기금으로 변화했다. 이른바 '아시아여성기금', 정식 명칭 '여성을 위한 아시아평화국민기금'의 설립이다.

그리고 이 기금의 구상 또한 앞서 서술한 '결의문'의 내용이 결정되었던 달, 즉 95년 6월에 이루어졌다. 그러나 한국 정부는 그 발표 직후 '당사자들의 요구가 어느 정도 반영된 성의 있는 조치'라며 호의적으로 논평을 했으므로 이 시점에서는 아시아여성기금을 꼭 부정적인 시선으로만 보고 있던 것은 아니었다.

하지만 주지하는 바와 같이 이러한 한국 정부의 자세는 훗날 크게 변화한다. 이듬해인 96년 한국 정부는 "피해자들이 납득할 수 있는 해결을 기대하는 바이다"라며 아시아여성기금을 둘러싼 문제에 대해 일본 정부에 공식적으로 추가 요구를 해왔다. 나아가 97년에는 아시아여성기금에 의한 '위로금'의 지급 중지를 요구하기에 이른다.

여기서 주의해야 할 점은 이러한 일본군위안부 문제를 둘러싼 한국 정부의 태도 변화가 정권 교체나 정권 내 요인 교체에 의해 초래된 것이 아니었다는 점이다. 이 시기는 김영삼 정권 시절이며, 외무장관은 다름아닌 한국 제일의 '지일파' 외교관으로 잘 알려진 공로명孔魯明이었기 때문이다.

그렇다면 아시아여성기금에 대한 한국 정부의 태도 변화 뒤에는 어떠한 원인이 있었던 것일까? 한국 내 일본군위안부 지원단체의 활동에 버금가게 중요한 것이 바로 당시 한국 정부가 일본 정부에 대한 신뢰를 급속도로 상실했다는 점이다. 아이러니하게도 이러한 결과를 초래한 가장 큰 요인은 바로 총리인 무라야마 자신이었다. 구체적으로는, 95년 10월 5일에 참의원 본회의에서 이루어진 "한일병합 조약은 당시의 국제 관계 등 역사적 사정 속에서 법적으로 유효하게 체결되어 실시되었다"라는 무라야마의 발언이다. 앞서 말한 바와 같이 한일병합의 합법/위법과 관련된 문제는 한국 정부의 입장에서 자국의 국가로서의 정통성과 관련된 문제이기에 절대로 양보할 수 없는 문제였다. 당연하게도 한국 정부나 여론은 이에 격렬하게 반발하게 된다.

그럼에도 불구하고 당시의 일본 정부나 여론은 이 문제의 중요성을 잘 이해하지 못했다. 일본 매스컴들은 대부분 이 발언을 당일에는 보도하지 않았으며, 추후 이루어진 북한의 항의가 계기가 되어 나중에 보도되었다. 발언이 보도된 후에도 무라야마는 "회의록을 읽으면 진의를 알 수 있을 것이다"라고 답변했으므로 그는 자신의 발언이 얼마나 큰 반발을 불렀는지 이해하지 못했음이 분명했다.

한국 측의 반발은 격렬했다. 서울 시내에서는 무라야마 모양의 인형을 '화형'시켰고, 대규모 반일 데모가 일어났다. 하지만 가장 중요한 것은

무라야마의 발언에 격앙
한 한국인 중 한 사람이
다름아닌 김영삼 대통령
이었다는 점이다. 무라
야마의 발언이 있은 직
후, 김영삼 대통령은 "일
본이 역사를 왜곡하는
발언을 반복하고 있다"

서울 일본대사관 앞의 「수요집회」(2002년 3월 13일)(시사)
「수요집회」는 이 날, 500회째를 맞이했다.

며 이를 비난하고, 아울러 원래는 상관없었던 무라야마 정권의 대북정책
에 대해서까지도 "(일본은) 통일을 방해하고 있다"며 불만을 토로했다. 일
본 사회당과 김영삼 대통령은 1980년대 이래 오랜 교류를 해왔으며, 그
관계가 양호했기에 이러한 일련의 발언에서 우리는 당시 무라야마 발언
의 임팩트가 얼마나 컸는지를 알 수 있다. 이후 김영삼 대통령의 일본에
대한 신뢰는 회복되지 않았고 이러한 자세는 그가 정권에서 내려올 때까
지 바뀌지 않았다. 먼저 소개한 "버르장머리를 고쳐 놓겠다"는 김영삼
대통령의 거친 발언은 실제로 무라야마 발언 직후에 이루어진 중한정상
회담에서 튀어나온 것이었다.

여하튼 이렇게 하여 역사인식 문제를 둘러싼 무라야마 정권의 시행
착오는 당초 의도와는 정반대로 오히려 한일 관계 악화에 결정적인 요
인이 되었다. 김영삼 정권이 협력의 뜻을 접으면서 아시아여성기금은
표류하게 되었고 값진 노력은 물거품이 되었다. 일본이 출자한 재단의
'위로금'이란 이름의 실질적 보상 제공. 이 소중한 카드를 잃음으로써
일본군위안부를 둘러싼 문제는 더욱 혼란을 거듭하게 된다.

'잃어버린 20년' 속의
역사인식 문제

1. 변화하는 일본 사회

일본군위안부 문제의 전개에서 알 수 있는 점

이쯤에서 지금까지의 이야기를 정리하겠다. 이 책에서는 우선 한일 양국 간의 역사인식 문제가 1980년대 이후에 급속도로 악화된 점을 지적한 후, 그 원인을 찾기 위해 역사교과서 문제와 함께 전형적인 '80년대 이후에 악화된 전형적인 역사인식 문제의 이슈' 가운데 하나인 일본 군위안부 문제와 그에 관련된 움직임에 주목하고 그 전개 과정을 분명히 하였다. 여기에서 명백해진 내용을 정리해보면 대략적으로 다음과 같다.

첫째, 70년대 이전에는 한국 사회로부터 주목 받지 않았던 일본군위안부 문제가 80년대에 들어와 갑자기 주목을 받게 된 배경에는 한국 여성운동가들의 움직임이 있었다. 민주화 운동이 고조되던 가운데 활동 변화가 요구되던 여성들은 당시 활발했던 '기생 관광', 즉 일본인을 비롯한 외국인 남성들의 한국인 여성을 대상으로 하는 '매춘 관광'에 주목하고 이에 대한 비판 운동을 전개했다. 그리고 일본군위안부 문제는 이 '기생 관광'에 대한 반대 운동과의 관계에서 '외국인에 의해 한국인 여성의 인권이 유린된 앞선 사례'로서 새롭고 특수한 의미가 부여되었다.

주목할 점은 일본군위안부 문제의 '발견'이 한일 관계를 넘어 한국의 국내적 문맥 속에서도 이루어지고 있었다는 점, 그리고 이 과정에서 그때까지는 역사인식 문제와 관련성을 갖지 않았던 사회 세력이 큰 역할을 수행하게 된 점이다. 이로써 한국의 역사인식 문제를 둘러싼 운동은 새로운 논리와 세력이 주입되어 세력을 크게 확장하게 되었다.

둘째, 그럼에도 불구하고 일본군위안부 문제를 둘러싼 상황은 그 시점 혹은 지금까지 있어왔던 여타 역사인식 문제를 둘러싼 상황에 의해 큰 영향을 받고 있었다. 가장 크게 영향을 받은 예는 90년대 초 일본군위안부 문제를 둘러싼 논의가 동원 과정의 강제성에 초점을 맞추게 된 현상이었다. 영향을 받은 이유는 일본군위안부 문제가 중요 이슈가 되기 직전에 역사인식 문제의 최대 쟁점이 총력전 체제하에서 이루어진 노동자 동원의 강제성에 있었기 때문이다. 그렇기에 일본군위안부 문제 또한 당초에는 '강제동원문제 중 하나'라는 입지가 설정되어 있었다. 일본군위안부 문제와 관련된 운동단체는 다른 이슈와 관련된 운동으로부터 운동 전략이나 논리의 대부분을 배워왔기 때문이다.

그렇기에 일본군위안부 문제와 관련된 운동도 훗날 시대 환경이나 역사인식 문제를 둘러싼 상황이 바뀌면서 변화하게 된다. 예를 들면, 그로부터 20년 이상이 지난 오늘날, 일본군위안부 관련 운동단체의 활동은 동원 과정의 강제성보다 일본군위안부를 둘러싼 전체적인 인권 상황의 열악함에 초점을 맞추고 있다. 그 배후에 있는 것은 일본군위안부 관련뿐만 아니라 수많은 '강제동원'과 관련된 소송이 패소로 끝난 사실이리라. 이 경험을 통해 그들은 자신의 주장을 더욱 효율적으로 어필할 수 있는 방향으로 운동의 중심을 옮겨가게 된다. 일본군위안부 관련 운동이 여성운동의 일환으로 시작된 이상, 그 중심이 점차 '여성의 인권 상황'으로 이행된 것은 오히려 자연스러운 흐름이라 할 수 있다.

셋째, 이로써 '재발견'된 일본군위안부 문제가 한일 양국 간 역사인식 문제의 주요 이슈로 부상하는 과정에서 일본 정부의 혼란스러운 대응이 큰 역할을 했다. 전형적인 예는 미야자와 정권과 무라야마 정권이다. 미야자와 정권은 정부의 '관여'는 존재하지 않았다는 당초의 명백한 과잉 발언에서 출발해 이것이 일부 매스컴과 연구자에 의해 잘못임이 밝혀지자 충분한 역사적 사실의 규명을 기다리지 못한 채 '반성'의 뜻을 반복했다. 이러한 미야자와 정권의 혼란스런 대응은 정권을 쥐고 있던 미야자와의 의도와는 별개로 상황을 더욱 혼란에 빠트리고 말았다.

무라야마 정권에서 제2차 세계대전 종결 50년에 즈음하여 역사인식 문제에 대한 공식 견해를 분명히 하고자 한 시도가 역으로 일본 정부 내에서 여러 가지 역사인식 문제와 관련된 부적절한 발언을 낳았고, 이 러한 일부 부적절한 발언이 한국에서 '망언'으로 간주되어 한일 관계가 악화되는 흐름으로 이어진다. 결과적으로 일본 정부에 대한 신뢰가 사 라지고, 이러한 가운데 나온 무라야마 담화나 아시아여성기금 구상은 한국 정부의 지지를 받지 못하게 된다. 이렇게 하여 일본 정부는 이러 한 역사인식 문제 해결을 위한 귀중한 정치적 카드 몇 개를 잃게 된다.

넷째, 일본 정부의 혼란스러운 대응의 배경에는 한일 양국 정부나 이 를 지지하는 통치 엘리트가 사회나 여론 등에 미치는 힘을 상실하게 되었다는 사실이 있었다. 그 의미는 가령 80년대의 교과서 문제의 전개 와 비교하면 분명하다. 86년에 발생한 『신편 일본사新編日本史』를 둘러 싼 문제에 대해서는 본디 보수적 성향을 띠고 있던 나카소네 정권이 일단 검정이 끝난 교과서에 재차 수정을 요구하는 이례적 대응을 했다. 이러한 일본 정부의 행동을 당시 한국 정부는 호의적으로 받아 들여, 상황이 더 이상 악화되지 않도록 힘썼다.

그러나 90년대 전반에 일어난 일본군위안부 문제에 대해서는 이러한 한일 양국 정부의 협력 관계가 존재하지 않았다. 노태우 정권은 문제의 격화와 더불어 민간청구권과 관련된 문제는 한일기본조약에 의해 이미 해결되었다는 종래의 입장에서 180도 전환하여 일본군위안부 문제에 대한 '적절한 보상 등의 조치'를 요구하기에 이르렀다. 김영삼 정권은 이 문제에 있어서 '물리적 보상'을 요구하지는 않았지만 일본 측에서 역사인식 문제와 관련된 '망언'이 빈발하였기에, 결과적으로는 한일 관계가 크게 악화되면서 일본 측이 제안한 아시아여성기금 구상 등에 대한 적극적인 협력을 포기하게 되었다.

그리고 이는 민주화 이후의 한국에서 어느 정도 당연한 일이었다. 민주화 이후의 한국 정부는 항상 여론과의 긴장 관계에 놓여있었으므로 일본군위안부 문제에 대한 대처에도 여론을 고려할 수밖에 없는 상황이었다. 이는 대통령 임기 말기에 들어서면서 레임덕 현상에 노출되는 시기에 특히 현저하게 나타났다. 본래라면 일본 정부는 이러한 한국 정치의 변화를 비롯해 이 문제에 대한 대처를 고려해야 했다. 하지만 일본 정부는 80년대와 마찬가지로 한국 정부의 공조를 전제로 정책 결정을 실시했고, 한국 정부가 공조하지 않음으로써 그에 대한 기대를 저버리기를 반복했다. 이러한 사태가 반복된 이유는 명확했다. 민주화 이후 한국 역대 대통령의 레임덕 현상은 대통령의 임기를 한평생 5년으로 국한하는 한국의 헌법 체제상 상당히 높은 확률로 등장했다. 그럼에도 불구하고 당시 일본의 정부와 매스컴은 이를 충분히 인식하지 못한 채 지지율의 높고 낮음을 대통령 개인의 정책 등으로 설명할 수 있다고 생각했기 때문이다. 이렇게 일본군위안부 문제가 큰 계기로 작용하여, 역사인식 문제를 둘러싼 한일 관계는 90년대 중반에 교착 상태에 직면하게 된다.

새로운 역사교과서를 만드는 모임

이러한 90년대 전반의 역사인식 문제를 둘러싼 상황은 일본 사회에서 새롭고도 훗날 역사인식 문제의 전개에 큰 영향을 가져올 하나의 변화를 낳았다. 지금까지 서술한 바에서 알 수 있듯이 이 시기까지 역사인식 문제를 둘러싼 상황은 주로 한국 측이 문제 제기를 하고 일본 측이 대응하는 공통된 패턴을 띠고 있었다. 물론 그 배후에 한국의 움직임을 뒷받침하고자 한 리버럴한 — 한국에서 자주 쓰는 표현을 빌리자면 '양심적인' — 일본 사람들의 움직임이 존재한 것은 사실이다. 하지만 이와는 반대로 한국의 움직임에 대항하고자 하는 일본의 움직임은 간헐적으로 보이는데 지나지 않았고 그 활동이 가진 영향력도 지극히 한정적이었다.

하지만 한일 양국 간 역사인식 문제의 격화는 일본 내에서 역사인식 문제에 대한 관심의 고조를 가져왔다. 그 결과, 이 시기 한국을 비롯한 여러 국가들의 움직임에 적극적으로 대항하고자 하는 새로운 움직임이 탄생하게 된다. 굳이 말할 것도 없겠으나, 그 대표적인 예가 다름아닌 97년에 정식으로 설립된 '새로운 역사교과서를 만드는 모임'(이하, '새역모')이다.

90년대 후반의 일본 사회에서 이러한 상황이 갖는 의미는 예컨대 언뜻 보면 유사해 보이는 86년의 '신편 일본사'를 둘러싼 상황과 '새역모'를 둘러싼 상황을 비교해 보면 명백히 드러난다. 이 책에서도 이미 말한 것처럼 '신편 일본사'를 둘러싼 상황을 주도한 것은 81년에 설립된 '일본을 지키는 국민회의'(이하, '국민회의')였다. '국민회의'의 전신은 78년에 설립된 '원호법제화 실현 국민회의'이며 그 대변인을 맡은 것은 바로 최고재판소장을 지낸 이시다 가즈토石田和外 씨였다. '원호법'을 둘러싼 당시의 정치 상황에서도 알 수 있듯이 이 '국민회의'를 둘러싼 운동은 정권 여당인 자민당, 특히 강경파 인물들의 움직임과 밀접하게 연동했다. 이 때문에 간부 리스트에도 운동에 찬동하는 대기업 경영자나 자민당 정권을 지지하는 압력단체 간부의 이름이 즐비했다. 바꾸어 말하면 '일본을 지키는 국민회의'란 자민당 정권이나 우익 통치 엘리트, 그리고 그와 밀접한 관계를 갖는 사람들에 의해 만들어진 엘리트 단체였다. 그렇기에 '신편 일본사'를 둘러싼 상황에서 당시의 일본 정부가 그 움직임을 통제하기는 비교적 용이했던 셈이다.

이에 비해 '새역모'는 그 과정부터 '일본을 지키는 국민회의'와는 대조적인 존재이다. 잘 알려진 바와 같이 '새역모'는 후지오카 노부카쓰의 '자유주의사관' 제창에 자극을 받은 니시오 간지西尾幹二 등에 의해 결성된 단체이며, 96년 12월에 창립기자회견, 이듬해인 97년 1월에 정식 설립총회가 실시되었다. 참고로 이 '새역모'의 첫 본격적 활동이 회의설립총회를 하는 것보다도 먼저 문부성에 대하여 교과서의 일본군위안부 관련 기술의 삭제를 요구했던 것이라는 점이 흥미롭다. 이는 이러한 사람들의 움직임이 90년대 전반에 일본군위안부 문제의 연장선상에 있음을 전형적으로 제시하고 있다.

'새역모' 설립 당시 대변인은 초대회장에 취임한 니시오 간지와 더불어 아가와 사와코阿川佐和子, 고바야시 요시노리小林芳規, 사카모토 다카오坂本多加雄, 다카하시 시로高橋史朗, 하야시 마리코林眞理子, 후카다 유스케深田祐介, 후지오카 노부카쓰藤岡信勝, 야마모토 나쓰히코山本夏彦 등 8명이었다. 가장 큰 특징은 '국민회의'에서 중요한 직무를 차지하고 있던 대

기업 경영자나 유력압력단체 간부의 이름을 찾아 볼 수 없다는 점이리라. 설립 당초 이 단체의 사실상 대변인을 맡은 인물이 만화가 고바야시 요시노리였다는 점에서도 알 수 있듯이 '새역모'는 운동의 어필 방법 또한 종래의 보수계 단체와는 분명히 구별되었다. 92년 이래, 『고마니즘 선언ゴーマニズム宣言』이라는 '사상 만화'를 연재해 독자적 전파력을 길러온 고바야시의 존재는 초기 '새역모'의 활동에서 결정적이라고 해도 과언이 아닐 만큼 중요했다.

물론 '새역모'에도 '일본을 지키는 국민회의'와 같이 대기업 경영자나 유력압력단체 간부는 '찬동자'로서 이름을 올리고 있다. 그러나 이들 대기업 경영자나 유력압력단체 간부들이 '새역모'의 활동에서 수행한 역할은 지극히 한정적인 것이었다. 사실 설립 당시의 회장이나 부회장, 또 이사 등에 이름을 올린 것은 니시오를 비롯한 연구자나 나미카와 에이타瀬川榮太와 같은 작가이며, 재계의 인물로는 감사에 동양 레이온 상담역인 고가 타다시古賀正 씨 정도였다. 훗날 회장이나 이사 자리를 둘러싸고 격렬한 주도권 싸움이 전개된 사실에서도 알 수 있듯이 이 모임을 실질적으로 주도한 것은 이들 회장이나 이사의 자리를 차지한 사람들이며 찬동자로서 일원이 된 사람들의 영향력은 결코 크지 않았다.

그렇다면, 90년대 후반의 일본 사회에 왜 지금까지와는 성격을 달리하는 운동이 탄생하게 된 것일까. 그리고 그러한 운동은 한일 간 역사인식 문제의 전개에 어떠한 영향을 미쳤을까.

교과서 기술의 변화

'새역모'의 출현은 몇 가지 의미에서 지금까지의 한일 간 '역사인식 문제'를 둘러싼 상황이 이 시기에 크게 변화했다는 사실이 그 배경에 있었다. 그중에서도 첫 번째는 역사교과서 그 자체를 둘러싼 상황이었다. 몇 번이고 서술했듯이 일반적인 이해와는 달리 일본의 역사교과서는 이 시기 급속도로 리버럴한 색채를 띠게 되었다. 그러한 가운데 한일 간 근대에 관한 기술 또한 교과서 종류를 불문하고 크게 증가했고 그 수준은 60년대나 70년대와는 비교가 안 될 정도였다.

그 배경에는 갈수록 심각해지는 일본의 역사교과서를 둘러싼 분쟁이 존재했다. 여기에서 중요한 것은 82년에 만들어진 '근린제국조항'의 존재였는지도 모른다. 그러나 이 조항이 교과서 검정의 장에서 빈번하게 적용되었음을 의미하는 것은 아니다. 요미우리신문에 따르면, 근린제국조항이 처음으로 검정의 장에서 적용된 것은 91년이다. 그 후 92년, 93년 검정 시에도 적용되었으나 신문 보도로는 그 후의 적용에 대해 확인할 길은 없다. 이 신문이 말하듯이 근린제국조항이 교과서 검정의 장에서 '직접 적용된 것은' '몇 안 되는 케이스에 국한된' 것이다.

하지만 이는 이 조항의 존재가 각 출판사가 실시하는 교과서 편집 과정에 영향을 미치지 않았다는 의미는 아니다. 예를 들면, '새역모'가 출범한 직후인 98년, 당시 주임 교과서 조사관이 월간지 좌담회에서 "일본이 침략전쟁을 한 것에 대해서는 잘못했다고 써있지 않으면 곤란해요. 꼼짝달싹 못하는 체제가 됐어요"라고 말해 경질되는 사건이 일어났다. 그 메커니즘이 어떤 것이었는지는 차치하더라도 어쨌든 '근린제국조항이 존재하는 상황'은 이 시기의 교과서 편집에 간접적이었다고는 하나 일정 이상의 영향을 미쳤다는 사실을 역시 부정할 수 없을 것이다.

그러나 이러한 상황은 '새역모'가 발족한 무렵부터 변화되어 갔다. 이러한 전환점에서 큰 역할을 수행한 것은 또다시 일본군위안부 문제와 관련된 논의였다. 그 배경에는 이 문제에 대해 역사교과서에서 기술이 늘어났다는 점이 있다. 예를 들면 일본군위안부 문제가 본격화된 92년, 일본의 고교 일본사 교과서 중에서 관련 기술이 있었던 것은 20권 중 불과 1권에 지나지 않았다. 그러나 고노 담화가 나오기 직전에 이루어진 93년 7월 검정에서 합격한 고교 일본사 9권 모두에 일본군위안부와 관련된 기술이 등장했다. 이 흐름은 이후에도 우여곡절을 거치면서 지속되어 96년 검정에서 합격한 중학교용 사회과 교과서에도 역시 일제히 일본군위안부와 관련된 기술이 등장하게 되었다.

그리고 이 타이밍에 등장한 것이 바로 훗날 니시오 간지와 함께 '새역모' 창시자의 한 명이 되는 후지오카 노부카쓰에 의해 주도된 '자유주의사관'연구회였다. 여기서 주목해야 할 것은 후지오카가 역사학자가 아닌 교육학자라는 점이다. 그리고 후지오카가 교육학자였기에 당초부터 역사적 사실 그 자체보다는 일본 역사 교육 본연의 자세에 직접적으로 비판의 화살이 향하고 있었다. 그들이 특히 강조한 것은 일본의 역사 교육이 '메이지 유신 이후의 일본을 부정적으로 파악하는 마르크스주의사관과 '도쿄재판사관'에 의해 지배되어 왔다'는 것이며, 그렇기에 그들의 운동은 이러한 '나쁜 상황'의 타파에 주요 목적을 두고 있었다. 이것이야말로 그들이 훗날 전개하는 이른바 '자학사관'비판이다. 그리고 후지오카는 이 사관의 단적인 발로로서 당시 교과서에 확산되고 있던 일본군위안부 문제 관련 기술에 주목했다. 일본군위안부 관련 기술에 대한 '교과서로부터의 삭제를 요구하는 국민운동'이 전개된 것이다.

이미 서술한 바와 같이 이러한 후지오카 등의 움직임은 이윽고 '새역모'에서는 또 한 사람의 아버지 격인 니시오 간지의 찬동을 얻어 '새역모'라는 결실을 맺었다. 당초 '새역모'의 운동으로는 일본군위안부 문제에 관한 활동이 중심적 위치를 차지했다. 그리고 실제로 그들의 운동은 큰 반향을 불러일으키게 되었다. 96년 9월, 자민당 내의 "밝은 일본"국회의원연맹'이 일본군위안부 관련 기술의 삭제를 요구하는 결의를 한 것을 시작으로 12월에는 당시 자민당과 어깨를 겨루는 양대 정당 중 하나였던 신진당도 '올바른 역사를 전하는 국회의원연맹'이 "기술 내용의 정정을 위해 행동한다"는 결의를 했다. 이러한 움직임은 중앙에서 지방으로도 파급되었다. 같은 해인 96년 12월에 이루어진 오카야마 현 의회의 기술 삭제를 요구하는 채택을 계기로 전국의 많은 지방 의회에서 비슷한 채택을 요구하는 진정과 함께 그 진정의 각하를 요구하는 진정이 활발히 이루어졌다. 운동이 확대 양상을 보이는 가운데 후지오카와 니시오의 발언은 매스컴으로부터 큰 주목을 받게 되었다. 이렇게 일본군위안부 문제는 말하자면 '새역모' 운동의 기폭제 역할을 수행하게 되었다.

이러한 일본군위안부 문제를 둘러싼 상황은 교과서 기술에도 영향을 주었다. 2000년 검정의 경우, 합격한 중학 역사교과서 7권 가운데 4권에서 일본군위안부 관련 기술이 자취를 감추었다. 나아가 2004년 검정에 합격한 교과서에서 '위안부'라는 기술이 완전히 자취를 감추었고, 1개사가 '위안소'라는 기술을 남겼을 뿐이다. 그러나 그 이후에도 고교 일본사

교과서에 일본군위안부에 관한 기술이 존재했음을 상기할 필요가 있다.

어쨌든 80년대부터 90년대 중반까지는 결코 '우경화'되지 않았던 일본의 교과서는 이 시기에 실로 '우경화'의 길을 걷게 된다. 이러한 가운데 2001년에는 '새역모'가 편집한 중학 역사교과서가 검정을 받게 되었다. 검정 과정에서는 근현대사 부분을 중심으로 137개 곳에 달하는 수정 의견 ― 여기에는 한국병합의 합법성이나 난징 학살과 관련된 의견도 포함되어 있다 ― 이 있었지만 '새역모' 측이 모든 수정을 받아 들임으로써 어쨌든 교과서는 합격하게 된다. 오히려 주목해야 할 사항은 이러한 수정 의견 중에는 근린제국조항을 근거로 한 것이 없었다는 점이리라. 이때 검정에 대해 일본 정부는 사전에 일부러 '대외적인 배려에서 정치적 개입은 하지 않을 방침'을 공식적으로 천명했기 때문에 근린조항의 적절한 적용은 정치적으로 어려웠다. 이렇게 하여 한때 막강한 존재감을 뽐내던 근린조항은 이 시기 이후 급속도로 그 영향력을 상실하게 된다.

늦어진 '냉전의 종언'

그러나 주지하는 바와 같이 이는 '새역모' 교과서가 즉각적으로 교육 현장에서 널리 이용되었음을 의미하지는 않았다. 2001년 검정에 합격한 이 교과서의 채택률은 사립을 포함해 0.1% 미만이었다. '새역모'는 2004년에 채택률 향상을 노리며 '주장을 완화해' 개정판을 만들었으나 역시 채택률은 0.4%라는 매우 낮은 수준에 머물렀다.

그 후 '새역모'에서는 활동 방침이나 이사 간의 개인적 대립이 빈발하면서 모임은 사실상 분열 상태에 직면하게 된다. 그 결과 창설 당시 이사

가운데 여전히 '새역모'에 머물러 있는 것은 후지오카 노부카쓰 단 한 명이다. 옛 이사나 역대 회장은 운동에서 물러나거나, 이와 분리되어 만들어진 '일본교육재생기구'로 자리를 옮겨 활동하고 있다. '재생 기

교과서 채택 결과에 대해 회견하는 「츠쿠르가이(つくる숑)」니시오 간지회장 등(2001년 8월 16일)(시사)
왼쪽부터 고바야시 요시노리, 다나카 히데미치, 니시오, 후지오카 노부카츠, 나카지마 슈지, 다카모리 아키노리 씨

구'는 '본가'인 '새역모'와 마찬가지로 교과서도 발행하고 있다. 채택률은 2011년 현재 '새역모' 버전이 0.02%인 것에 비해 '재생기구' 버전이 3.7%. 교과서 시장에서는 '분가'가 '본가'를 웃도는 형국이 되었다.

그렇다고는 하나 이후 '새역모'의 혼란이 그들의 활동이 일시적으로나마 '말짱 도루묵'이었음을 의미하지는 않았다. 왜냐하면 '새역모'의 주장은 그 후 일본인의 역사인식에 큰 영향을 미치게 되기 때문이다. 그리고 그 배후에는 이 시기 일본 사회의 큰 변화가 있었다.

여기서는 냉전 종언이 일본 사회에 가져온 영향이 중요하다. 왜냐하면 90년대 초 냉전의 종언은 일본에서도 그때까지 어느 정도 명백한 존재였던 '좌우'의 대립축을 파괴했다. 일찍이 공산당원이었던 후지오카가 91년 걸프전쟁에 자신의 사상적 전환기를 두고 있듯이 냉전의 종언이 '좌쪽' 이데올로기 소유자들에게 다대한 영향을 미쳤음은 쉽게 이해할 수 있다. '새역모'가 활동을 시작한 시기는 냉전하의 양대 정당 중 하나였던 사민당(96년 사회당에서 개칭)이 소정당으로 전락하는 시기에 해당한다. 그리고

그 쇠퇴는 한때 '진보파'지식인의 쇠퇴와 정반대 관계에 있었다.

하지만 더욱 중요한 것은 냉전의 종언이 '보수파'에도 큰 영향을 미쳤다는 점이다. 이는 '새역모' 초기의 간부 대부분이 자민당에 가까운 '친미 보수'가 아닌 '반미 보수'적 사상과 강한 친화성을 갖고 있었다는 점에 잘 나타나 있다. 즉 냉전의 종언은 보수 진영 내부에서 예전에는 안전보장상 절대적 존재인 미국과의 협력 관계에 대해 의구심을 갖게 했고 그 결과 그때까지 '친미 보수'의 헤게모니 속에서 보수 진영의 방류에 만족하던 '반미 보수' 세력에까지 더 많은 활동의 기회를 부여하게 되었다.

엘리트 비판의 등장

이러한 '새역모' 본연의 모습은 '좌'에서 전향한 후지오카와 '우'의 방류에 속한 니시오의 합작으로 만들어진 이 모임의 결성 과정에 잘 나타나 있다. 이 운동이 단순하게 양 축으로부터 갈라진 세력에 의해 만들어진 '야합'이라는 의미는 아니다. 왜냐하면 양자에게는 명확한 합의점이 존재했기 때문이다.

'새역모'에 일단 모였던 ─그리고 곧바로 나뉘게 된─사람들의 합의점. 이는 그들이 제2차 세계대전 이후의 일본 체제, 즉 '전후 제도'를 부정적으로 이해한 것이며, 또 그때까지 논단에서 큰 영향력을 미쳐 왔던 보수 진보 쌍방의 주류 세력에 대해 '전후 체제'를 쌓아 온 공범자이자 타도해야 마땅한 '낡고 부패한 엘리트'로 간주했다는 것이다. 그러한 의미에서 '좌'에서 갈라져 나온 후지오카가 일찍이 자신이 소속했던 공산당을 격렬하게 비판하고, 반미 보수의 입장에 있던 니시오가 때로는

'친미 반공' 노선론자와 강하게 대립한 점은 시사하는 바가 크다. 그들은 이로써 일찍이 좌우 쌍방의 '옛 엘리트'에 대해 '비판자'로서의 입장을 취할 수 있었기 때문이다.

그리고 이 '옛 엘리트'에 대한 명료한 대결 자세야말로 이 시대 그들의 활동이 각광을 받은 최대 이유였다. 그 배경에는 또 하나의 특수한 시대 상황이 있었다. 즉 90년대에 시작된 일본의 경제적 침체이다. '새역모'의 활동은 확실히 그 시기에 이루어지고 있었고, 활동이 절정에 이른 97년부터 98년은 아시아 통화위기의 영향으로 일본 경제가 위기에 직면한 '잃어버린 20년' 중에서도 가장 고난으로 가득 찼던 시기에 해당한다. 오랜 기간에 걸친 경제 침체는 종래 일본 사회를 주도해 온 통치 엘리트, 특히 그 핵심적 역할을 차지하면서 주목을 받은 관료들에 대한 불신을 증대시켰다. 그리고 그 불신이 21세기에 들어서면서부터 고이즈미 준이치로라는 '희대의 포퓰리스트'에 의한 '위로부터의 구조 개혁'으로 이어지게 됨은 주지의 사실이다.

그렇기에 한때 스포트라이트를 받았던 그들의 주장은 통치 엘리트 스스로가 '개혁자'로서의 입장을 연출하게 되자 그 힘을 상실하게 된다.

2. 내셔널리즘과 포퓰리즘의 시대

글로벌화의 국내적 영향

앞서 몇 번이고 서술하였듯이 한일 간 역사인식 문제는 단순히 양국의 '과거' 사실에만 좌우되는 것이 아니다. '과거'의 사실 이상으로 각각의 시대를 사는 '현재' 사람들의 문제이며, 그렇기에 여기에는 각각의 시대에 존재하는 다양한 요소들이 영향을 미치게 된다.

그렇다면 오늘날 한일 관계에서 가장 큰 영향을 미치는 것은 무엇일까? 그 대답 중 하나는 '글로벌화'이다. 90년대 이후 급속히 진행된 글로벌화는 한일 양국에 여러 가지 영향을 미쳤다. 그중 하나가 국제적 경제 관계의 다양화이며, 결과적으로 일어난 한일 양국의 상호 중요성 감소는 전술한 바와 같다.

그러나 글로벌화의 영향은 그 정도에 그치지 않는다. 글로벌화는 전술한 바와 같은 형태로 한일 관계의 균형에 직접적 영향을 줄 뿐만 아니라 한일 양국의 정치·경제·사회를 변화시킴으로써 간접적으로도 영향을 주고 있기 때문이다. 그리고 그 요인 중 하나가 종래 한일 양국의 경제성장을 주도해 왔다고 믿었던 기존 엘리트에 대한 신뢰의 실추이며, 그에 따른 한일 양국의 정치 상황의 변화였다.

경제적 침체와 사라진 엘리트의 위신

이러한 한일 양국에서 일어난 기존의 엘리트 층에 대한 신뢰감 상실을 살펴볼 때 중요한 역할을 한 것이 제2차 세계대전 이후 장기간에 걸친 양국의 고도 성장에 대한 기억이다. 한일 양국의 경제성장에서 국가가 어떠한 역할을 수행했는지에 대해서는 1980년대 이래 다양한 논의가 이루어져 왔다. 이러한 논의 중에는 경제성장 시기 '사령탑'으로서의 국가 역할을 중시하는 것에서부터 그 역할을 거의 평가치 않는 것에 이르기까지 실로 다양한 논의가 있다. 물론 정치경제학의 문외한인 필자가 이들 기존의 논의를 평가하기란 불가능하며 또 이 책에서는 그럴 필요도 없다. 여기에서 중요한 것은 한일 양국에서 그 객관적 상황이 어떠했는지와는 별개로 경제성장 과정에서 통치 엘리트가 중요한 역할을 수행했다고 '믿어 왔다'는 점이다.

여기에서 간과해서는 안 되는 것이 바로 역사인식 문제나 영토 문제를 둘러싸고 대립하는 한일 양국이 국내, 특히 정치·사회·경제적 구조 면에서는 일정 부분 유사한 상황이라는 점이다. 즉 어느 단계까지 양국에는 모두 각각 도쿄대와 서울대 등 유력 대학을 정점으로 하는 피라미드형 교육제도로 형성된 '학력 엘리트'가 존재하며, 이 학력 엘리트가 고급관료나 정치인이 되거나 혹은 대기업 경영자가 되는 형태로 국가나 사회가 운영되는 구조였다. 이는 즉 만인이 모두 인정하는 '좋은 대학'이 있고, '좋은 취직자리'가 있다고 믿었던 시대였다. 여기서 지금만큼 '자신에 맞는 대학' '자신에게 적당한 직장'은 중시되지 않았으며, 그때까지만 해도 모든 이들이 똑같이 '출세'로 향하는 계단을 오르는 것이 당연시 되었다.

이 시대에 엘리트는 무조건 가치 있는 존재였으며, 많은 이들이 엘리트의 우위성을 순순히 받아들였다. 그리고 실제로 그 시절에 이들 기존 엘리트가 주도한 양국 사회는 좋은 퍼포먼스를 내고 있는 듯 보였다. 높은 경제성장률과 소득 분배도 다른 국가에 비해 평등한 부류에 속해 있었다. 그렇기에 엘리트들은 자신의 성공에 자긍심을 가졌고 사람들 또한 그들이 말하는 바를 상당히 믿을 수 있었다.

하지만 이 상황은 90년대에 들어서면서부터 180도 변한다. 왜냐하면 그때까지 엘리트들에 대한 신뢰를 뒷받침했던 양호한 경제적 상황이 사라지게 되었기 때문이다. 주지하는 바와 같이 일본에서는 90년대 초에 거품 경기가 종언을 고하고 당초 그저 잠시 지나가는 것처럼 보였던 불경기는 장기화되었다. 정부의 경제정책은 효과를 보지 못했고 그 결과 각 은행이 떠안은 부실채권은 대폭 확대되었다. 95년 무렵이 되면서 중소 은행이 파산한 사실에서 볼 수 있듯이 위기는 점차 심각해졌다. 이 과정에서 사람들은 길어지는 불경기에 대한 처방전을 찾아내지 못하는 기존의 엘리트에 대해 크게 신뢰를 잃게 되었다.

비슷한 일이 한국에서도 있었다. 기복이 크긴 했으나 높은 성장을 유지해 온 한국 경제는 95년을 정점으로 급격한 하강 곡선을 그렸고, 97년 초에는 일부 중소재벌이 파산하게 된다. 그렇다고는 해도 한국에서 가장 심각했던 시기는 국내적 경제위기가 97년 7월에 시작된 아시아 통화위기와 맞물리게 된 때였다. 무역적자 구조에서 헤어나지 못한 채, 해외로부터의 단기금융에 많은 부분을 의존하고 있던 한국에서 김영삼 정권은 재벌 문제를 불투명하게 처리하였고 국제시장의 신뢰는 크게 훼손되었다. 결과적으로 외자가 급속히 유출되어 97년 말 한국은 결국 디폴트 직전 상태까지 내몰렸다. 궁지에 빠진 한국 정부는 IMF에 구제금융을 신청했고 굴욕적인 구조조정을 강요당하게 된다.

한국을 덮친 아시아 통화위기는 하시모토 내각의 긴축 금융정책과 맞물려 일본에도 심각한 영향을 주었다. 금융시장은 궁핍해졌고 98년에는 일본장기신용은행, 일본채권신용은행, 그리고 홋카이도타쿠쇼쿠 은행이 연달아 파산하게 되었다.

이렇게 이 시기의 양국은 세계경제의 글로벌화 영향을 제대로 받고 있었다. 그리고 이는 한편으로는 글로벌화가 진행되는 세계 속에서 한일 양국이 종래 실시해 온 '호송선단護送船團방식'의 경제발전이 어려워지고 있음을 의미했다. 그렇다고는 하나 이로써 한일 양국의 엘리트가 완전히 신뢰를 잃은 것은 아니었다는 점에 유의할 필요가 있다. 즉 이 상황에서 신뢰를 크게 져버린 것은 한일 양국의 정치 엘리트, 구체적으로는 관료와 정치인이었다. 2000년에 이루어진 어느 조사에 따르면 일본 내에서 '개혁해야 할 기관'으로 당시 비리가 계속되던 경찰과 함께 관료와 국회를 들고 있다. 이러한 경향은 한국에서 더욱 현저했다. 아시아 통화위기가 일어난 지 일년 후인 1998년 동아일보의 조사에 따르면 '개혁해야 할 대상'으로 전체의 절반에 가까운 사람들이 '정치·행정' 부문을 들고 있다. 흥미롭게도 본디 똑같이 책임 추궁을 받아도 당연할 금융기관 등의 경제 엘리트에 대한 비판의 목소리는 상대적으로 적었다. 이는 한일 양국의 국민이 당시 경제적 상황에 대해 경제 엘리트의 실책에 의한 결과가 아니라 정치 엘리트의 잘못된 정책 운영으로 인해 초래된 결과라 생각하고 있었음을 나타낸다.

'포퓰리스트'의 등장

그렇기에 90년대 말부터 21세기 초 한일 양국에서는 정치·행정 개혁의 필요성이 강하게 요구되었다. 하지만 여기에는 커다란 딜레마가 존재했다. 양국 정치 엘리트의 위신 실추는 관료뿐만 아니라 개혁 실행의 책임을 지는 정치인 자신에까지 미치고 있었기 때문이다. 국민으로부터 신뢰를 잃은 정치 엘리트가 어떻게 큰 저항이 예상되는 정치·행정 개혁에 임할 수 있을 것인가? 21세기 초 한일 양국의 정치적 리더는 커다란 어려움에 직면했다.

여기에서 한일 양국의 정치 엘리트는 비슷한 선택을 했다. 즉 그들은

'기존의 엘리트와는 정치 스타일을 달리해, 정당을 떠나 독자적인 인기를 확보한 정치인을 리더로 기용하는' 것이었다. 굳이 설명할 필요도 없이 그 결과 등장한 사람이 바로 고이즈미 준이치로 총리와 노무현 대통령이라는 21세기 초두 한일 양국의 정치 리더로 불리는 사람들이다.

그 배후에는 다음과 같은 상황이 있었다. 정치 엘리트에 대한 신뢰 실추는 정치 현상 면에서, 더욱 구체적으로는 여당 야당을 불문한 전반적인 정당지지율의 침체와 무당파의 증가로 나타났다. 그 결과 각 정당은 정당 자신의 지지율만으로는 안정적인 정권 유지가 어려워졌고, 정당에 대한 지지와 더불어 '개인적 인기가 있는 정치적 지도자'를 기용함으로써 선거에서의 승리를 도모하게 된다. 바꾸어 말하면, 정당의 자체 지지율이 감소하던 이 시기에는 '개인적 인기가 있는 정치적 지도자'를 기용하는 것이 각 정당이 취할 수 있는 합리적인 선택이었으며, 또 선거의 승리를 고려한다면 어느 정도 필연적이었다.

그리고 실제로 언뜻 다른 방향을 향하고 있는 것처럼 보이는 고이즈미 총리와 노무현 대통령은 많은 공통점이 있었다. 첫째, 그들은 정치·행정 개혁을 강력하게 지향하는 특성을 가지고 있었으며, 또 스스로 주장하는 개혁의 필요성을 '글로벌화하는 세계에 대한 대응'으로 정당화했다. 둘째, 그들은 텔레비전 등 기존의 미디어는 물론이거니와 당시에는 아직 생경했던 메일 매거진이나 인터넷상의 게시판 등을 활용하여 대중에 직접 말을 거는 정치 스타일을 택했다. 그들이 이용한 언어는 종래 정치 지도자들과 비교해 훨씬 더 평이한 것이었으며, 자신의 메시지를 효율적으로 전하기 위해서는 때때로 감정적인 표현도 꺼리지 않았다.

셋째, 그들은 스스로를 기존의 정치 엘리트와 다른 존재로 각인시켰고 '옛 정치 엘리트'로 간주되는 사람들을 가차없이 잘랐다. 고이즈미가 2005년 이른바 '우정郵政 선거'에서 '저항 세력'을 배제한 것처럼 노무현 대통령 또한 대통령 선거 당시는 자신의 정치기반이었던 민주당을 뛰쳐나와 신당 '열린우리당'을 결성했다. 그러나 넷째, 기성 정치 판에서 아웃사이더를 연기했던 그들은 실제로는 기성 정치의 틀 안에서 성장한 '여당'정치인이었다. 정치인 집안에서 태어나 총재 파벌 · 모리파 회장을 역임한 고이즈미 총리는 물론이거니와 노무현 대통령 또한 김대중 정부 시절에 각료를 맡았던 인물이며, 일정 단계까지 그의 경력 배후에는 고향 경상남도에서 큰 힘을 발휘한 김영삼의 모습도 존재했다.

내셔널리스트가 된 포퓰리스트

그리고 주지하는 바와 같이 이 고이즈미 · 노무현 정권 시절에 한일 간 역사인식 문제를 둘러싼 상황은 크게 악화된다. 2001년 총리에 취임한 고이즈미가 야스쿠니 신사에 대한 공식 참배를 공약한 것이나 같은 해에 '새역모'의 교과서가 검정을 통과하면서 시작된 이 시기의 분쟁은 이윽고 2005년 시마네현이 이른바 '다케시마의 날' 조례를 가결시킴으로써 극도로 심각해진다.

그리고 이러한 사태는 2006년 4월에 독도 근해에 파견된 해상보안청의 측량선에 대해 노무현 대통령이 '한국 영해 내에 침입했을 경우에는 경비함과 충돌시켜 격침하라'고 명령하기에 이른다.

그렇다고 해서 고이즈미 총리나 노무현 대통령이 당초부터 완고한 내셔널리스트의 자세를 취했다는 의미는 아니다. 고이즈미 총리의 야스쿠니 참배 공약은 자민당 총재선거에서 최대의 라이벌이었던 하시모토 류타로가 일본유족회의 전 회장이었음을 적잖이 의식한 것이었고, 또 '새역모'의 검정 통과도 '새역모'측이 문부과학성의 검정 의견을 '그대로 수용한' 결과에 지나지 않았다. 노무현 대통령도 마찬가지였다. 노무현 대통령은 대통령 취임 직후 2003년 6월, 당시 아소 외무성 장관의 '창씨개명은 한국인이 희망한 것'이었다는 발언이 있은 후 여론의 반대까지 누르고 첫 일본 방문을 강행해 역사인식 문제를 쟁점화하지 않을 뜻을 명확히 했다. 실제로 노무현 대통령이 취임한 2003년 이래 한일 관계는 양호해졌다. 2004년 정상회담에서도 노무현 대통령은 '(자신의) 임기 중에는 역사 문제를 공식적인 쟁점으로 제기하지 않겠다'고 명언해 이 문제에 대한 스스로의 방침을 재확인하기에 이르렀다.

하지만 이러한 상태는 2005년에 무너진다. 전술한 바와 같이 그 계기는 시마네현의 '다케시마의 날' 조례 제정이었다. 그럼 이 상황의 배경에는 어떤 일들이 있었을까?

3. 포스트 포퓰리즘 시대의 역사인식 문제

포퓰리즘에서 내셔널리즘으로

지금까지 서술한 바와 같이 1990년대 말부터 2000년대 초, 일본이나 한국에서는 각국 정치를 주도한 '낡은 타입의 정치인'들이 일제히 퇴장하고 종래와는 다른 정치 스타일을 가진 정치인들이 등장했다. 그들은 똑같이 기성 정치로부터의 탈피를 호소하고 경제적 침체를 가져온 '낡은 체제'의 개혁과 종래 체제를 지지해 온 다양한 '터부'의 타파를 주장했다. 이러한 현상은 같은 아시아 통화위기를 경험한 당시 동북아시아에서 동남아시아까지 걸쳐 널리 찾아볼 수 있는 현상이었다. 대만에서는 국민당의 장기 정권을 깨고 민진당의 천수이볜陳水扁이 정권을 잡았고, 태국에서는 오늘날까지 은밀한 영향력을 자랑하는 탁신이 옛 엘리트들에 대한 도전을 시작한 시기이다.

여기에서 핵심은 새로운 리더들이 도전한 '터부'에 내셔널리즘적인 요소가 많이 포함되어 있다는 점이다. 즉 고이즈미 준이치로 총리에게는 야스쿠니 신사 참배이며, 노무현 대통령의 경우 국내외 '역사인식'에 대한 도전이고, 또 천수이볜 총통에게는 '대만 독립' 주장이었다. 이렇게 동북아시아에서는 포퓰리즘적 리더의 출현이 각국의 내셔널리즘을 촉진하는 현상으로 이어진다.

너무 빠른 레임덕 현상의 출현

그러나 이러한 시기는 오래 지속되지 않았다. 정권 확보 당초에는 그야말로 새로운 정치 스타일과 과격한 '기성 정치'비판으로 여론의 주목을 받았던 그들은 곧 스스로의 한계에 직면했기 때문이다. '낡은 체제'를 비판한다는 점에서 그들의 메시지는 확실히 강한 설득력을 가지고 있었다. 하지만 '낡은 체제'를 타파한 후에 어떠한 '새로운 체제'를 만들지에 대하여 그들은 명확한 아이디어를 갖고 있지는 못했다. 그들이 밝힌 개혁안은 때로는 애매했고, 또 충분한 실효성을 지닌 것은 아니었다.

결과적으로 당초 여론의 큰 기대를 모았던 그들에 대한 지지가 그 '개혁안'에 효과가 없음이 밝혀지면서 급속도로 떨어지는 현상이 발생했다. 여기에서는 이러한 포퓰리즘 정권 후에 발생한 상황을 '포스트 포퓰리즘' 상황이라 부르기로 한다.

그러나 이러한 포스트 포퓰리즘 상황이 실제 나타난 양상에는 한일 양국 간에 차이가 존재했다. 우선 일본의 예를 보자. '우정 개혁이야말로 개혁의 핵심이다'라는 슬로건을 내건 고이즈미가 여당 자민당의 분열 상황하에서 중의원 선거에 대승을 거둔 것이 2005년인데, 고이즈미 총리는 이 선거 직후에 이듬해 총리직에서 물러날 것임을 표명했다. 2006년 9월, 고이즈미의 뒤를 이어 총리 자리에 취임한 아베 정권 또한 당초 높은 지지율을 보유하고 있었다. 그러나 아베 총리에 대한 지지는 일찍이 사라지고 그는 실의 속에서 불과 일년 만에 정권의 자리를 떠나게 되었다. 그 후 2년간 자민당에서 선출된 후쿠다, 아소 두 총리가 직면한 상황도 유사하다. 역시 조기에 지지율이 떨어진 후쿠다는 당내 구심력을 잃고 마찬가지로 일년 내에 정권을 내려놓았으며, 아소 총리에 대한 지지는 아베·후쿠다보다 더 빠른 속도로 사라졌다. 그 결과 2009년 8월 실시된 중의원 선거에서 패배한 자민당은 민주당에게 정권을 내주게 된다.

하지만 상황은 민주당 정권이 되어도 변하지 않았다. '증세 없는 개혁'을 내건 하토야마는 곧바로 미숙한 개혁안의 문제점에 직면했고, 마찬가지로 무턱대고 내건 '후텐마 미군기지를 현 밖으로 이전'한다는 공약도 국내외 반대에 부닥쳐 실시 불가능한 상황에 내몰렸다. 하토야마 총리가 불과 9개월 만에 정권을 내놓은 후 탄생한 간 나오토의 정권 또한 당내 분쟁에 직면하면서 혼란스러운 정권 운영을 지속하다가 2010년 9월에 발발한 댜오위다오 문제로 차질을 빚어 지지율이 크게 떨어졌다. 동일본 대지진으로부터 반년 후인 2011년 9월에 취임한 노다 씨도 마찬가지였다. 그리고 이번에는 민주당이 선거에 패배해 자민당이 다시금 정권을 얻게 된다.

이렇게 일본에서는 고이즈미 총리 사임 이후 아베, 후쿠다, 아소, 하토야마, 간, 노다를 불문하고 6년 동안 6명의 총리가 출범 즉시 급속한 지지율 저하로 인해 일년을 전후하여 사임하는 이상 상황이 출현했다 (⟨표6-1⟩). 이는 일본이 의원내각제 국가이기에 나타난 현상이다. 의원내각제를 취하는 일본의 경우, 총리의 지지율이 일정 이하로, 정확하게는

⟨표6-1⟩ 2002년 이후 성립된 일본·한국·대만정권의 지지율의 추이(취임후 1년 이내)

(%)

월	아베 (제1차)	후쿠다	아소	하토 야마	간	야마다	아베 (제2차)	노무현	이명박	박근혜	마잉주
1	51.3	44.1	38.6	60.6	41.2	50.1	54.0	72.1	57.4	50.4	37.8
2	51.4	41.3	38.8	54.4	31.8	42.2	61.4	59.6	45.0	45.3	27
3	41.9	40.1	16.7	46.8	36.0	35.5	61.4	40.2	19.7	53.5	36.1
4	40.7	34.5	17.8	47.1	45.6	32.4	62.1	–	21.5	61.5	24.9
5	34.9	32.5	16.4	35.7	39.2	28.4	60.2	–	26.9	59.6	23.6
6	34.7	30.9	17.6	30.9	27.8	24.9	57.4	33.4	32.8	58.8	29.8
7	40.6	27.6	25.2	23.7	21.0	27.4	53.6	28.6	25.4	67.0	30.3
8	39.4	19.9	26.3	19.1	21.3	21.7	54.2	25.5	33.2	59.0	28.7
9	28.8	19.1	24.1	–	17.8	23.3	61.3	–	34.7	58.1	34.5
10	25.7	21.1	16.3	–	18.9	24.3	55.8	23.9	34.0	53.2	28.6
11	22.6	23.6	16.7	–	20.5	21.3	56.6	–	34.8	54.5	32.8
12	25.5	–	13.4	–	21.9	19.8	47.1	25.1	38.5	56.6	38.9
출전	시사 통신	시사 통신	시사 통신	시사 통신	시사 통신	시사 통신	시사 통신	한국 갤럽 (ギャ ラップ)	EAI	리얼 미터 (リア ルメー ター)	

주 : 일본은 내각지지율을, 한국·대만은 대통령 자신의 지지율을 나타냄. 단, 노무현에 대해서는 한국갤럽이 조사한 월의 지지율만 표기함

여당 지지율에 가까운 수준까지 저하되면 차기 선거에 대한 악영향을 염려해 여당 내 총리의 구심력이 급속도로 사라진다. 그렇기에 이러한 수준에 이를 경우 여당은 총리를 교체하게 된다. 이미 서술한 바와 같이 1990년대 말 이후 일본에서는 정치에 대한 불신이 크게 확산된 결과, 각 정당의 지지율이 감소하였고 각 당이 선거에서 승리하기 위해서는 '인기 있는 당수'를 간판으로 내세워 지지율을 끌어 올릴 필요가 있었다.

하지만 대통령제를 채택하고 있는 한국의 상황과는 다르다. 더 정확하게 말하면 개혁의 필요성을 호소하며 등장한 정치적 리더들에 대한 지지가 그 개혁안의 애매함과 실효성의 부족으로 인해 조기에 사라지는 현상 자체는 한국도 마찬가지였다. 그러나 대통령 제도하에서 명백한 법률 위반 등 탄핵할 만한 사건이 없는 한 대통령의 임기가 보증되는 한국의 경우, 여당이라 해도 대통령을 그 자리로부터 하야시키기란 쉽지 않다. 결과적으로 한국에서는 조기에 지지율을 잃고 레임덕에 빠진 대통령이 그 후에도 장기간에 걸쳐 그 자리에 계속 머무는 상황이 발생하게 된다.

정치 상황의 불안정화와 역사인식 문제의 격화

당연한 일이지만 이러한 상황은 한일 양국의 정치 상황을 불안정하게 만들고 한일 간 역사인식 문제에도 악영향을 주게 되었다. 아래에서 구체적으로 살펴보기로 하겠다.

우선 이 점에서 이해하기 쉬운 것은 한국의 상황이다. 지금까지도 몇 번이고 서술한 바와 같이 한국에서는 역대 대통령이 취임 당초 그 시점에 초점으로 떠오른 역사인식 문제나 영토 문제와 관련해 정치 이슈화하지 않을 것임을 일본 측에 표명하지만, 임기 말에 가까워지면서 지지율이 감소하는 시기에 접어들면 역사인식 문제나 영토 문제에 대한 자세를 180도 바꾸는 현상이 반복되어 왔다. 당연한 일이지만 정치적 신뢰도 추락에 수반되는 '너무도 빠른 레임덕 현상'의 출현은 한국 정부의 역사인식 문제나 영토 문제에 대한 자세를 더욱 불안정하게 만들었다. 그 전형적인 예가 2005년 2월 이후 노무현 정권의 영토 문제에 대한 강경 자세나 2011년 12월 이후 이명박 정권의 일본군위안부 문제, 독도 문제 등에 대한 제기이다.

그리고 이러한 한국 측 움직임의 영향은 일본의 상황에 의해 더욱 커졌다. 지지 기반이 약한 정권이 내셔널리즘적인 여론의 압력에 저항하기란 힘들다. 이는 일본도 마찬가지였으며 고이즈미 총리 이후 일본의 역대 정권은 ─ 능동적이냐 수동적이냐의 차이는 차치하고라도 ─ 한국, 그리고 이 시기에 격화된 역사인식 문제나 영토 문제를 둘러싸고 중국에 대한 자세가 더욱 강경해지고 만다.

이렇게 이 시기 한일 양국 간의 역사인식 문제 및 영토 문제는 더욱 격화되었고 사태는 급속도로 악화되었다. 양국의 정치적 리더에게 역사인식 문제나 영토 문제의 제기는 빠르게 추락하는 자신의 지지도를 끌어 올려줄, 잘 안되더라도 훼손할 가능성은 적은 방법이었으며, 그렇기에 그들은 모두 정권 말기가 되면 같은 카드를 제시하기에 이른다. 이러한 상황은 양국의 여론에도 큰 영향을 주었다. 즉 양국의 여론은 모두 상대국에서 내셔널리즘이 격렬하게 고양되는 가운데, 자국 여론에 대한 비판이 높아지고 있음을 인식하게 되었던 것이다. 그리고 이러한 인식을 강화시키는 기능을 수행한 것이 같은 시기에 급속도로 보급

된 인터넷과 그에 따른 다국어 사이트의 등장이었다. 이로써 전에는 상대국의 언어를 이해하는 '전문가'만 접할 수 있던 상대국 매스컴의 보도를 '보통 사람'이 쉽게 접할 수 있게 되고, 게다가 기계번역 시스템을 이용하면 인터넷상에서 서로 상대국 사람들과 직접 논의까지 할 수 있었다.

결과적으로 그때까지 한정된 사람들만이 알고 있었던 한일 양국 간 역사인식 문제나 영토 문제를 둘러싼 인식의 괴리에 '보통 사람'이 직접 접할 수 있게 되는 기회가 만들어졌다. '전문가'에게는 주지의 사실이었던 양국의 인식 차이가 '보통 사람'에게는 놀라움으로, 때로는 분노로 받아들여졌다. 이렇게 한일 역사인식 문제는 상호 여론이 직접 부딪치는 새로운 단계에 돌입하게 된다.

4. 악화되는 한일 관계

혐한류: 한국을 과잉 의식하는 일본인의 등장

이쯤에서 다시 한번 시간을 조금만 거슬러 올라가 보자. 고이즈미 정권 시절의 일본에서는 훗날 한국에 대한 의식에 몇 가지 중요한 변화가 일어나고 있었다. 하나는 2002년에 개최된 월드컵의 한일 공동개최이다. 주지하는 바와 같이 1996년 국제축구연맹 총회에서 결정된 이 대회는 당시 한일 양국에게 상호 교류를 더욱 심화시킴으로써 양국 관계를 원활하게 할 수 있는 절호의 찬스로 받아들여졌다. 이 대회의 개최에 아울러 한일 간에 다양한 이벤트가 준비되었고, 그 효과 여부는 차치하고라도 일본인의 한국에 대한 감정은 이 시기를 통해 확실히 호전되었다.

그리고 그 직후인 2003년에는 한류 열풍이 찾아왔다. 한국 측의 끈질긴 영업력에 힘입어 NHK에서 반복 재방송된 드라마 '겨울연가'는 이윽고 '욘 사마 붐'이라는 사회 현상을 일으켰다. 2004년 '욘 사마' 배용준의 첫 일본 방문 시에는 나리타 공항에 3,000명이 넘는 많은 팬이 몰려드는 현상이 연출되었고, 한일 양국은 본격적인 '한류' 열풍이 도래했다고 외쳤다. 여기에는 '한류' 열풍이 양국 관계에 긍정적 영향을 가져올 것이라는 예측이 있었고, 한국 대중문화 콘텐츠의 전례 없는 성공은 한일 양국 특히 일본인의 한국에 대한 인식을 진전시켰다. 그 결과, 양국에 존재하는 역사인식을 둘러싼 문제도 한층 호전되지 않을까 하는 '기대'가 여기저기서 생겨났다.

그러나 그 후 사태의 전개는 이러한 기대와는 사뭇 다른 것이었다.

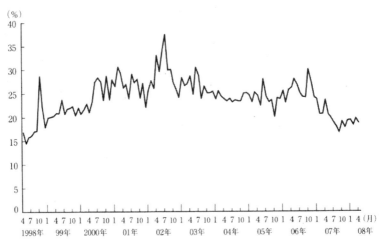

〈그래프6-1〉 「일본에 있어서의 중요한 나라」에서 한국이라 말한 사람의 퍼센트
출전 : 시사통신의 여론조사로부터 필자 작성

〈그래프6-1〉에서 알 수 있듯이 일본인의 한국에 대한 의식은 2002년 월드컵의 한일 공동개최 무렵을 정점으로 오히려 악화되었다. 이 시기는 정확히 '2ch'를 비롯한 인터넷상에 존재하는 다수의 사이트에서 감정적이고도 야유적인 한국에 대한 '댓글'이 급증하는 시기에 해당한다. 그리고 이러한 인터넷상의 논의는 이윽고 하나의 베스트셀러를 낳는다. 바로 2005년에 발매된 야마노 샤린山野車輪의 『혐한류嫌韓流』이다. 야마노가 말하듯이 이 저작물은 '2ch'을 비롯한 인터넷상의 게시판에서 이루어진 논의를 참고해서 쓰여진 것이며, 그렇기 때문에 출판 이전에 이미 일정한 수의 '독자'를 보유하고 있었다.

그렇다고 해서 '혐한류'의 영향이 인터넷상에서 같은 의견을 가진 사람들에게만 국한되었다는 의미는 아니다. 왜냐하면 이 서적을 계기로 '가상Virtual'세계의 논의가 '실제Real'세계에서 전개되었고 그 영향을 받은 사람이 비약적으로 증가하였기 때문이다. 이러한 논의는 정확히 같은 시기에 발발한 독도 문제를 계기로 한일 관계가 악화됨으로써 한층 더 큰 주목을 받게 되었다. 이렇게 인터넷상에서 이루어지던 한국에 대한 감정적이고도 야유적인 논의는 더 많은 사람들의 지지를 얻게 된다.

▌일본 내셔널리즘의 변화와 '중미 신냉전'

▌여기에서 주목할 만한 것은 이 시기 일본인들이 급속도로 한국 정부나 미디어, 나아가 인터넷상의 논의에 과민하다고 할 정도로 민감하게 반응하게 되었다는 점이다. 굳이 말할 필요도 없이 이러한 상황은 한때 한일 관계의 그것과는 180도 차이가 있었다. 가령 교과서 문제를 비롯한 80년대 한일 간 분쟁의 경우, 한국 측 여론이 큰 반응을 보이는 한편

일본 측의 일반 여론은 좋게 말하면 냉정, 나쁘게 말하면 무관심한 태도로 시종일관하고 있었다. 그렇지만 2000년대에는 가끔 한국 이상으로 일본에서 이러한 문제에 대해 신경질적인 대응이 보이게 되었다.

이러한 상황을 고려할 때, 중요한 핵심이 바로 일본 내셔널리즘의 변화일 것이다. 예컨대 일본의 대표적인 내셔널리즘 정치인 중 한 사람인 이시하라 신타로의 언급에서 잘 알 수 있다. 80년대 그의 대표작 가운데 모리타 아키오盛田昭夫와 공저한 『'NO'라고 말할 수 있는 일본』이 타깃으로 한 것은 바로 미국이었다. 그러나 최근 이시하라의 언급을 살펴보면 미국에 대한 표현은 자취를 감추었고 이를 대신해 중국과 한국에 대한 언급이 빈번하게 등장하게 되었다. 그리고 이러한 일본 내셔널리스트의 '임팩트' 설정법의 변화는 이시하라뿐만 아니라 일본의 많은 내셔널리즘적 언급에서 공통적으로 찾아볼 수 있다.

이는 조금 더 넓은 시점에서 볼 때 다음과 같이 정리할 수 있겠다. 냉전기에 있어서 일본 내셔널리스트에게 '가상의 적'은 사회주의 체제의 맹주인 소련이었다. 이러한 상황은 일본의 경제적 대두와 냉전의 종언을 향한 움직임에 따라 변화했고 이윽고 내셔널리스트 내부에서 반미적 논의의 대두를 가져왔다. 하지만 이러한 상황은 90년대에 시작된 경제적 침체와 아시아 주변 국가들의 경제적·군사적 부상에 의해 다시금 변화했다. 중국과 북한의 군사적 위협이 증대되는 가운데 일본은 다시금 미국을 필요로 하게 되었고 반미적 주장은 후퇴하고 이를 대신해 중국이나 북한을 '가상의 적'으로 하는 논의가 활발하게 전개된다. 2002년 고이즈미 총리의 북한 방문 이후 생겨난 북한 경계론이 하나의 단적인 예이다.

이러한 새로운 상황의 도래는 한때 미국과의 동맹 관계에 있었던 한일 양국의 관계 개선에 도움이 되는 것처럼 보였다. 가령 중국과 북한의 부상이 한일 양국에게 공통적으로 '가상의 적'이라 생각될 경우, 양국 사이에는 협력의 필요성이 생겨나게 되기 때문이다. 그러나 실제로는 이러한 메커니즘이 작용하지 않았다. 오히려 이 시기 한국이 역사인식 문제나 영토 문제에 대해 중국과 보조를 맞추고 있는 것처럼 보인 점이나 2000년대 초 한국의 반미적 여론에 힘입어 성립된 노무현 정권 시절에 한미 관계가 불안정했다는 점, 나아가 김대중, 노무현 두 정권이 북한에 대하여 융화 정책을 펼친 점 등으로 인해 오히려 한국은 일본과 미국 측이 아닌 중국과 북한 측에 속하는 국가라는 막연한 이해가 일본 내 일부에서 강화된다. 그리하여 '중미 신냉전'의 진전으로 인해 반대로 일본의 한국 감정이 악화되는 주객전도의 상황이 전개된다.

정권 교체가 남긴 것

그렇다고 해도 이러한 2000년대 한일 관계에는 아직 '기대'가 존재했다. 특히 중요한 것은 2008년부터 2009년에 걸친 양국의 정권 교체였다. 2008년 2월 이명박 정권은 김영삼 정권 이래 한국에서 실로 10년 만의 보수 정권이었으며, 대통령 자신이 제2차 세계대전 종결 직전의 일본 태생이었던 점과 맞물려 이 정권이 진보적 노무현 정권 시절에 악화된 한일 관계의 재건에 힘쓸 것임에 틀림없다는 일본 내의 기대가 커졌다. 2009년 9월에 성립된 일본의 민주당 정권에서 총리 자리를 차지한 하토야마 유키오는 예전부터 일본군위안부 문제 등 역사인식 문제의 해결에 적극적인 정치인으로 알려져 있어, '동아시아 공동체 구상'

과 함께 이들 문제에서 일본이 어떠한 형태로든 양보를 하지 않겠는가 하는 한국 내의 기대도 생겨났다.

그리고 이러한 기대는 현실화되는 것처럼 보였다. 이명박 대통령은 취임 당초부터 한일 관계의 중요성을 강조하고, 일각에서 염려되던 2010 년 한국병합 100년에도 잘 대처했다. 하토야마 총리의 '동아시아 공동체 구상'은 중한 양국 정부의 무관심으로 인해 실패로 끝났지만, 그럼에도 불구하고 당분간 한일 양국 사이에는 평온한 관계가 도래했다.

하지만 이러한 한일 관계의 따뜻한 봄날은 길게 가지 않았다. 관계 악화의 계기가 된 것은 2011년 8월 한국 헌법재판소의 일본군위안부 문제를 둘러싼 '(한일청구권협정) 제3조가 정한 절차에 따라 해결되지 않고 있는 피청구인(=한국 정부)의 부작위不作爲는 위헌이다'라는 판결이었다. 이로써 한국 정부에는 일본군위안부 문제를 '해결'할 의무가 생긴 결과, 같은 해 12월에는 교토에서 실시된 정상회담에서 이명박 대통령이 종 래의 방침을 바꾸어 이 문제의 '해결'을 일본 정부에 강경하게 요구하는 사태에 이른다. 이로써 악화된 한일 관계가 이듬해인 2012년 8월 이명 박 대통령의 독도 방문과 천황 사죄 요구 발언으로 인해 한층 더 큰 타격을 받게 되었음은 아직도 기억 속에 생생하게 남아있다.

그리고 이렇게 만들어진 상황은 오늘에 이르기까지 한일 관계에 커 다란 상처를 남기게 되었다. 한일 양국에서 상대 측의 '기대'를 품은 세 력이 정권을 쥐었음에도 불구하고, 양국 관계가 개선으로 향하기는커 녕 오히려 크게 악화되었다는 사실은 양국 여론에 있어 문제 해결에 대한 '기대'를 결정적으로 손상시켰기 때문이다. 말하자면, 2005년부터 2006년에 걸쳐 양국 사이에는 고이즈미 총리나 노무현 대통령이라는

'특이한' 정치적 리더에 의해 문제가 만들어지고 있다는 인식이 존재했다. 그렇기에 사람들은 이 시점에서 정치적 리더만 교체되면 한일 양국은 여전히 예전과 같은 원활한 관계로 돌아갈 수 있을 것이라는 '기대'를 가질 수 있었다. 그렇지만 양국 국민이 관계를 수복해 줄 것이라 큰 기대를 걸었던 정치적 리더가 정권을 쥐었음에도 불구하고, 도리어 관계가 크게 악화됨으로써 사람들은 이 문제가 단지 일부 정치 리더의 개인적 자질에 유래되는 성질이 아니며, 양국 여론이나 '국민성' 등 더 큰 존재에 의해 결정되는 것이라고 생각하기에 이른 것이다.

'기대'의 소멸

이렇게 2012년에 이르기까지 한일 양국에서는 두 번의 관계 개선을 위한 '기대'가 사라져 갔다. 즉 활발한 교류에 의해 관계가 개선될 것이라는 '기대'와 정권 교체에 의해 서로 호의적인 정권만 출범된다면 양국 관계는 자연스럽게 호전될 것이라는 '기대'였다. '기대'의 상실은 동시에 한일 양국 간 관계 개선 시나리오의 소멸로 이어졌고, 그 결과 2012년 이후 양국 관계는 교착 상태에 봉착했다. 상황은 2012년 말 제2기 아베 정권과 2013년 2월 박근혜 정권의 성립 시에도 호전되지 않았다. 그뿐만 아니라 박근혜 정권은 정권 출범 당초부터

서울 일본대사관 앞에 설치된 소녀상(2011년 12월 14일)(시사)

일본군위안부 문제를 둘러싼 역사인식에서 강경 자세를 명확히 함으로써 2013년 한일 양국은 정상회담조차 실시할 수 없는 상황에 내몰렸다.

그렇다면 마지막으로 이러한 한일 간 역사인식 문제에 대하여 우리는 어떠한 전망을 가질 수 있는 것일까? 마지막으로 이 점에 대하여 서술하면서 책을 마무리하고자 한다.

한일 역사인식 문제,
어떻게 할 것인가

한일역사공동연구의 교훈

이 책에서는 지금까지 한일 양국 간 역사인식 문제와 그 역사적 전개에 대해 서술했다. 그렇다면 결국 우리는 이 문제에 대해 어떻게 대처해야 할까?

우선 분명한 것은 이 문제가 단순한 식민지 지배의 '과거'와 관련된 문제 이상으로 1945년 이후 현재에 이르기까지 약 70년에 걸친 '현대사'적 사건이라는 점이다. 전술한 바와 같이 일본의 한반도 식민지 지배는 공식적으로는 1910년부터 45년까지 35년이 채 되지 않으므로 식민지 지배가 종료된 이후 현재까지의 시간은 이미 식민지 지배 그 자체의 두 배에 상당하는 시기이다. 바꾸어 말하면, 역사인식 문제라 함은 그동안 우리가 '과거'를 어떻게 논의하고 이해해 왔는가와 관련된 문제이며 그러므로 단순하게 '과거'의 사실을 논의해봤자 이 문제는 해결할 수 없다.

이러한 한일 양국 간 역사인식 문제의 구조를 전형적으로 보여준 것이 두 차례에 걸친 '한일역사공동연구'일 수 있다. 2001년 고이즈미 총리와 김대중 대통령의 합의로 시작된 이 공동 연구는 기대와는 반대로 양국 연구자 간의 역사인식 차이를 부각시켰을 뿐이다. 그 이유는 단순했다. 공동 연구에 모인 연구자 대부분은 역사학 전문가일지는 몰라도 '역사인식 문제' 전문가는 아니었기 때문이다.

이 점에 대하여 필자도 참가한 제2기 역사공동연구의 예를 살펴보기로 하자. 당연한 일이지만 공동 연구를 실시하기 위해서는 우선 구체적으로 무엇을 연구할지를 결정할 필요가 있다. 허나 제2기 한일역사공동연구는 이 단계부터 어려움에 직면했다. 양국의 역사 연구자 사이에

'무엇이 논의되어야 할 것인가'에 대한 '인식'이 서로 달랐기 때문이다. 가령, 일본 측 연구자들은 당연히 영토 문제에 대해 논의해야 한다고 주장했지만, 한국 측은 이를 완강히 거부했다. 이유는 한국 정부의 공식 견해에 따르면 '독도가 한국 영토임에는 의문의 여지가 없고, 그러므로 이 섬을 둘러싼 논의의 여지 자체가 존재하지 않기 때문'이었다. 역사교과서와 관련해서도 비슷한 문제가 존재했다. 공동 연구에서는 당연히 한일 양국의 교과서를 동일하게 분석해야 한나는 일본 측에 의견에 대해 한국 측은 '역사인식 문제에 있어 문제가 되고 있는 것은 일본 교과서뿐이므로 한국 교과서를 검토 대상으로 삼는 것은 잘못이다'라고 주장했다. 실제로 제2기 한일역사공동연구의 일부 분과회의에서는 이러한 연구 이전의 단계에 대부분의 시간을 낭비해 본디 실시해야 할 연구에 충분한 시간을 할애하지 못했다.

'한일공통역사교과서'는 만들 수 없다

이러한 한일역사공동연구의 경험으로부터 재차 알 수 있었던 것은 한일 간 역사인식 문제가 '과거'의 사실과 관련된 문제인 이상, '현재'를 사는 우리 자신의 문제라는 것이다. 그렇기에 '과거'의 역사적 사실에 관한 전문가인 역사학자를 모아놓고도 그 '과거'의 사실 중에서 무엇을 '현재'에 논의해야 할 것인가조차 결정할 수 없는 것이다.

그리고 이 문제는 교과서를 둘러싼 문제에서 더욱 심각해진다. 가령, 한일 양국 간에 악화된 외교 관계를 타개하기 위한 수단 중 하나로 '한일공통역사교과서' 제작에 대한 논의가 있다. 하지만 이러한 '한일공통역사교과서' 제작은 적어도 오늘날의 한일 관계를 전제로 할 때 현실적인 목표는 아니다. 각국의 역사교과서에 쓰여져 있는 것은 역사적 사실 이상으로 각각의 역사에 대한 '인식' 그 자체이기 때문이다. 예컨대 일본사 교과서를 예로 들어 생각해 보자. 우리가 배운 일본사 교과서에는 선사시대부터 일본 열도에 거주한 다양한 사람들에 대한 기재가 있다. 그러나 이는 반드시 그들이 일본의 조상이기 때문에 그런 것은 아니다. 예를 들면, 일설에 따르면 야요이弥生계 사람들 중 상당수는 대륙에서 이주했다고 알려져 있고 그 후에도 대륙 각지로부터 많은 사람들이 일본 열도로 이주해 온 것은 잘 알려져 있는 바이다. 그럼에도 불구하고 일본 열도에 건너오기 이전의 그들에 대하여 관심을 갖는 경우는 드물다. 그들이 일본의 조상임에도 불구하고 말이다. 바꾸어 말하면, 오늘날 우리가 말하는 '일본사'란 각 시점에서 '일본 열도에 살아 온 사람들의 역사'이며, '일본의 모든 선조들에 대한 역사'는 아닌 셈이다.

굳이 말할 필요도 없이 이러한 '일본사란 무엇을 대상으로 해야 하는가'라는 문제는 고고학적 발굴이나 문헌 조사에 따라서 정해지는 것은 아니다. '일본사'라 함은 '일본'이라고 하는 '실태'에 대한 역사가 아닌, 오늘날 우리가 '일본'이라고 '인식'하는 존재의 역사이기 때문이다. 그리고 교과서에는 '과거'의 역사적 '사실' 이상으로 이러한 우리의 '인식'이 직접적으로 반영되어 있다.

더불어 교과서에는 각 사회에서 그 과목 시간에 무엇을 가르쳐야 하는가와 관련된 '인식'까지도 반영되어 있다. 그러므로 교과서 제작에는 항상 유형 및 무형의 제약이 부과된다. 물론 검정 제도를 채택하고 있는 일본의 경우, 집필자는 학습지도요령이나 교과용 도서검정기준 등에 따라 교과서를 쓸 수밖에 없다. 한국의 역사교과서도 초등교육은 국정 교과서이고 그 이외는 검정제이므로 공적 제약이 있다는 의미에서 볼 때, 일본과 마찬가지이거나 일본보다 더 큰 제약이 있을 수도 있다. 당연히 양국의 교과서 제작과 관련된 지침이 다를 경우, 공통교과서를 제작할 수 있을 리 만무하다. 이는 역사교과서처럼 양국의 내셔널리즘과 관련된 분야에만 해당하는 이야기가 아니다. 양국 정부가 요구하는 교과서 지침이 다른 이상, 우리는 '공통수학교과서'조차 만들 수 없다. 애초에 한일공통역사교과서라 하는 것이 구체적으로 어떤 과목의 교과서 ─ 에컨대, '일본사'인지 '세계사'인지 혹은 새로운 '한일 관계사'인지 ─ 조차 불명확하다. '교과서' 이전에 정리해야 할 문제가 산더미이다. 그렇기 때문에야말로 '전문가' 그중에서도 특히 '역사 전문가'가 한자리에 모여 논의를 거듭한다면 결국에는 한일공통 역사교과서를 만들 수 있지 않겠느냐는 생각은 환상에 지나지 않는다.

일본은 자국의 중요성을 설명하라

그렇다고는 해서 서술한 바와 같은 전문가 모임이 어떠한 역할도 수행할 수 없는가 하면 그렇지도 않다. 첫째, 적어도 이러한 모임을 통해 한일 양국 간 역사인식의 차이를 학술적으로 분명히 할 수 있다. 둘째, 전문가 모임을 열고 있으므로 인해, 양국은 스스로 문제 해결을 위해 나아가고 있다는 듯한 자세를 취할 수 있다. 사실 그대로 말하자면, 전문가 모임은 양국 정부가 사태 해결을 위해 일정한 노력을 하고 있다는 알리바이를 만들어주는 역할을 수행할 수 있다 하겠다. 실제로 제1기 한일역사공동연구는 고이즈미 정권 초기 한일 관계가 악화되던 현상을 완화하는 효과를 가져왔고, 또 제2기 공동연구 또한 마찬가지로 이미 악화되어 있던 노무현 정권 말기의 양국 관계가 개선으로 향하는 계기로 작용했다.

하지만 이러한 정부에 의해 추진된 '전문가' 모임의 효과는 어디까지나 일시적인 것이며, 중장기적인 효과를 기대하기 어렵다. 80년대 이후 한일 역사인식 문제의 전개 과정은 한국에서 차지하던 일본의 압도적 중요성을 기초로 한 양국 엘리트 사이의 암묵적 양해가 국제 환경의 변화와 세대 교체에 의해 무너져 가는 과정이었다. 이렇게 한일 관계는 엘리트에 의해 컨트롤되는 시대에서 일반 사람들을 중심으로 한 여론이 직접 접하고 부딪치는 시대로 이행하였다. 그러므로 만일 '전문가'나 외교관, 또는 정치인이나 기업인 등 일부 엘리트들 사이에서 타협이 있었다고 한들 거기에 큰 효과를 기대할 수는 없다. 하물며 '전문가'는 '전도사'가 아닌 '연구자'이다. '연구자'의 목적은 사실을 분명히 하는 것이며, 거기에 모종의 정치적 예측을 끼워 넣어서는 절대로 안 된다. 그렇기에 그러한 전문가에게 여론을 극적으로 바꿀 무엇인가를 기대하는 것은 처음부터 잘못된 것이다.

결국 열쇠를 쥐고 있는 것은 양국의 여론이다. 그리고 중요한 것은 오늘날 양국에서 한일 관계는 이미 중요하지 않다는 소리가 빈번히 들려오고 있다는 점이다. 이 책에서 거듭 서술한 바와 같이 그 배경에는 경제의 글로벌화나 동아시아의 안전보장상 환경 변화가 있고, 그렇기에 일반 사람이나 엘리트도 예전과 같이 진지하게 한일 관계를 위해 나서지 못하고 있다. 더욱 안타까운 것은 이러한 변화가 본질적으로나 기본적으로나 불가역한 존재라는 점이다. 한일 양국이 상호 안전보장이나 경제적인 면에서, 혹은 사회적인 측면에서 필요 불가결한 존재였던 '예전의 좋은 시대'는 절대로 다시 오지 않는다.

그렇다면 우리는 이 상황을 방치 할 수밖에 없는 것일까? 여기에서 유의해야 하는 바는 '중요성이 줄어들고 있다'가 곧 '중요하지 않다'를 의미하지 않는다는 점이다. 가령 경제 관계를 들어보자. 한일 양국은 상호간에 여전히 중미 양국에 이은 제3의 무역 상대국이며, 한국의 입장에서 일본은 투자 분야에서도 큰 비중을 차지하고 있다. 일본의 대한 수출액 또한 독일이나 오스트레일리아에 비해 3배 가까이에 이르고 있다.

그리고 이는 어느 정도 당연한 일이다. 한일 양국은 각각 1억 2천만 명과 5천만 명이라는 상대적으로 많은 인구를 가지며, 세계 제3위와 제15위의 거대한 GDP, 나아가 세계 유수의 군사력을 보유한 세계적인 '대국'이다. 그렇기에 글로벌화 등으로 인해 이웃나라만이 갖는 특수한 중요성은 사라질지라도 그 존재는 서로에게 일정한 무게를 유지하게 된다. 국제사회에서 일정한 힘을 갖는 상대국과 공연히 대립하고, 나아가 적으로 돌리는 행위는 굳이 말하지 않아도 쓸데없는 일임에 분명하다.

물론 그렇다고 해서 여기에서 상대에게 무조건적으로 강한 요구를 들이대봤자 문제는 전혀 해결되지 않는다. 서로 영향력이 줄어들고 있으므로 일방적으로 무엇인가를 요구해도 상대는 이에 응해야 할 적극적인 인센티브를 발견할 수 없기 때문이다. 그렇다고 한다면 우리가 해야 할 일은 명백하다. 자신의 요구를 돌아보지 않는 원인이 상대가 자신을 중요하게 여기지 않는데 있다면, 여기에서 해야 할 일은 자신의 중요성에 대하여 상대에게 다시 한 번 이해시키고 자신과 협력할 인센티브를 재구축하는 것이다. 중요한 것은 '그들'에게 '우리'가 얼마나 중요한지를 제대로 설명하는 것이며, 또 이를 상대국의 엘리트뿐만 아니라 상대국 국민에게 끈기 있게 설명하는 것이다.

그리고 이쯤에서 고려해야 할 사안이 있다. 본디 일본인이 한국이나 중국 등 주변국에 대해 스스로의 중요성을 제대로 설명해 왔는가 하는 점이다. 이는 한국이나 중국이 국제사회에 대하여 어떤 작업을 하고 있는 지를 보면 바로 알 수 있다. 그들은 오늘날에도 세계를 향해 자신의 중요 성을 적극적으로 선전하면서 다양한 활동을 활발하게 전개하고 있다.

이에 비해 오랜 세월 '아시아 유일의 경제대국'으로서의 지위를 차지 해 온 일본은 긴 시간 동안 그 지위에 안주하며 '그들'에 대한 '우리'의 중요성을 적극적으로 설명하기를 게을리했다. 하지만 이제 이 지역에 서 차지하는 일본의 위상은 예전과는 완전히 다르다. 우리는 스스로의 존재 의의를 적극적으로 설명할 필요가 있다.

일본은 여전히 미국과 중국에 이은 경제 규모를 가진 세계에 몇 없는 '대국'이며, 그렇기에 일본이 이 국제사회에서 무력하거나 중요하지 않 을 리는 없다. 그럼에도 불구하고 주변국이 일본이라는 존재에서 중요 성을 찾아낼 수 없다고 한다면, 이는 주변국의 문제라기보다 오히려 일 본 자신의 문제이리라. 이를 위해서는 국력을 어떻게 사용할 것인가에 대하여 지혜를 짜낼 필요가 있다. FTA 등을 통해 거대한 국내 시장으로 상대를 유인하는 것도 그럴싸한 방안이고 아무리 글로벌화가 진행되어 도 변화하지 않을 지정학적 배치를 이용해 송전망이나 원유 파이프라 인 등 에너지 안전보장에 관한 네트워크 구축을 제안하는 것도 한 방안 이 될 것이다. 피차 일차 자원을 해외로부터 수입에 의존하는 처지이 니, 쓸데없는 경쟁으로 인해 자원 가격을 끌어올리지 말고 상호 협력하 에서 입찰에 들어가는 방법도 있을는지 모른다.

한일 간 역사인식 문제가 던지는 질문. 이는 바로 일본이 이 세계에서 어떠한 중요성을 갖는 존재인가 하는 질문과 다르지 않을지도 모르겠다.

아래는 필자의 지극히 개인적인 추상이다.

이 책은 필자가 2011년 4월부터 2014년 3월까지 출판사 미네르바 쇼보의 PR지 『구究』에 연재한 「한일 간 역사인식 문제와 어떻게 마주할 것인가」라는 컬럼을 엮은 내용이다. 미네르바 쇼보의 호리카와 겐타로 씨에게 연재 의뢰를 받은 것은 연재가 시작되기 약 10개월 전인 2010년 6월 무렵의 일로, 마침 필자가 연구휴가를 얻어 미국 시애틀에 있는 워싱턴 대학에 객원연구원으로 있던 때였다. 지금으로부터 벌써 4년이나 지난 일이다.

당시 일을 회상할 때 선명하게 남아있는 기억은 피폐했던 나의 모습이다. 2000년, 필자에게 첫 저작인 『조선/한국의 내셔널리즘과 소국의식』이 미네르바 쇼보에서 나온 이래, 필자는 매년 새로운 책을 출판해왔고, 2007년~2008년에는 한 해에 2권을 출판했으니 꽤 속도가 붙어있었다. 애초에 능력부족인 필자에게는 이러한 작업들이 오버워크임이 확실했지만, 알면서도 그런 상태에 빠지고 만 것은 필자가 '일을 거절할 줄 모르는' 성격의 소유자였기 때문이다. 지금 되돌아 보면 본디 겁이 많은 필자가 일을 거절한다는 것은 자기 능력의 한계를 스스로 인정하는 일이 되기에, 의뢰인을 위해서라기보다는 자신의 프라이드를 지키기 위해 막무가내로 일을 해왔던 것 같다. 당연하게도 이러한 어리석은 행동으로 인해 필자는 점점 더 궁지에 내몰렸고 차츰 정신적인 여유를 잃어 갔다.

가뜩이나 이런 필자를 완전히 '넉 다운'시킨 사건이 이 책에도 등장하는 2007년 6월부터 2010년 3월까지 열린 제2기 한일역사공동연구였다. 한일역사공동연구란 2001년 고이즈미 총리와 김대중 대통령의 정상회담에서 합의된 내용으로, 필자는 2002년부터 2005년에 실시된 제1기 공동연구에도 '연구협력자' 자격으로 참가한 경험이 있었다. 그러나 '연구협력자'에서 '연구위원'으로 격상되어 임한 공동연구는 가혹했다. 그도 그럴 것이 필자가 배속된 '교과서 소그룹'에서는 한일 양국의 연구자들이 서로 주장을 굽히지 않고 대립하여, 회의가 갈등에 갈등을 거듭하는 사태에 이르렀기 때문이다. 필자의 정신은 회의기간 중 더욱 피폐해졌고 사태 수습을 위해 불필요한 신경을 소비해야 했다.

2010년 4월부터 1년간 경험한 시애틀 생활은 위와 같은 상태의 필자에게 '보고 싶지 않은 현실'로부터의 도망이었으며, 단적으로 표현하자면 '일로부터의 도망'이라고 할 수 있었다. 솔직히 당시 필자의 정신상태는 제대로 된 학술 논문을 쓰기는커녕 잘 쓴 학술서 한 권을 끝까지 읽을 집중력도 유지 못할 정도로 황폐했다. 때문에 필자는 자신에게 심리적인 여유가 생기기 전까지는 서적과 논문의 집필을 중지하기로 하고 오로지 휴양에 힘쓰려고 마음먹고 있었다.

이렇게 휴양에 매진한 지 두 달이 지나 그럭저럭 정신적 여유도 생겨나기 시작할 무렵, 갑작스레 날아 들어온 것이 바로 이 책에 대한 의뢰였다. 첫 저작을 출판한 이래, 10년 이상이나 신세 져온 미네르바 쇼보의 의뢰였기에, 또한 신문과 잡지 연재는 몇 번인가 경험이 있었기 때문에 PR지

연재 정도는 큰 부담이 없을 것이라고 생각했다. 이제와 생각해봐도 어리석었던 건지 아니면 지혜로웠던 건지 도무지 알 수 없다. 그런데 연재 준비를 시작하면서 아무래도 담당인 호리카와 씨가 요구하는 수준은 시시한 「시애틀에서 쓴 한국연구일기」가 아니라 강경하고 학술적인 내용의 글임을 알게 되었고, 함께 연재를 하는 분들도 이노키 마사미치猪木正道 선생님과 도미나가 겐이치富永健一 선생님 등 필자가 대학원생일 때부터 존경해 마지 않는 이 분야의 대가라는 것을 알게 되었다.

바꿔 말하면 내가 '아무래도 앞으로 매월 4천 자 넘는 학술 논문에 버금가는 글을 계속 써야 하는' 정말 얼토당토않은 일을 수락했다는 것이다. 게다가 이 연재를 엮어서 책 한 권으로 만든다는 이야기까지 나왔으므로, 처음부터 끝까지 제대로 된 짜임새를 만들고 동일한 어조를 유지하며 써야 된다는 '덤'까지 붙어있었다. 프로스포츠 선수에 비유하면 일본에서 오버워크로 부상을 당해 미국으로 요양하러 간 사람인데, 연재 시작으로 인해 무리하게 '재활 트레이닝'을 해야 되는 상황인 것이다. 이렇게 해서 시애틀에서의 삶은 당초의 요양 중심 생활에서 매달 4천 자라는 정확한 페이스 배분하에 호리카와 씨라는 우수한 트레이너의 원격 조작으로 이루어지는 가혹한 '재활 캠프'로 변질되었다. 본디 2년간 24회 예정이었던 이 연재는 다행히도 다소 호평을 얻은 덕에, 그리고 무엇보다도 필자 자신이 주어진 기간 안에 솜씨 있게 마침표를 찍지 못한 탓에 1년 연장되어 36회까지 연재되었다. 이 사이 필자를 담당하는 '트레이너'는 호리카와 씨로부터 다비키 가쓰지 씨로 변경되었다. 다비키 씨는 미네르바 쇼보에서 『한국의 권위주의적 체제 성립』 『고종·민비』 등을 출판했을 때 담당자다. 담당자 교체로 인해 마치 '재활 캠프'를 마무리하고 '현역 복귀'를 해야 하는 시기처럼 트레이닝의 압박이 더욱 늘어난 것같이 느껴졌다.

말하는 김에 좀 더 하자면, 이 스파르타식 '재활 캠프'로 인해 필자는 다른 일을 더는 받아들이기 힘들게 되어 언제부턴지 이 연재의 원고를 쓰는 작업이 필자의 연구생활에서 중심이 되었다. 이 자리를 빌어 전부터 의뢰를 해주신 다른 출판사 분들께 사죄의 말씀을 드림과 함께 미네르바 쇼보의 절묘한 '덫'에 빠진 필자를 용서해주시기를 빈다.

물론 '재활 캠프'의 결과로 만들어진 이 책이 만족할 만한 내용을 담고 있는지는 독자 여러분의 판단에 맡기도록 하겠다. 필자가 해온 지금까지의 저작과는 다르게 현재와 꽤나 가까운 시대를 다룸으로써 분석을 위한 객관적이고도 신뢰성 높은 자료가 부족했다는 점, 그리고 무엇보다 능력부족인 필자가 정해진 시간 안에 쓴 저작이라는 점은 이 책에 갖가지 한계를 존재케 했다. 비판은 겸허하게 받아들이고 앞으로 자신의 연구에 반영해 가도록 하겠다.

마지막으로 이 책이 출판되기까지 많은 도움을 주신 여러분들께 감사 인사를 드리고 싶다. 이미 언급하였듯이 미네르바 쇼보의 호리카와 겐타로, 다비키 가쓰야, 이 두 분께는 이 책을 만드는 과정에서 다양한 형태로 도움을 받았다. 우수한 코치와 트레이너 없이 프로스포츠 선수가 활약할 수 없듯이, 뛰어난 편집자 없이 좋은 원고를 쓸 수 없음을 뼈저리게 느낀 4년간이었다. 이 책을 출판함으로써 필자가 '현역 복귀'에 성공했다고 한다면, 이는 온전히 두 분의 덕분이다. 두 분께서 모쪼록 앞으로도 필자의 연구와 그 성과 및 진척을 계속 지켜봐 주시기를 바랄 뿐이다.

물론 프로스포츠 선수가 활약하기 위해서는 좋은 환경을 제공해 줄 훌륭한 경영자가 필요하다. 미네르바 쇼보의 스기타 게이조 사장님은 일본 출판문화의 중심인 도쿄에서 멀리 떨어진 간사이 지방에서도 수준 높은 학술서를 출판할 기회를 주신 멋진 경영자이자 편집자이시다. 다시 한 번 연구자로서 햇병아리였던 시절부터 필자에게 소중한 기회를 주신 점에 스기타 사장님을 비롯한 미네르바 쇼보의 여러분들께 깊이 감사드린다.

이 책에 대한 구상이나 내용의 대부분은 필자가 1년간 시애틀에서 생활했을 때 쓰여졌다. 아름다운 시애틀의 거리, 도시를 둘러싼 자연이 황폐했던 당시의 정신상태를 얼마나 위로해 주었는지는 말로 다할 수 없다. 좋은 기회를 주신 워싱턴 대학의 잭슨 국제학부 한국 센터 하영출 선생님과 클라크 소렌슨 선생님께 감사드린다. 또한 미국 체제 중에 한일관계 관련 연구가 가능했던 것은 동 대학 동아시아 도서관의 귀중한 장서들 덕이었다. 특히 당시 도서관에서 일본 관련 서적을 정리해준 요코타 게이코 씨에게 감사의 말을 전한다. 또한 이 책의 교정작업을 위해 필자가 근무하는 고베 대학교대학원 국제협력연구과의 야마시타 다츠야 군, 카메다 나오코 씨가 도와주었다. 귀중한 시간을 할애해준 두 사람에게 앞으로 확실히 보답을 해주어야겠다. 또한 이 책의 일부 내용은 과학연구비 보조금, 기반 B '전두환 정권기의 오럴 히스토리 조사' 결과를 이용하여 쓰여졌다. 이도형, 허문도 두 분을 비롯한 인터뷰 조사에 응해준 많은 분들 그리고 연구를 지원해준 일본학술진흥회의 지원 없이는 이 책을 완성할 수 없었을 것이다.

마지막으로 이 책은 필자에게 시애틀에서 보낸 가족과의 즐거운 추억이기도 하다. 서투른 영어 때문에 미국에 와서 고생한 두 딸, 후타바와 시즈쿠, 정신적으로 불안정한 필자를 언제나 지탱해주는 내 아내, 도키코에게 다시 한 번 고마운 마음을 전하면서 이 책을 마감하려 한다.

2014년 9월 7일
추석 휴가로 한산해진 고려대학교에서
기무라 간

신문 데이터베이스 등

아사히신문 朝日新聞 「聞蔵IIビジュアル」 http://database.asahi.com/library2/
일본경제신문 日本経済新聞 「日経テレコン」 http://t21.nikkei.co.jp/g3/CMN0F12.do
매일신문 毎日新聞 「毎索」 https://dbs.g-search.or.jp/WMAI/IPCU/WMAI_ipcu_menu.html
요미우리신문 読売新聞 「ヨミダス歴史館」 https://database.yomiuri.co.jp/rekishikan/
Nifty 「新聞・雑誌記事横断データベース」 http://business.nifty.com/gsh/RXCN/

한국언론재단 「기사통합검색 KINDS」 http://www.kinds.or.kr/
동아일보 「donga.com 미디어검색」 http://news.donga.com/
조선일보 「조선일보 아카이브」 http://srchdb1.chosun.com/pdf/i_archive/
중앙일보 「중앙일보 PDF보기」 http://pdf.joins.com/
한국일보 「통합검색」 http://search.hankooki.com/

국회 및 선거 데이터베이스

일본 국회의사록검색시스템 国会議事録検索システム http://kokkai.ndl.go.jp/
대한민국 국회 「회의록 시스템」 http://likms.assembly.go.kr/record/index.html
중앙선거관리위원회 「선거통계시스템」 http://www.mofa.go.kr/main/index.jsp

인물정보 데이터베이스

동아일보 「인물정보」 http://www.donga.com/inmul/
Joins 「인물정보」 http://people.joins.com/
Chosun.com 「DB조선 인물DB」 http://db.chosun.com/people/index.html

통계 등 데이터베이스

일본총무성통계국 総務省統計局 「統計データ」 http://www.stat.go.jp/data/index.htm
KOSIS 국가통계포털 http://kosis.kr/
World Databank http://databank.worldbank.org/data/home.aspx

여론조사

일본내각부 内閣府 「世論調査」 http://www8.cao.go.jp/survey/
시사통신 時事通信 「時事世論調査」 http://www.jiji.com/service/yoron/result/

사료 논문 등 데이터베이스

일본 공립공문서관 아시아역사자료 센터 国立公文書館 アジア歴史資料センター
    http://www.jacar.go.jp/
Korean Studies Information System, http://kiss.kstudy.com/
DBpia, http://www.dbpia.co.kr/

공식기관 등 홈페이지

대한민국 청와대 http://www.president.go.kr/
외무부 http://www.mofa.go.kr/main/index.jsp
한국정신대문제대책협의회 https://www.womenandwar.net/contents/home/home.nx
디지털기념관 위안부 문제와 아시아여성기금 デジタル記念館 慰安婦問題とアジア女
    性基金 http://www.awf.or.jp/

교과서 등

家永三郎 『検定不合格 日本史』 三一書房, 1974年
『詳説日本史(新版)』 山川出版社, 1983年
『日本史』 実教出版, 1983年
朝比奈正幸他 『新編国民日本史』 原書房, 1987年
西尾幹二 『新しい歴史教科書―市販本』 扶桑社, 2001年
국사편찬위원회 編 『국사 : 고등학교』 대한 교과서, 1974~2002年

일본어문헌(번역본 포함)

マックス・ウェーバー 『歴史は科学か』 森岡弘通訳, みすず書房, 1965年
新しい歴史教科書をつくる会編 『新しい歴史教科書を「つくる会」という運動がある』
    扶桑社, 1998年
大沼保昭 『「慰安婦」問題とは何だったのか : メディア・NGO・政府の功罪』 中央公論
    新社, 2007年
河上民雄 『社会党の外交』 サイマル出版会, 1994年
川野徳幸 「閣僚失言の政治学」, 『国際協力誌』 7(1), 2001年

金泳三『金泳三回顧録：民主主義のための私の闘い』1-3, 尹今連監訳, 九州通訳ガイド協会, 2002年

金雲龍『偉大なるオリンピック』ベースボール・マガジン社, 1989年

剣持久木・小菅信子・リオネル＝ハビッチ編著『歴史認識共有の地平：独仏共通教科書と日中韓の試み』明石書店, 2009年

小菅信子『戦後和解：日本は〈過去〉から解き放たれるのか』中公新書, 2005年小林よしのり『ゴーマニズム宣言』1〜8, 扶桑社, 1993年〜96年

坂井俊樹『現代韓国における歴史教育の成立と葛藤』御茶の水書房, 2003年

澤田克己『脱日する韓国』ユビキタ・スタジオ, 2006年

女性のためのアジア平和国民基金 「オーラルヒストリー：アジア女性基金」 2007年, http://www.awf.or.jp/pdf/0212-1.pdf

『新編日本史のすべて：新しい日本史教科書の創造へ』原書房, 1987年

高橋史朗 「新編日本史『検定』全記録」, 『諸君！』18(9), 文芸春秋, 1986年9月

高橋哲哉『靖国問題』筑摩書房, 2005年

朝鮮日報編『韓国人が見た日本：日本を動かしているもの』サイマル出版会, 1984年

鄭鎮星『日本軍の性奴隷制：日本軍慰安婦問題の実像とその解決のための運動』 鄭大成, 岩方久彦訳, 論創社, 2008年

西尾幹二『国民の歴史』産経新聞ニュースサービス, 1999年

日韓歴史共同研究委員会編『日韓歴史共同研究報告書. 第2期 教科書小グループ篇』日韓歴史共同研究委員会, 2010年

日本会議『日本の息吹』1983年4月号

ジョン・ハケット『第三次世界大戦』青木栄一訳, 講談社, 1981年

秦郁彦『慰安婦と戦場の性』新潮社, 1999年

K.E.ボールディング『紛争の一般理論』内田忠夫, 衛藤瀋吉訳, ダイヤモンド社, 1971年

船橋成幸『戦後半世紀の政治過程』明石書店, 2001年

村山富市述, 辻元清美編『そうじゃのう…：村山富市「首相体験」のすべてを語る』第三書館, 1998年

宮澤喜一述, 御厨貴, 中村隆英編『聞き書宮澤喜一回顧録』岩波書店, 2005年

村山富市, 佐高信『「村山談話」とは何か』角川書店, 2009年

村山富市述, 薬師寺克行編『村山富市回顧録』岩波書店, 2012年

盛田昭夫, 石原慎太郎『「No」と言える日本：新日米関係の方策』光文社, 1989年

山野車輪『マンガ 嫌韓流』普遊社, 2005年

吉見義明編『従軍慰安婦資料集』大月書店, 1992年

李淑子『教科書に描かれた朝鮮と日本：朝鮮における初等教科書の推移1895-1979』ほるぷ出版, 1985年

李鍾元・木宮正史・浅野豊美編著『歴史としての日韓国交正常化』I, II, 法政大学出版局, 2011年

한국어 문헌

안병직 『일본군 위안소 관리인의 일기』 이숲, 2013年
経済企劃院 編 『韓國統計年鑑』 経済企画院統計局, 1967年
経済企劃院 編 『韓國統計年鑑』 経済企画院統計局, 1968年
劉奉鎬 『韓國敎育課程史 研究』 교학연구사, 1992年
윤종영 『국사 교과서 파동』 혜안, 1999年
鄭泰秀 『7·30 敎育改革』 叡智閣, 1991年
歷史學會 編 『한국사 回顧와 展望』 1-3, 國學資料院, 1996年

영어문헌

Marie Soderberg ed., Changing Power Relations in Northeast Asia, Routledge, 2010
Kosuke Mizuno and Pasuk Phongpaichit ed., Pppulism in Asia, NUS Press, 2009
Alexis Dudden, Troubled Apologies Among Japan, Korea, and the United States, Columbia Univ Press, 2008
Jennifer Lind, Sorry States : Apologies in International Politics, Cornell Univ Press, 2010.

필자 관련

木村幹 『朝鮮半島をどう見るか』 集英社新書, 2004年
石田佐恵子·木村幹·山中千恵共編著 『ポスト韓流のメディア社会学』 ミネルヴァ書房, 2007年
Kan Kimura, 'Nationalistic Populism in Democratic Countries of East Asia' Journal of Korean Politics, Vol.16 No.2, 2007
木村幹 『民主化の韓国政治』 名古屋大学出版会, 2008年
木村幹 『韓国現代史』 中公新書, 2008年
木村幹 「ポピュリズムの中の歴史認識：日韓の事例を中心に」 『レヴァイアサン』 2008年春号, 2008年4月
鄭奈美·木村幹 「『歴史認識』問題と第一次日韓歴史共同研究を巡る一考察」 (一), 『国際協力論集』 16(1), 2008年7月
鄭奈美·木村幹 「『歴史認識』問題と第一次日韓歴史共同研究を巡る一考察」 (二), 『国際協力論集』 16(2), 2008年11月
木村幹 『近代韓国のナショナリズム』 ナカニシヤ書店, 2009年
木村幹 「韓国における歴史論争と日韓関係」, 『現代韓国朝鮮研究』 9, 2009年11月
木村幹 「日韓歴史共同研究をどうするか」, 『現代韓国朝鮮研究』 第10号, 2010年11月
Kan Kimura, 'Why Are the Issues of "Historical Perceptions" between Japan and South Korea Persisting?', 『国際協力論集』 19(1), 2011年7月
浅羽祐樹·木村幹·佐藤大介共著 『徹底検証 韓国論の通説·俗説 日韓対立の感情vs.

論理』中公新書ラクレ, 2012年

Kan Kimura 'Discovery of Disputes : Collective Memories on Textbooks and Japanese-South Korean Relations' Journal of Korean Studies 17(1), November 2012

Koji Kagotani, Kan Kimura and Jeff Wever 'Democracy and diversionary incentives in Japan-South Korea disputes' International Relations of Pacific-Asia, Vol. 13 No.3, September, 2013

「新政権下の日韓関係：日韓両国は何故対立するか」,『問題と研究』2013年10・11・12月号, 2013年12月

Kan Kimura, 'Northeast Asian Trilateral Cooperation in the Globalizing World : How to Re-establish the Mutual Importance',『国際協力論集』21(2/3), 2014年1月

木村幹「第一次歴史教科書紛争から「克日」運動へ：全斗煥政権期の対日観の変化についての一考察」,『国際協力論集』22(1), 2014年7月

木村幹「第三回韓国併合再検討国際会議：「合法・違法」を超えて」,『日本植民地研究』14, 2002年6月

1905	1	28	일본 정부, 내각회의에서 독도 영유 의사를 '재확인'
1905	11	17	제2차 한일협약
1910	8	29	한일병합조약
1945	8	15	종전 조칙
1945	9	2	일본제국의 항복문서 조인식
1945	9	11	제1차 전범 지정
1945	9	11	한반도 남반에서 미군에 의한 군정 개시
1945	11	19	제2차 전범 지정
1945	12	2	제3차 전범 지정
1945	12	15	신도(神道) 지령, 야스쿠니 신사, 종교법인으로
1946	4	17	A급 전범 28명 확정
1946	5	3	극동군사재판 개시
1948	5	3	일본국 헌법 시행
1948	8	15	대한민국 건국, 초대 대통령은 이승만
1948	11	12	극동군사재판 판결 선고 종료
1951	9	8	일본과의 평화 조약(샌프란시스코강화조약) 조인 제1차 중일회담 개시
1951	10	30	제1차 한일회담 시작
1952	1	18	한국 정부, '평화선'(통칭 이승만 라인) 설치
1953	4	20	'독도의용수비대', 독도 상륙
1953	10	6	제3차 중일회담, 구보타 간이치로 수석 대표의 발언을 둘러싸고 분규
1956	4		경상북도 울릉 경찰서가 독도에 경찰관을 상주시키다
1959	3	28	국립 지도리가후치 전몰자 묘원 준공
1960	4	19	한국에서 '4·19혁명' 발발, 이승만 정권 퇴진
1961	5	16	박정희 등에 의한 군사 쿠데타
1962	11	12	김·오히라 메모 작성되다
1965	6	12	이에나가 사부로, 제1차 교과서 소송을 제소
1965	6	22	한일기본조약 체결
1966	6	23	이에나가 사부로, 제2차 교과서 소송을 제소

1971	10	25	중화민국, UN에서 대표권을 상실
1972	2	21	닉슨 대통령, 베이징 전격 방문
1972	9	29	일본 정부와 중화인민공화국 정부의 공동 성명
1973	8	8	김대중납치사건
1973	8	23	파리평화협정
1974	8	15	문세광에 의한 박정희암살미수사건
1975	4	30	사이공 함락, 남베트남 붕괴
1975	8	15	미키 다케오 총리, 처음으로 종전기념일에 야스쿠니 신사 참배
1978	8	12	일본과 중화인민공화국의 평화우호조약
1978	10	17	야스쿠니 신사, A급 전범을 합사
1979	10	26	박정희 대통령 암살
1979	12	12	숙군 쿠데타, 전두환 등 군내 주도권 장악
1980	5	16	광주민주화운동
1980	5	17	전두환 등에 의한 사실상의 쿠데타에 의해 정권 장악
1981	8	20	한일외무장관회담, 한국 정부 일본 측에 60억 달러의 차관을 요구
1982	4	8	일본 최고재판소, 제2차 교과서 소송에 대하여 파기환송판결(이에나가 패소)
1982	6	26	일본 매스컴 교과서 검정 결과에 대해 대대적으로 보도
1982	7	20	중국인민일보, 교과서 문제로 일본 정부에 대한 공식 비판 개시
1982	10	30	'일본을 지키는 국민회의', 새로운 교과서 제작을 선언
1983	1	1	조선일보, '극일의 길은 일본을 아는 것이다'라는 슬로건 하에 연재 개시
1983	1	11	나카소네 야스히로 총리, 일본 총리로서 첫 한국 공식 방문
1983	7	7	『신편일본사』 검정최종통과
1984	1	19	이에나가 사부로, 제3차 교과서 소송을 제소
1984	9	6	전두환 대통령, 한국 대통령으로서 첫 일본 공식 방문
1985	8	15	나카소네 야스히로 총리, 야스쿠니 신사를 공식 참배
1987	6	29	노태우 여당 당수에 의한 민주화 선언
1990	1	4	윤정옥교수, 한겨레신문에 「정신대'원혼서린발자취취재기」 연재개시
1990	11	16	한국정신대대책문제협의회 결성
1990	12	18	일본 정부, 위안부 문제에 대한 정부의 '관여'를 부정
1991	1	9	한일정상회담(가이후 도시키·노태우)
1991	8	14	김학순 할머니, 전 위안부로서는 처음으로 실명을 밝히다
1991	12	6	김학순 할머니 등, 도쿄지방재판소에 일본 정부를 상대로 한 소송 제기
1991	12	6	가토 고이치 관방장관 '정부가 관여했다는 자료는 발견되지 않았다'고 발언
1992	1	8	주한서울일본대사관앞에서 '수요 집회'가 처음 개최되다

1992	1	11	아사히신문, 위안부에 관한 '군의 관여' 보도
1992	1	13	제1차 가토 담화
1992	1	16	한일정상회담(미야자와 기이치·노태우)
1992	1	21	한국 정부, 위안부 문제에 대해 처음으로 '추가적 보상 등'을 공식 요구
1992	7	6	제2차 가토 담화
1993	6	16	미야자와 내각 불신임안 가결, 자민당 분열
1993	8	4	고노담화
1994	12	24	하시모토 류타로 통산성 장관, '(아시아국가를) 상대로 침략전쟁을 일으키고자 했는지'는 '미묘한 정의상의 문제다'라고 발언
1995	6	5	와타나베 미치오 전 부총리, '병합조약은 원활하게 체결된 국제적 소약이다'라고 발언
1995	6	14	이가라시 관방장관, 일본 정부, '여성을 위한 아시아평화우호기금'(가칭)의 설치에 대해 설명
1995	7	19	'여성을 위한 아시아평화국민기금' 발족
1995	8	15	무라야마 담화
1995	10	5	무라야마 도미이치 일본 총리, '한일병합조약은 당시 국제 관계 등의 역사적 사정 속에서 법적으로 유효하게 체결되고 실시되었다'고 발언
1995	11	14	김영삼 대통령, 중한정상회담에서 '일본의 버르장머리를 고쳐 놓겠다'는 표현으로 일본을 비난
1996	2	6	UN인권위원회에 라디카 쿠마라스와미가 보고서 제출
1996	8	1	'여성을 위한 아시아평화국민기금', 필리핀에서 '보상금 사업' 개시
1997	1	30	'새로운 역사교과서를 만드는 모임' 설립 총회
1997	12	27	한국 정부, IMF에 구제 금융을 신청
1998	10	1	한일파트너십 선언
2001	4	5	후소샤 '새로운 역사 교과서', '새로운 공민 교과서'의 검정의견부분을 수정해 검정에 합격
2001	11	3	제3차 한일병합 재검토 심포지엄
2002	5	31	한일 공동개최 FIFA 월드컵 시작
2002	9	30	여성을 위한 '아시아평화국민기금', '위로금' 사업 종료
2003	4	3	'욘 사마' 배용준 첫 일본 방문, 이 무렵 한류붐이 정점에 이르다
2005	1	17	노무현 정권, 한일기본조약에 관한 한국측 외교 문서 공개, 이후 일본군위안부 문제, 사할린 체류 한국인 문제, 한국인 피폭자 문제를 한일기본조약의 틀 밖에서 법적책임을 추궁하는 방침 정하다
2005	2	22	시마네현 의회, '타케시마의 날' 제정
2005	7	26	야마노 샤린, 만화 『혐한류』 발매
2006	4	19	일본 정부가 독도 근해에 측량선 파견을 계획, 노무현 대통령 '한국 영해 내에 침입했을 경우 한국측 배와 충돌시켜 격침할 것을 지시'

2006	8	15	고이즈미 준이치로 총리, 야스쿠니 신사 참배
2007	3	31	여성을 위한 아시아평화국민기금 해산
2011	8	30	한국 헌재, 일본군위안부 문제의 실상을 정부의 부작위에 의한 위헌상태로 인정
2011	12	14	주한일본대사관 앞에 '소녀상' 설치되다
2012	8	10	이명박 대통령, 독도 방문
2012	12	5	한국 대법원, 한일기본조약에서 개인의 청구권은 소멸되지 않았다며 판결을 환송
2013	3	1	박근혜 대통령, 삼일절 기념식 행사에서 일본의 식민지 지배를 격렬하게 비난
2013	12	26	아베 신조 총리, 야스쿠니 신사 참배

찾아보기

인명人名 · 지명地名

(ㄱ)

가네마루 신 171
가야 오키노리 71
가와카미 쇼타로 73
가이후 176
가이후 도시키 151
가토 180
가토 고이치 175
간 260
고가 타다시 243
고노 204
고노 요헤이 217, 222, 226
고바야시 요시노리 242, 243
고이즈미 256, 259, 262, 268, 282
고이즈미 준이치로 250, 255, 258
구로다 가쓰히로 147
기시 노부스케 71, 72
김대중 117, 147, 192, 267, 273, 282
김성수 73
김영삼 176, 192, 193, 194, 203, 205, 214, 220, 221, 232, 233, 240
김영작 142
김일성 122, 123
김재규 134
김종필 192, 194, 196
김학순 174, 175, 176

김형욱 117

(ㄴ)

나리타 도모미 122
나미카와 에이타 243
나카소네 10, 154, 158, 165, 166, 167, 172, 239
나카소네 야스히로 46, 132
노다 7, 260
노무현 256, 267, 268
노신영 123
노태우 170, 172, 187, 192, 193, 197, 201, 203, 204, 211, 213, 239
니시오 242, 245, 246
니시오 간지 242
니시자키 154

(ㄷ)

다나베 마코토 171
다니노 사쿠타로 175
다비키 가쓰야 284
다카하시 시로 242
다케시타 166
다케시타 노보루 166
덩샤오핑 108
도미나가 겐이치 283

도이 다카고	170
도이 다카코	167
독도	21

(ㄹ)

로널드 레이건	132

(ㅁ)

모리야마 긴지	151
모리타 아키오	266
무라야마	213, 221, 223, 224, 225, 226, 230, 232, 239
무라야마 나가타	73
무라오 지로	151
문세광	117, 141
미야자와	153, 173, 176, 177, 178, 179, 180, 182, 183, 184, 187, 189, 190, 191, 193, 195, 196, 197, 199, 201, 202, 203, 208, 211, 213, 215, 216, 231, 239
미야자와 기이치	132

(ㅂ)

박근혜	269
박정희	40, 46, 72, 116, 130, 131, 133, 134, 135, 141, 143, 145
박철언	197
박태준	193, 194, 198
박희태	195
방응모	73
배용준	264

(ㅅ)

사카모토 다카오	242
섬터 요새	20

센카쿠 열도	107
쇼리키 마쓰타로	73
쇼와 천황	168, 169, 170, 201
스즈키 젠코	132
시게무라 도시미쓰	44, 147
시게미쓰 마모루	71
시미즈 스미코	175
신용하	114

(ㅇ)

아가와 사와코	242
아베	259, 260, 269
아소	257, 259, 260
아쓰가타 이치오	122
아쓰가타/김일성	122
아쓰미 지로	79
아오키 이헤이	167
야기 노보루	168
야마구치 쓰루오	169
야마노 샤린	265
야마모토 나쓰히코	242
오코노기 마사오	147
오히라 마사요시	119
와타나베	227, 229
와타나베 미치오	180, 227
요시다 미쓰오	147
요시미 요시아키	210
우노 소스케	167
육영수	117
윤정옥	174
이노키 마사미치	283
이명박	7, 21, 49
이부카 마사루	150
이사바시 마사시	169

이승만 64, 71, 138
이시다 가즈토 242
이시하라 노부오 218
이에나가 101, 102, 103, 111, 124
이에나가 사부로 101, 124
이토히사 야에코 178
이후락 134

(ㅈ)
사오쓰양 107
저우언라이 107
전두환 39, 40, 41, 79, 105, 108, 116, 123,
124, 131, 133, 134, 135, 136, 140, 142,
144, 146, 157, 158, 172, 198
제럴드 포드 132
조용필 79
존 해킷 118

(ㅊ)
천수이벤 258
최병렬 145

(ㅋ)
키신저 116

(ㅎ)
하네다 226
하시모토 류타로 226
하야시 겐타로 151
하야시 마리코 242
하타 10
하타 이쿠히코 179
하토야마 260, 268
하토야마 유키오 267
하토야마 이치로 71, 72
한상일 114
핫토리 다미오 147
허문도 134
허삼수 134
허화평 134
호리카와 겐타로 281, 284
호소카와 10, 220, 221, 222, 223, 224,
226, 230
화궈펑 107
후지오 마사유키 229
후지오카 246
후지오카 노부카쓰 242
후지타 기미오 153
후카다 유스케 242
후쿠다 119, 130, 259, 260

사항事項

(3)
3·1운동 228

(4)
40일 항쟁 119, 130

(6)
60억 달러 차관 요구 40, 157

(ㄱ)
가상의 적 267
가이후 방한 173

가토 담화 181

결의문 230

고노 담화 222

고마니즘 선언 243

공동연구 99, 276

공직추방 73

공직추방조 72

공직추방조치 73

광주민주화 108

광주민주화운동 40, 78, 105, 116, 131, 142, 158, 198

국교정상화 121, 213

국민회의 242

국풍 142

국회 결의 170

극일운동 144

글로벌화 38, 84, 85, 87, 88, 89, 90, 92, 251, 253, 255, 277, 278, 279

금융위기 91, 92

기생관광 80, 164

김대중납치사건 123, 140

(ㄴ)

나는 조개가 되고 싶다 74

내셔널리즘 28, 110

냉전 71, 107, 108, 121, 171, 225, 248

(ㄷ)

'다케시마의 날' 조례 제정 257

담요원인가설 26

대한제국 228

도쿄재판사관 245

독도 상륙 7

동아시아 공동체 구상 267

동아일보 73

(ㄹ)

라디카 쿠마라스와미 보고서 205

레임덕 현상 240, 262

리쿠르트사건 166, 167

(ㅁ)

마르크스주의 159

마르크스주의사관 245

「망언」 문제 225

'매출세'라 불린 소비세 구상 166

무라야마 담화 221

미야자와 방한 173, 176, 187, 194, 196, 197, 199, 202, 203

민주자유당 193, 194

(ㅂ)

반미 249

배상 책임 183, 190

베트남전쟁 종결 116

보이콧 소동 78

분쟁의 일반이론 51

비자민 정권 220

(ㅅ)

사회당 120, 122, 123, 168, 169, 170

새역모 243

샌프란시스코강화조약 292

세계대전 55, 65, 73, 74, 79, 129, 134, 139, 158, 159, 185, 223, 239, 249, 251, 267

소비세 166

숙군 쿠데타 131, 198

스마랑 사건 218

신 지일파   149, 155
신 지한파   148, 149
신편 일본사   154, 155, 165, 239

(ㅇ)

아시아여성기금   231, 233, 239, 240
아프가니스탄 침공   78, 118, 131
'악의 제국' 연설   116
야스쿠니   49, 65, 112, 113, 123, 205, 256, 258, 292, 293, 294, 295
여성을 위한 아시아평화국민기금 213
역사교과서 44, 108, 109, 112, 124, 129, 143, 149, 150, 157, 159, 237, 244, 246
역사교과서 문제   37
역사인식 문제   36
역사인식의 괴리   212, 223
영토 문제   53, 252
우경화   42, 44, 113, 123, 230
월드컵 공동개최   87
위로부터의 쿠데타   72
위안부 문제   7, 80, 238
육군사관학교   133
이데올로기적 논쟁   30
이승만 라인   64, 66, 70, 120, 292
이에나가 교과서 재판   101
일본군위안부   36, 42
일본유족회   71
일본의 숨결   151
일본의 '우경화'   63
일한기본조약   70

(ㅈ)

자민당   121, 130, 132, 151, 166, 171, 225, 227, 230, 242, 257

전후 세대   75
정신대 문제   195, 196, 200
제1차 일한협약   43
제2차 일한협약   43
조선일보   36, 73
주한미군 철수   118, 130
중일평화우호조약   171
중화민국 정부   67
중화인민공화국 정부   67
지일파   136, 137, 138, 140, 142, 144, 145, 146, 148

(ㅊ)

천황 사죄 요구 발언   268
친미   249, 250
친일파   36

(ㅋ)

코리아게이트   117, 124

(ㅌ)

통치 엘리트   155, 156, 157, 158, 164, 242, 250, 252

(ㅍ)

평화민주당   194
포스트 포퓰리즘   259

(ㅎ)

학력 엘리트   252
한국의 경제성장   89
한국의 대일무역적자   186
한국의 무역의존도   92
한국의 민주화   63

한류	87, 88, 264
한일기본조약	189, 229
한일병합	19, 58, 59, 228
한일역사공동연구	41
헌법재판소	268
혐한류	265

(A)

A급 전범	65

(B)

BC급 전범	65

한일 역사인식 문제의 메커니즘

초판인쇄   2019년 5월 27일
초판발행   2019년 6월 03일

저   자   기무라 간(木村 幹)
역   자   김세덕(金世德)
발 행 인   윤석현
발 행 처   제이앤씨
등록번호   제7-220호
우편주소   서울시 도봉구 우이천로 353 성주빌딩 3F
대표전화   (02) 992-3253
전   송   (02) 991-1285
전자우편   jncbook@daum.net
책임편집   박인려

ISBN 979-11-5917-141-3 03910   정가 21,000원